Bärbel Oftring und Dr. Rainer Köthe

MEIN KOSMOS GRUNDSCHULWISSEN

NATUR & TECHNIK

Vom Urknall bis heute

KOSMOS

INHALT

GRUNDSCHULWISSEN NATUR & TECHNIK

Dieses Buch lädt dich zu einer Reise durch die Naturgeschichte der Erde ein. Wir folgen dabei einem zeitlichen Strang, der von der Entstehung der Erde selbst über ihre Belebung mit Pflanzen, Pilzen, Tieren und Menschen bis in die heutige Welt reicht.

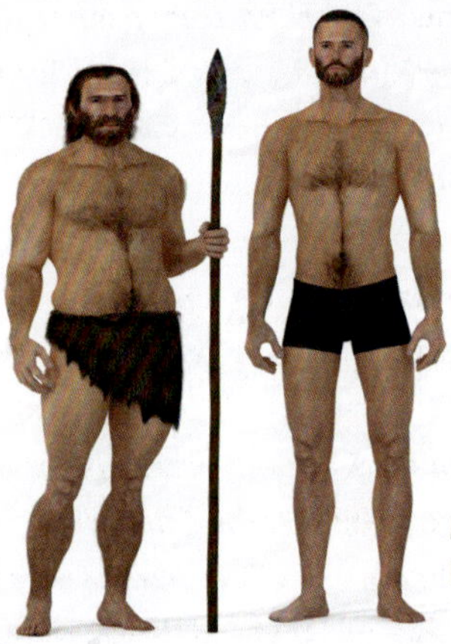

Neandertaler

Mensch Homo sapiens

Reise durch die Naturgeschichte unseres Planeten

Die Welt, wie du sie kennst, wird sehr vom Menschen und seiner Technik bestimmt. Das erfährst du täglich, denn du lebst in einer vom Menschen gebauten Siedlung, die durch Straßen mit anderen Siedlungen verbunden ist. Du benutzt vom Menschen gebaute Fahrzeuge, um dich fortzubewegen. Und du nutzt vom Menschen entwickelte Technik, mit der du dir Informationen besorgen kannst, egal ob du unterwegs oder zu Hause bist.

Dieses Buch ist voller Wissen über unsere Naturwissenschaften. Du findest darin viele Antworten auf deine Fragen, aber sicherlich werden auch viele neue Fragen in dir geweckt – so ergeht es jedem Naturwissenschaftler, der zu Themen und Fragen forscht. Dann lass nicht locker, sondern such weiter nach Antworten. So erweitert sich nach und nach nicht nur dein Wissen über die wundervolle Natur, sondern auch dein Verständnis dafür.

Die unbelebte Natur

Wir leben auf dem Planeten Erde. Er ist der drittnächste Planet zum strahlenden Stern unseres Sonnensystems, der Sonne. Um die Sonne kreisen noch weitere 7 Planeten und unzählige Zwergplaneten. Unser Sonnensystem erscheint uns riesig, doch in Wirklichkeit ist es nur ein winziger Teil der Milchstraßengalaxie, die wiederum nur einen winzigen Teil im unvorstellbar großen Weltall mit Milliarden von Sternen und Galaxien einnimmt.

Die Erde hat eine lange Geschichte. Diese begann vor 4,6 Milliarden Jahren. Aus einer Wolke aus Gas und Staub hat sich der Planet Erde gebildet. Im Lauf der Zeit verdichtete sich diese Materie zur heutigen Erdkugel. Die Oberfläche wurde zu festen Gesteinen. Weil aus diesen Gesteinen Wasserdampf entwich, entstand die Atmosphäre mit ihren Wettererscheinungen.

Blick aus dem Weltall auf die Erde, unseren blauen Planeten

Die belebte Natur

Nachdem sich die zunächst heiße Erde abgekühlt hatte, bildeten sich die Meere und Kontinente. In den Meeren entstanden die ersten Lebewesen. Sie waren zunächst winzig klein, doch sie entwickelten sich weiter. Bald verließen erste Pflanzen das Meer und verwandelten das Land in grüne Lebensräume, die dann von den ersten Tieren besiedelt wurden. So entstanden über Millionen von Jahren immer wieder aufs Neue zahlreiche Tiergruppen wie Krebse, Spinnen und Insekten, Fische, Vögel und Säugetiere. Schließlich entwickelten sich vor etwa 3 Millionen Jahren aus menschenaffenartigen Vorfahren die Urmenschen. Wir Menschen sind ihre Nachfahren.

Im tropischen Regenwald gibt es sehr dichtes Pflanzenwachstum.

Die vom Menschen gestaltete Welt

Durch die Wanderung der Erdplatten, die Zyklen der Sonne und viele andere Gründe, die du in diesem Buch kennenlernst, ändern sich auf der Erde immer wieder die Lebensbedingungen. Es gab sehr heiße Perioden und solche, in denen große Teile der Erde von Eis bedeckt waren. An diese Änderungen haben sich Pflanzen, Pilze und Tiere stets dadurch angepasst, dass sie sich und ihren Körper verändert haben. Der Mensch hat dies hingegen kaum getan. Auf Änderungen der Lebensbedingungen reagiert der Mensch – so wie es seine Vorfahren schon durch die Erfindung von Steinwerkzeugen getan haben –, indem er immer wieder neue Techniken entwickelt. Durch diese Werkzeuge und Maschinen hat der Mensch die Umgebung auf unserem Planeten sehr stark verändert. Und er wird die Erde weiterhin gestalten.

Wir tragen die Verantwortung

Heute leben fast 8 Milliarden Menschen auf der Erde, das ist eine sehr große Anzahl. Alles, was der Mensch erschafft und verbraucht, hat einen großen Einfluss auf alle Lebewesen der Erde – auf die Pflanzen, Pilze und Tiere. Der Mensch braucht viel Platz zum Wohnen, Arbeiten und Fortbewegen. Er verbraucht und verändert die Rohstoffe der Erde, um sich zu ernähren, Dinge herzustellen und Energie zu gewinnen. Dabei entstehen auch große Mengen an Abgasen und Abfallstoffen. All dies verändert die Erde. Die Folgen sind nicht nur für uns, sondern auch für die Pflanzen, Pilze und Tiere spürbar groß – ihre Lebensräume werden kleiner und die Lebensbedingungen verändern sich viel schneller, als das jemals auf der Erde geschehen ist. Dadurch sterben viele Arten aus. Auch wandelt sich das Klima der Erde.
Wir Menschen tragen eine besondere Verantwortung für unsere einzigartige Heimat Erde, den einzigen Planeten, der bewohnt werden kann. Jeder Einzelne von uns muss dafür sorgen, dass nicht nur wir Menschen, sondern auch die vielfältigen Pflanzen, Pilze und Tiere in Zukunft gut auf der Erde leben können.

So benutzt du dein Buch

Das Inhaltsverzeichnis auf den Seiten 2 und 3 gibt dir einen Überblick über die Themen in diesem Buch und auf welcher Seite du sie findest. Jedes der 3 großen Teile über die unbelebte Natur, die belebte Natur und die vom Menschen gestaltete Welt beginnt mit einer Doppelseite, auf der die einzelnen Themen des Abschnitts aufgeführt sind. In den Kästen wird besonderes **MINT-Zusatzwissen** oder spannendes **„Wusstest du ...?"-Wissen** vermittelt. **„Mach mit"-Kästen** laden dich zu Experimenten ein und **Steckbriefe** geben dir mehr Informationen zu einzelnen Arten. Suchst du ein ganz bestimmtes Thema wie Erdöl oder Hexenringe, so schlag im Register auf Seite 190 nach.

Bärbel Oftring

Tagpfauenauge

DIE UNBELEBTE NATUR

HIER ERFÄHRST DU ALLES ÜBER:

KAPITEL 1:

DIE UNBELEBTE NATUR

WELTALL – STERNE UND PLANETEN

HIER ERFÄHRST DU ALLES ÜBER:

- URKNALL
- PLANETEN
- STERNE
- SCHWARZE LÖCHER
- FERNE GALAXIEN

Das Weltall ist ein unvorstellbar großer Raum, der auch Universum genannt wird. Es entstand vor 13,8 Milliarden Jahren aus einem superwinzigen, superheißen Energieball, der sich im Bruchteil einer Sekunde ungeheuer stark aufblähte. Man nennt das „Urknall“, obwohl er mit einem Knall, wie du ihn kennst, nichts zu tun hat. Damit etwas knallt, braucht es Luft, und die gibt es im freien Weltall nicht. Deshalb müsste der „Urknall“ besser „Urblitz“ heißen. Dieses Aufblähen geschah nicht etwa irgendwo im All, sondern dabei entstand überhaupt erst das Universum. Nach und nach kühlte es sich ab, und schließlich bildeten sich darin Atome, Sterne, Planeten und Galaxien. Noch heute dehnt sich das All immer weiter aus.

In diesem Kapitel erfährst du alles über den Mond, unsere Planeten und die Sonne, die Sterne und die Milchstraße. Obwohl Astronomen stetig forschen, gibt es immer noch viele Rätsel.

DER MOND

Wir leben auf einer kleinen rotierenden Kugel mitten im unermesslich großen Weltall, der Erde. Sie wird beleuchtet und erwärmt von einem glühenden Ball, der Sonne. Unser ständiger Begleiter ist ein kleiner Himmelskörper, der Mond. Regelmäßig verändert er sein Aussehen – mal ist er eine Sichel, mal eine helle Scheibe, mal ist er ganz verschwunden. Doch was ist dieses Nachtgestirn eigentlich?

So sähe es aus, wenn man den Mond auf die USA legen würde.

Der Mond begleitet die Erde auf ihrer Bahn um die Sonne und umrundet sie in rund 27 Tagen. Die Zeitspanne von Vollmond zu Vollmond ist mit etwa 29 Tagen etwas länger. Der Mond ist viel kleiner als die Erde. Sein Durchmesser von 3.476 km beträgt nur ein Viertel des Erddurchmessers. Die Entfernung zum Mond beträgt im Durchschnitt etwa 384.000 km – das entspricht etwa 10 Erdumrundungen um den Äquator. Alle anderen Himmelskörper sind viel, viel weiter weg. Der Mond ist daher der einzige Himmelskörper, den Menschen bisher besucht haben. Luft und Wasser gibt es auf dem Mond nicht.

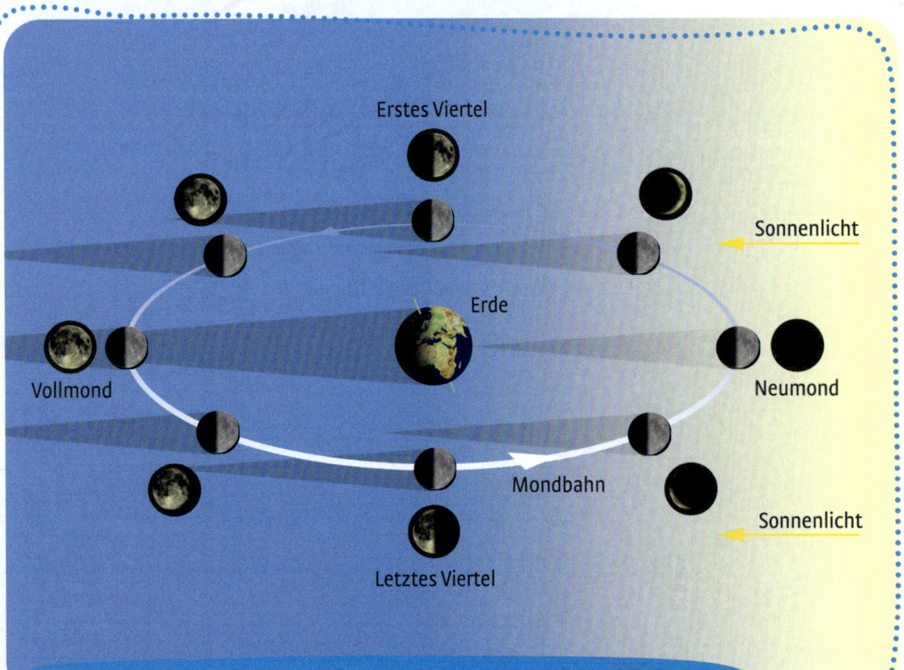

So entstehen die Mondphasen bei der Drehung des Mondes um die Erde.

Mondphasen

Der Mond sendet kein eigenes Licht aus, sondern wird von der Sonne beschienen. Mondphasen wie Vollmond oder Halbmond entstehen, weil das Sonnenlicht mal von vorn und mal von der Seite auf den Mond fällt.

Am dunklen Nachthimmel glänzt der Mond silberhell. Doch das ist eine Täuschung: In Wirklichkeit wirft seine Oberfläche kaum mehr Licht zurück als eine staubige Asphaltstraße.

Vor gut 50 Jahren erreichten erste Astronauten den Mond.

Mondmeere

Früher waren die Forscher davon überzeugt, dass der Mond der Erde ähnlich ist und dass sogar Lebewesen darauf wohnen. Die dunklen Bereiche wurden als Meere gedeutet. Doch auf dem Mond gibt es keine Luft, daher müssen Astronauten dort Raumanzüge tragen. Weil die Schwerkraft viel geringer ist als auf der Erde, würde eine Vogelfeder auf dem Mond ebenso schnell zu Boden fallen wie eine Glasmurmel. Auch Wasser gibt es nicht. Die „Mondmeere“ sind trotz ihres Namens gar keine: Sie bestehen aus dunklem Gestein.

MINT – Für dich!

Am 21. Juli 1969 betrat der erste Mensch den Mond. Es war der US-amerikanische Astronaut Neil Armstrong. Als er seinen Fuß auf den Boden gesetzt hatte, hat er einen sehr berühmten Satz gesagt: „Das ist ein kleiner Schritt für den Menschen, aber ein riesiger Sprung für die Menschheit.“

MACH MIT!

Schau einmal mit einem guten Fernglas oder einem kleinen Fernrohr zum Mond, am besten wenn er eine Sichel zeigt. Dann kannst du große Krater mit Ringwällen erkennen. Hier schlugen gewaltige Meteoriten ein.
Mit „Google Moon“ kannst du am Computer die Mondoberfläche genau studieren.

DIE SONNE

Jeden Morgen geht die Sonne auf, zieht ihre Bahn über den Himmel, spendet uns Licht und Wärme und verschwindet abends wieder unter den Horizont.

Stell dir vor, die Sonne würde plötzlich verschwinden. Dann hätten wir ewige Nacht. Die grünen Pflanzen könnten nicht mehr gedeihen. Es gäbe Hungersnöte, denn Tiere und Menschen ernähren sich von Pflanzen. Weil die Sonnenwärme fehlte, würde es rasch eisig kalt und die Ozeane würden zu Eis erstarren. Aber keine Angst, das passiert nicht!

Planeten im Vergleich zur Sonne: Die Erde ist geradezu winzig. Von links nach rechts: Merkur, Venus, Mars, Erde, Neptun, Uranus, Saturn, Jupiter.

So nah und doch fern

Am Himmel wirkt die Sonne recht groß und nah. Doch in Wirklichkeit ist sie weit weg – etwa 150 Millionen Kilometer. Ein Flugzeug wäre zur Sonne rund 22 Jahre lang unterwegs! Dass sie uns so nah erscheint, liegt an ihrer gewaltigen Größe. Sie hat etwa 1,4 Millionen Kilometer Durchmesser – das bedeutet, man könnte auf der Sonnenscheibe nebeneinander 109 Erdkugeln aufreihen! Und in den Sonnenball passen sogar 1,3 Millionen Erdkugeln hinein.

Gigantische Explosionen

Die Sonnenoberfläche ist ein Meer aus superheißen Gasen, das ständig brodelt und kocht und gewaltige Hitze ausstrahlt. Manchmal ereignen sich dort Explosionen, die stärker sind als 100 Milliarden gleichzeitig explodierender Wasserstoffbomben! Sie schleudern große Mengen heißer Sonnenmaterie empor, die dann gewaltige leuchtende Bögen bildet. Man nennt sie Protuberanzen. Jede ist um ein Vielfaches größer als die Erde.

Die Oberfläche der Sonne ist eine etwa 6.000 Grad Celsius heiße, brodelnde Gasmasse.

Ein gewaltiger Energieausbruch auf der Sonne, eine Protuberanz. Manchmal schleudert sie gigantische Mengen Materie ins All.

Kern-Kraftwerk

Seit über 5.000 Millionen Jahren leuchtet die Sonne, und sie strahlt eine unvorstellbare Menge an Energie ins All. Auf die Erde trifft nur ein kleiner Teil davon. Die Energie stammt aus dem Kern der Sonne, wo gewaltiger Druck herrscht. Dort „verbacken" ständig Atomkerne. Diese sogenannte Kernfusion liefert die Energie.

Das Ende der Sonne

Seit ihrer Entstehung hat die Sonne rund die Hälfte ihres „Brennstoffs" verbraucht. Doch auch wenn der Rest davon aufgebraucht ist, verlöscht sie nicht, sondern bläht sich auf und strahlt noch viel intensiver. Auf der Erde werden dann die Ozeane verdampfen, das Festland wird verdörren und schließlich wird die Erdoberfläche glühen. Aber keine Angst: Das passiert erst in unvorstellbar ferner Zukunft, etwa in 1.000 Millionen Jahren.

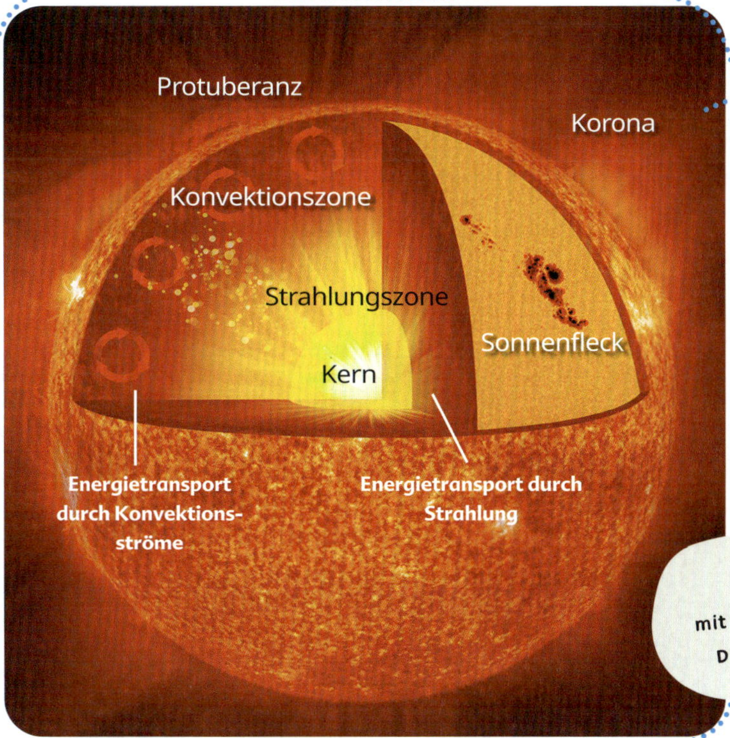

Kernreaktionen im Zentrum der Sonne erzeugen die Energie, von der wir alle leben.

Achtung! Auf keinen Fall darfst du mit einem Fernglas oder Fernrohr in die Sonne schauen! Die Brennwirkung würde das Auge sofort zerstören!

SCHWERKRAFT

Warum kreisen die Planeten eigentlich um die Sonne und fliegen nicht einfach davon? Das liegt an der Schwerkraft. Diese Kraft zieht einen fallen gelassenen Stein nach unten und hält uns alle auf der Erdoberfläche.

Selbst Galaxien, die Millionen Lichtjahre voneinander entfernt sind, ziehen sich noch an.

Das Gesetz der Schwerkraft

Jede Masse (zum Beispiel ein Planet, Stein, Atom, Mensch) zieht jede andere Masse an. Diese Anziehungskraft nennt man Schwerkraft. Das massereichste Objekt in unserem Sonnensystem ist die Sonne – sie besitzt fast 1.000-mal mehr Masse als alle Planeten zusammen!
Je größer die beiden Massen sind, desto größer ist auch ihre gegenseitige Anziehung. Allerdings wird diese Kraft mit zunehmendem Abstand zwischen den Massen kleiner. Deshalb spüren ferne Planeten die Anziehungskraft der Sonne weniger stark als Planeten, die in kleinerem Abstand die Sonne umrunden.

Die Größe ist entscheidend!

Von der Größe des Himmelskörpers hängt die Stärke seiner Schwerkraft ab. Wir spüren diese Anziehungskraft als Gewicht. Weil der Mond kleiner ist als die Erde, hättest du dort nur ein Sechstel deines Gewichts.

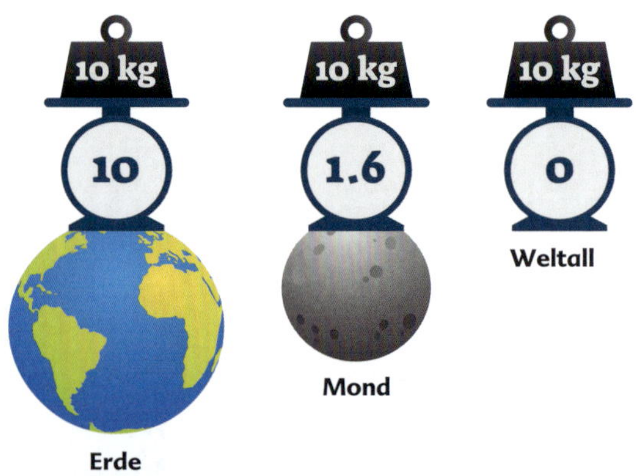

Ein 10-kg-Gewicht würde auf dem Mond nur 1,6 kg wiegen und im freien All gar nichts. Die Masse bliebe dieselbe.

Gasball Sonne

Die Sonne ist ein Ball aus brodelnden und kochenden Gasen. Wieso fliegt sie dann nicht auseinander und verteilt ihre Materie im All? Das bewirkt ebenfalls die Schwerkraft. Jedes Gasatom zieht seine Nachbarn an, und das hält den Ball zusammen. Die Atome formen dann von selbst das kleinstmögliche Gebilde, und das ist die Kugel.

Wusstest du …

… dass man im Erdmittelpunkt schwerelos wäre? Denn dort heben sich die Anziehungskräfte der Massen rundherum gegenseitig auf.

Schwerelosigkeit

In einem Satelliten, der die Erde umkreist, einem Raumschiff und auf der Internationalen Raumstation ISS herrscht Schwerelosigkeit. Astronauten können frei herumschweben. Verschüttetes Wasser formt sich von selbst zu einer Kugel. Doch das liegt nicht daran, dass die Schwerkraft der Erde auf der ISS so schwach wäre. Vielmehr bewirken Umlaufbahn und Geschwindigkeit der ISS, dass sich Fliehkraft (die Kraft, die nach außen zieht) und Schwerkraft (die Kraft, die nach innen zieht) gegenseitig aufheben.

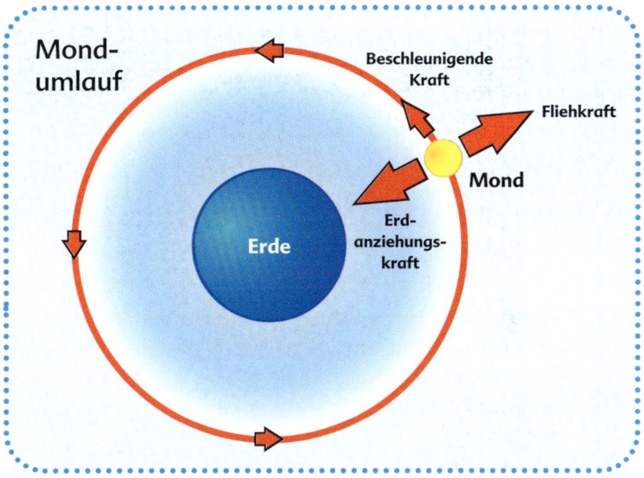

In einem stabil um die Erde kreisenden Körper wie einem Satelliten heben sich Schwerkrafteinfluss der Erde und Fliehkraft auf.

Die Internationale Raumstation ISS ist ein Labor für Versuche in der Schwerelosigkeit.

DIE PLANETEN

Das Wort Planeten kommt von griechisch *planetes,* das bedeutet „Wanderer". Schon den Astronomen des Altertums war bewusst, dass diese Himmelskörper über den Himmel wandern. Sie haben diese Bewegungen genau untersucht.

Planeten

Im Sonnensystem gibt es insgesamt 8 große Planeten sowie einige Zwergplaneten.
Merkur, Venus, Erde und Mars ziehen ihre Bahnen nahe der Sonne. Sie sind im Grunde genommen große Felsbrocken. Man nennt sie daher Gesteinsplaneten. Die Erde ist der größte von ihnen.
Die riesigen Planeten Jupiter, Saturn, Uranus und Neptun bewegen sich fern der Sonne. Sie bestehen zum größten Teil aus Stoffen, die bei Temperaturen auf der Erde Gase sind. Doch weil diese Planeten sehr kalt sind, sind diese Gase verflüssigt oder festgefroren. Man nennt die Planeten Gasplaneten oder Gasriesen.

Zwergplaneten

Zwergplaneten sind deutlich kleiner als Planeten, aber immerhin kugelförmig. Das bedeutet, dass sie einst feuerflüssig gewesen sind und sich zu einer Kugel ballen konnten. Der bekannteste Zwergplanet ist Pluto. Pluto galt zunächst als ein Planet. Inzwischen haben Astronomen im Kuiper-Gürtel weit jenseits der Neptunbahn aber eine Anzahl ähnlicher kleiner Körper entdeckt. Man nennt sie nun Zwergplaneten. Neben Pluto zählen dazu etwa Eris, Haumea, Makemake und Sedna. Der uns nächste Zwergplanet ist Ceres. Er ist der größte Himmelskörper im Asteroidengürtel.

Die größten zurzeit bekannten Zwergplaneten: Haumea ist wegen seiner raschen Rotation eiförmig.

Exoplaneten

Nicht nur unsere Sonne besitzt Planeten, auch einige Sterne in den Weiten des Weltalls werden von Planeten umkreist. In den letzten Jahrzehnten haben Forscher tausende weitere Planeten um ferne Sterne entdeckt. Man nennt sie Exoplaneten. Die meisten dieser Exoplaneten sind vermutlich lebensfeindlich. Aber es gibt viele Millionen Planeten, die erdähnliche Temperaturen und flüssiges Wasser besitzen. Auf ihnen könnte es Leben geben. Vielleicht nur mikroskopisch kleine Lebewesen, vielleicht aber auch intelligente, technisch begabte Außerirdische – doch das wissen wir noch nicht.

Millionen von Exoplaneten allein in unserer Milchstraße warten auf ihre Entdeckung und Erkundung.

Merksatz

Merkur – Venus – Erde – Mars – Jupiter – Saturn – Uranus – Neptun: Die Reihenfolge der Planeten vom sonnennächsten bis zum sonnenfernsten kannst du dir mit dem folgenden Satz merken: **M**ein **V**ater **E**rklärt **M**ir **J**eden **S**onntag **U**nseren **N**achthimmel. (Die Wörter haben die gleichen Anfangsbuchstaben wie die Planetennamen.)

Planeten-Steckbriefe

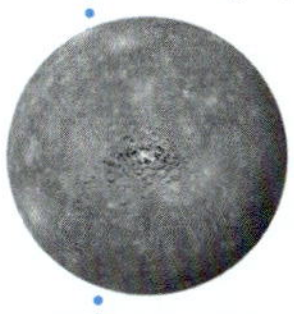

Merkur ist der kleinste Planet und zudem der Sonne am nächsten. Er wird daher auf der Sonnenseite bis zu 430 Grad Celsius heiß, während die Nachtseite auf -180 Grad Celsius abkühlt. Durchmesser: 4.879 km, 1 Merkurtag: 58 Tage 15 Stunden, 1 Merkurjahr: 88 Erdtage

Die Venus ist nach Sonne und Mond das hellste Objekt am Himmel. Zeitweise steht sie am Abendhimmel, zu anderen Zeiten am Morgenhimmel, und dazwischen ist sie wochenlang nicht sichtbar. Ihre Oberfläche ist so heiß wie eine glühende Herdplatte. Durchmesser: 12.100 km, 1 Venustag: 243 Tage 15 Stunden, 1 Venusjahr: 224 Erdtage

Die Erde ist nach heutigem Wissen der einzige Planet, der Leben trägt. Die großen Ozeane und die Lufthülle lassen sie als „Blauen Planeten“ erscheinen. Unser Heimatplanet ist eine Kugel von gut 12.700 km Durchmesser. Der Äquator ist etwa 40.000 km lang. Die Erde dreht sich innerhalb von 24 Stunden (also einem Tag) einmal um sich selbst und umrundet in gut 365 Tagen (also in einem Jahr) einmal die Sonne. Zwei Drittel der aus Gesteinen bestehenden Erdoberfläche sind mit Wasser bedeckt. Zudem besitzt die Erde eine Lufthülle, die mehr als 500 km hinaufreicht, nach oben hin aber rasch immer dünner wird. Äquator-Durchmesser: 12.756 km, Pol-Durchmesser: 12.714 km, Tagdauer: 23 Stunden 56 Minuten 4,1 Sekunden, 1 Jahr: 365,256 Erdtage

Der Mars erscheint rötlich, weil sein Oberflächengestein große Mengen eisenhaltiger und daher rostfarbener Stoffe enthält. Hier gibt es erloschene Vulkane wie den Olympus Mons, mit 27 km Höhe der größte Vulkan des Sonnensystems. Äquator-Durchmesser: 6.792 km, Pol-Durchmesser: 6.752 km, 1 Marstag: 24 Stunden 37 Minuten 4,1 Sekunden, 1 Marsjahr: 687 Erdtage

Jupiter ist der Riese unter den Planeten: Er hat fast 3-mal so viel Masse wie alle anderen Planeten zusammen und das 1000-fache Volumen der Erde. Die Atmosphäre ist durch bunte Bänder gefärbt und sehr stürmisch. Äquator-Durchmesser: 142.984 km, Pol-Durchmesser: 133.708 km, 1 Jupitertag: 9 Stunden 55 Minuten 30 Sekunden, 1 Jupiterjahr: 11 Erdjahre 315 Erdtage

Saturn ist vor allem wegen seines auffälligen Ringsystems bekannt. Es besteht aus zahllosen Eis- und Gesteinsbrocken, die zusammen über 100.000 Einzelringe bilden. Äquator-Durchmesser: 120.536 km, Pol-Durchmesser: 108.728 km, 1 Saturntag: 10 Stunden 33 Minuten, 1 Saturnjahr: 29,457 Erdjahre

Uranus ist der „rollende“ Planet: Seine scheinbare Drehachse liegt fast waagerecht auf seiner Umlaufbahn. Er rollt also sozusagen auf seinem Äquator wie eine Bowlingkugel um die Sonne. Äquator-Durchmesser: 51.118 km, Pol-Durchmesser: 49.946 km, 1 Uranustag: 17 Stunden 14 Minuten 24 Sekunden, 1 Uranusjahr: 84,011 Erdjahre

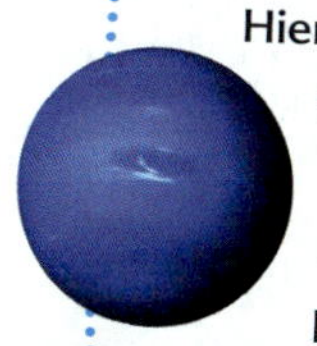

Neptun hat eine besonders stürmische Gashülle. Hier toben die stärksten im Sonnensystem beobachteten Winde. Sie blasen mit rund 2.000 Stundenkilometern, 10-mal stärker als ein Orkan auf unserer Erde! Äquator-Durchmesser: 49.528 km, Pol-Durchmesser: 48.682 km, 1 Neptuntag: 15 Stunden 57 Minuten 59 Sekunden, 1 Neptunjahr: 164,79 Erdjahre

DAS SONNENSYSTEM

Unsere Erde und die Planeten sind nicht die einzigen Himmelskörper, die sich um die Sonne bewegen. Es gibt noch einige andere kosmische Objekte, die auch um die Sonne kreisen.

Unser Sonnensystem: In Wirklichkeit sind die Planeten natürlich viel kleiner als die Sonne und viel weiter entfernt. Von links nach rechts: Sonne, Merkur, Venus, Erde, Mars, Jupiter, Saturn, Uranus und Neptun, darunter die Zwergplaneten Ceres, Pluto und Eris

Asteroidengürtel

Zwischen der Umlaufbahn von Mars und Jupiter liegt ein Ring aus hunderttausenden von kleineren und größeren, unregelmäßig geformten Gesteins- und Metallbrocken. Insgesamt haben sie nur ein Zwanzigstel der Masse unseres Mondes. Hier befindet sich auch der Zwergplanet Ceres.

Kuipergürtel

Jenseits der Neptunbahn erstreckt sich ein gewaltiger Ring aus einigen hundert Milliarden Eis- und Gesteinsbrocken, der Kuipergürtel. Hier sind auch Pluto und andere Zwergplaneten zu finden.

Oortsche Wolke

So nennen die Forscher eine gigantisch große Kugel aus unzähligen Eis- und Gesteinsbrocken, die unser Sonnensystem in riesiger Entfernung umschließt. Ihr Durchmesser ist über 100.000-mal größer als die Entfernung von der Sonne zur Erde!

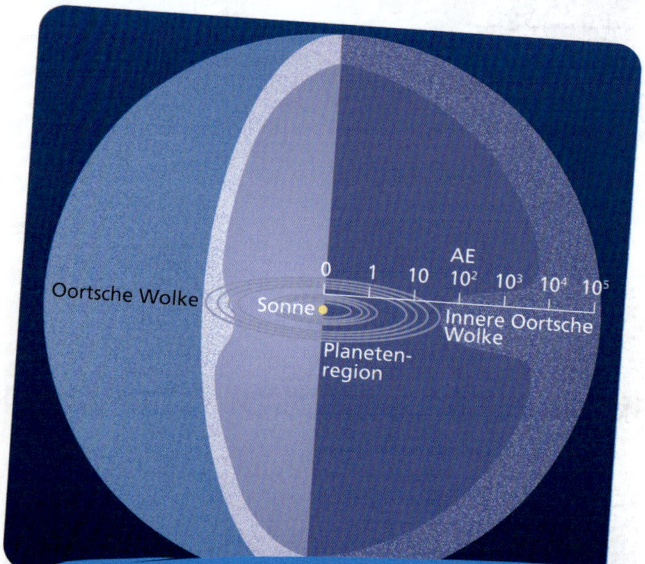

Kuipergürtel und Oortsche Wolke umhüllen das Planetensystem in weitem Abstand.

MINT – Für dich!

Die Entfernungen im Weltall sind für uns kaum vorstellbar. Sie sind weit größer als jeder Weg auf der Erde. Astronomen geben die riesigen Entfernungen im Weltall daher nicht in Kilometern an – das ergäbe endlos lange Zahlen. Stattdessen nutzen sie die Maßeinheit „Lichtjahr“. Ein Lichtjahr ist die Strecke, die Licht in einem Jahr zurücklegt. Das sind etwa 10.000 Milliarden Kilometer – fast 70.000-mal die Strecke von der Erde zur Sonne.

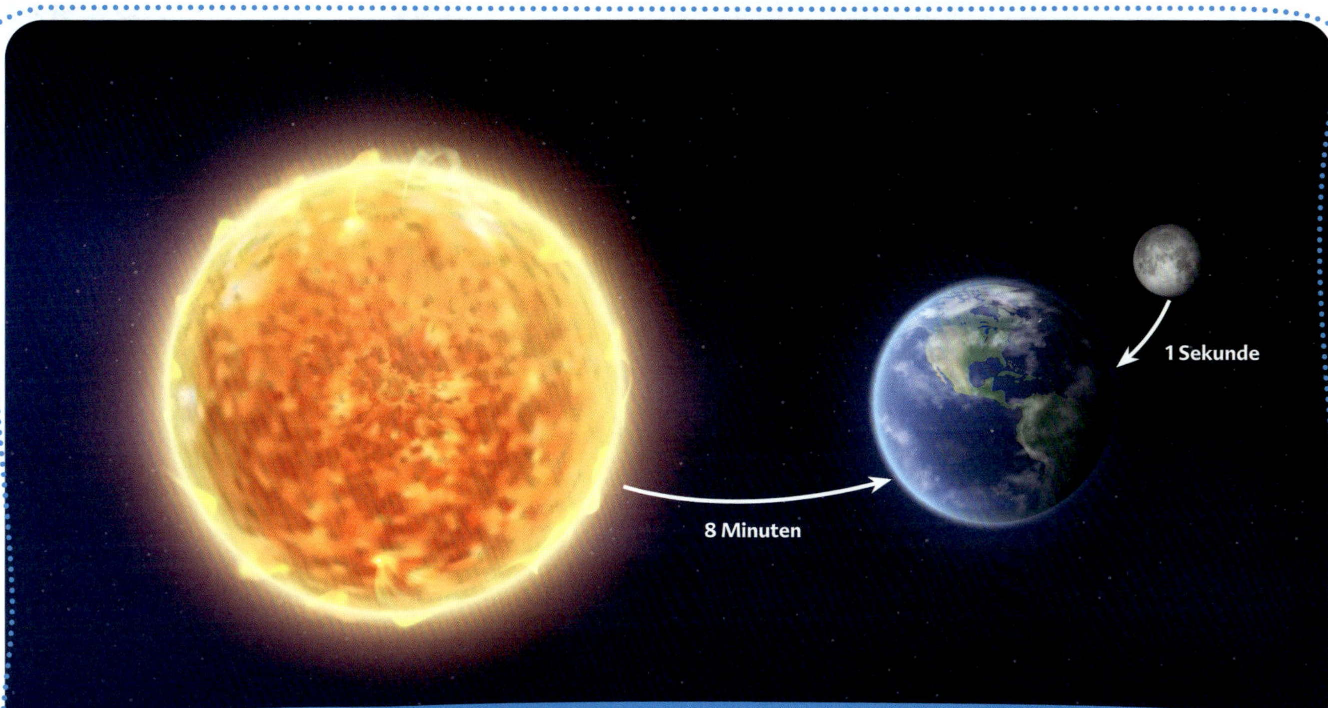

Das Licht braucht vom Mond zur Erde gut 1 Sekunde, von der Sonne zu Erde etwa 8 Minuten. Zum nächsten Stern Proxima Centauri ist das Licht 4,244 Jahre unterwegs – dieser Stern ist demnach über 4 Lichtjahre von uns entfernt. Zum Zentrum der Milchstraße braucht das Licht 26.000 Jahre und zur nächstgelegenen Galaxie, der Andromeda-Galaxie, 2,5 Millionen Jahre.

Der Halleysche Komet. Er kommt etwa alle 76 Jahre wieder in Erdnähe.

Kometen

Manchmal erscheint am Nachthimmel für mehrere Tage oder Wochen ein heller Fleck mit einem langen hellen Schweif. Solche Gebilde nennt man Kometen. Früher haben die Menschen geglaubt, dass sie Unglück bringen würden. Ein Komet besteht aus Eis, Staub und lockerem Gestein. Wenn ein Komet in die Nähe der Sonne kommt, entsteht der Schweif – dann bläst der Sonnenwind die Bestandteile des Komets weg und sie leuchten.

STERNE UND STERNBILDER

Am klaren Nachthimmel kannst du die Sterne leuchten sehen. Sterne sind wie unsere Sonne. Sie sind jedoch so weit entfernt, dass wir sie nur als Pünktchen wahrnehmen.

Die Sterne heißen auch Fixsterne. Das bedeutet „feste Sterne“, weil sie scheinbar am Himmelsgewölbe festgemacht, fixiert sind – anders als die Planeten, die über den Fixsternhimmel wandern.
Mit bloßem Auge kann man in einer sehr klaren, dunklen Nacht etwa 2.000 Sterne sehen, von hellen Städten aus allerdings sehr viel weniger. Und am Tag überstrahlt die Sonne das schwache Sternenlicht. Dann kannst du keine Sterne sehen.

Wusstest du …

… dass das wohl bekannteste Sternbild gar keines ist? Der „Große Wagen“ ist nur ein Teil des größeren Sternbilds „Großer Bär“.

Orion, Zwillinge und Stier zählen zu den besonders gut erkennbaren Sternbildern des Winterhimmels.

Kreisendes Himmelsgewölbe

Wenn du mal eine Nacht aufbleiben und den Sternhimmel anschauen darfst, bemerkst du etwas Seltsames: Die Sternbilder wandern langsam – so wie die Sonne am Tag – von Ost nach West über den Himmel. Es gibt aber auch einen festen Punkt, um den sie sich bewegen. Man nennt ihn Himmels-Nordpol. Man kann ihn gut ausmachen, weil dort zufällig ein heller Stern steht, der Polarstern.
Mit dem „Großen Wagen“ kannst du sehr leicht den Polarstern finden. Dann weißt du immer genau, wo Norden ist.

So findest du den Polarstern mithilfe des „Großen Wagens“.

Sternbilder

Viele helle Sterne stehen am Himmel in mehr oder weniger auffälligen Gruppen zusammen. Das bemerkten die Menschen schon vor vielen Jahrtausenden. Sie gaben den auffälligsten Gruppen Namen, manche von Göttern oder Sagenhelden, andere von Tieren oder Gegenständen. Da gibt es etwa den Orion, den Großen Bären, die Leier, den Schwan, die Zwillinge und den Stier.
Die Sternbilder der südlichen Erdhalbkugel haben erst vor einigen Jahrhunderten durch europäische Seefahrer Namen bekommen. Daher gibt es dort so seltsame Namen wie Mikroskop, Fernrohr, Sextant, Pendeluhr, Luftpumpe. Nahe dem Himmels-Südpol steht das Kreuz des Südens.

Solch ein Bild zeichnen die um den Polarstern wandernden Sterne, wenn man sie einige Stunden lang mit fest stehender Kamera fotografiert.

Sternnamen

Sehr helle Sterne tragen Namen, etwa Aldebaran, Altair, Algol, Beteigeuze, Deneb, Rigel, Wega, Procyon und Sirius. Besonders Sirius ist im Winter gut zu sehen. Er steht links unter dem auffälligen Orion und ist der hellste Stern am Himmel.

Mehrfachsterne

Sterne entstehen gleichzeitig zu Abertausenden in „Sternwiegen". Dort ballen sich Gaswolken unter ihrer eigenen Schwerkraft zu zahllosen Kugeln zusammen, die schließlich aufstrahlen und mit der Zeit auseinanderdriften. Vielfach bleiben dann zwei oder mehr Sterne über ihre Schwerkraft aneinandergebunden. Zum Beispiel erscheint der mittlere Deichselstern im „Großen Wagen" dem bloßen Auge als Doppelstern. Das Teleskop zeigt ihn sogar als Vierfach-Sternsystem.
Es gibt auch „scheinbare" Doppelsterne. Sie stehen nur von der Erde aus gesehen nebeneinander, aber in ganz unterschiedlichen Entfernungen.
Manche Sterne freilich sind Einzelgänger. Vermutlich zählt auch unsere Sonne dazu. Es ist aber auch möglich, dass sie einen fernen, vielleicht kleineren und dunkleren Begleiter besitzt, den wir noch nicht entdeckt haben.

In diesem Gas- und Staubnebel M42 im Sternbild Orion entstehen ständig neue Sterne.

ROTE RIESEN, WEISSE ZWERGE, SCHWARZE LÖCHER

Im All beobachten die Astronomen zahlreiche sehr seltsame Himmelskörper. Die meisten sind sehr alte Sterne, die am Ende ihrer Entwicklung stehen.

Weiße Zwerge

Wenn kleinere Sterne ihren gesamten Brennstoff verbraucht haben, sind sie ihrer eigenen Schwerkraft wehrlos ausgeliefert. Die Schwerkraft ballt die gesamte Materie des Sterns zusammen, sodass selbst die Atome zerquetscht werden. Es entsteht ein kleiner, aber heller „Weißer Zwerg". Ein Löffel voll Materie von einem Weißen Zwerg würde auf der Erde mehrere Tonnen wiegen, etwa so viel wie ein Lastwagen. Dieses Schicksal wird auch unsere Sonne in vielen Milliarden Jahren treffen.

Rote Riesensterne

Im Vergleich mit manchen anderen Sternen ist unsere Sonne nur ein kleines Pünktchen. Der rot leuchtende Riesenstern Beteigeuze im Sternbild Orion ist etwa 1.000-mal so groß wie sie. Wäre Beteigeuze so groß wie ein Fußball, wäre die Sonne daneben nur ein Stecknadelkopf. Zudem strahlt Beteigeuze gut 135.000-mal heller als sie.

Einige Sternriesen im Vergleich mit unserer Sonne: Aldebaran im Sternbild Stier, Antares im Sternbild Skorpion sowie Rigel und Beteigeuze im Sternbild Orion. Beteigeuze wird in einigen tausend Jahren als Supernova explodieren.

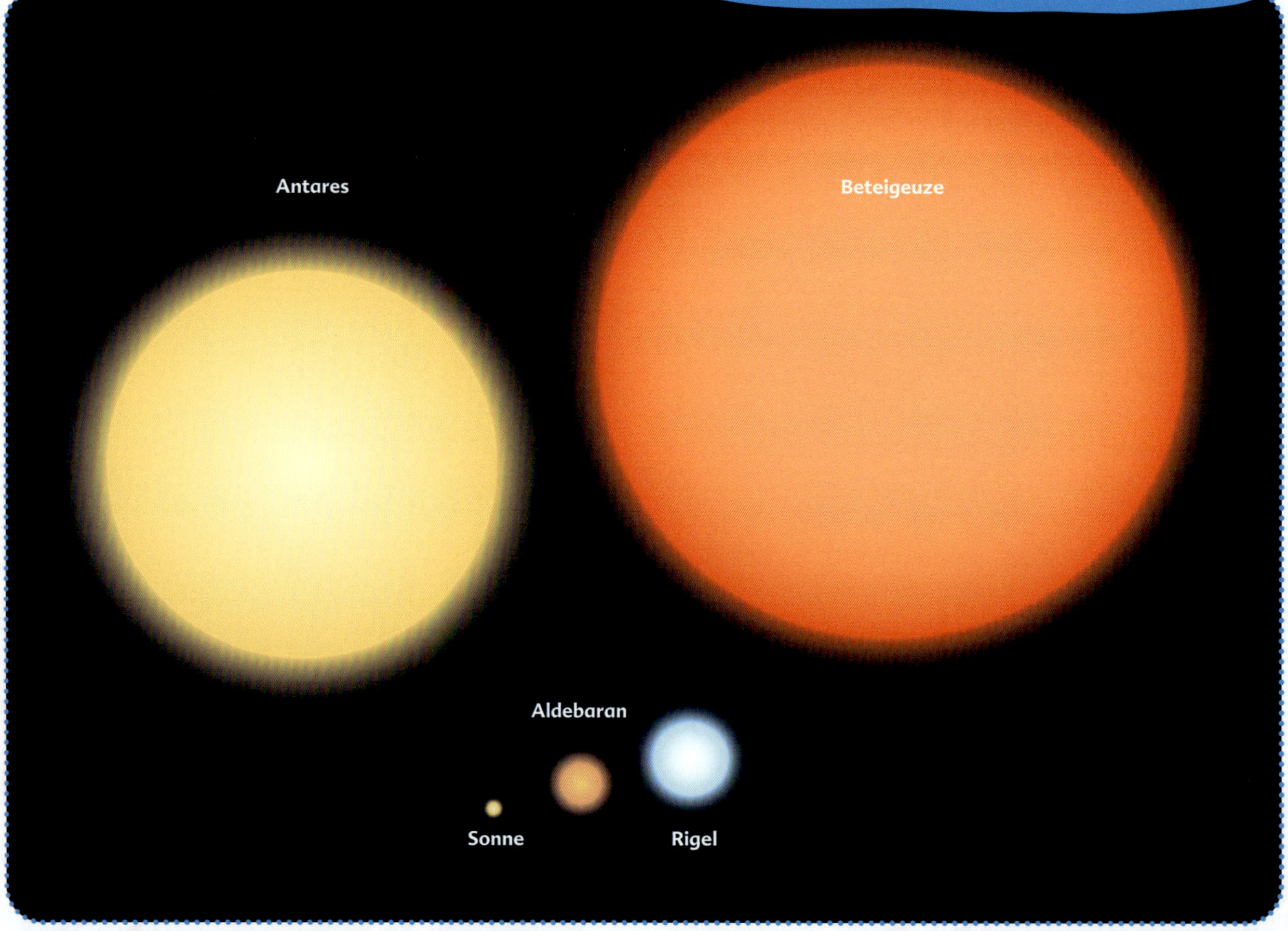

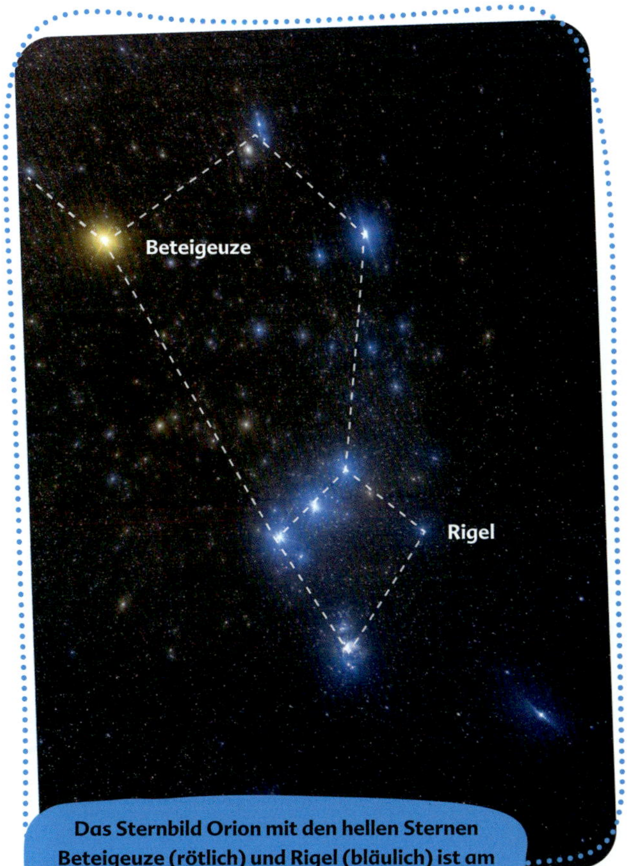

Das Sternbild Orion mit den hellen Sternen Beteigeuze (rötlich) und Rigel (bläulich) ist am Winterhimmel unübersehbar.

Supernova

Sehr massereiche Sterne existieren oft „nur“ einige Millionen Jahre lang, denn sie verbrauchen ihren Brennstoff viel schneller. Am Ende explodieren sie mit einer ungeheuren Gewalt: Eine „Supernova“ flammt auf. Sie ist für mehrere Tage so hell wie mehrere Milliarden Sterne zusammen.

Die Explosionswolke einer Supernova bildet im Sternbild Stier den Krabbennebel.

Neutronenstern

Wenn ein Stern explodiert ist, hinterlässt er eine Kugel. Diese Kugel heißt Neutronenstern und sie hat einen Durchmesser von nur wenigen Kilometern. Aber in dieser Kugel ist die Materie noch viel stärker verdichtet als bei Weißen Zwergen. Ein Löffel voll davon wöge auf der Erde so viel wie ein großer Berg!

Schwarzes Loch

Aus einem Stern, der mindestens eine 40-fache Sonnenmasse hat, entsteht nach der Supernova-Explosion eines der geheimnisvollsten Gebilde im All. Forscher nennen es das „Schwarze Loch“, denn es lässt wegen seiner ungeheuren Schwerkraft nicht einmal Lichtstrahlen entweichen. Was im Innern eines solchen Gebildes existiert oder passiert, weiß noch niemand.

Die ins Schwarze Loch stürzende Materie umkreist es zunächst mit immer höherer Geschwindigkeit. Ein Teil wird dabei als schmaler Teilchenstrom ausgestoßen.

DIE MILCHSTRASSE UND ANDERE GALAXIEN

Du musst schon eine klare, dunkle Sternennacht erwischen, um die Milchstraße zu sehen, aber dann ist ihr Anblick atemraubend: ein helles, zerfasertes Band mit dunkleren Flecken, das sich quer über den Himmel zieht.

Am besten erkennt man die Milchstraße in stockdunkler Nacht und mit ans Dunkle gewöhnten Augen.

Modell der Milchstraße, erstellt von der Universität Warschau

Die Milchstraße oder „Galaxis" ist eine gewaltige, leicht geschwungene linsenförmige Scheibe aus Gas- und Staubwolken und mindestens 200 Milliarden Sternen. Selbst das Licht braucht 100.000 Jahre, um sie einmal zu durchqueren. Unsere Sonne ist einer dieser Sterne. Sie liegt etwa auf halbem Weg zwischen Mitte und Rand der Galaxis.

Unsere Heimatgalaxie

Von oben gesehen bietet unsere Galaxis, die Milchstraße, ein prachtvolles Bild. In der Mitte erkennst du ein hell strahlendes, balkenförmiges Gebilde, von dem spiralige Strahlen ausgehen. In den Spiralarmen sitzen besonders viele junge und daher hell strahlende Sterne. Deshalb leuchten die Spiralarme so stark.

Die Milchstraße von oben: ein gewaltiger Wirbel aus Milliarden von Sternen

Im Kreis

Alle Sterne der Milchstraße rotieren langsam um das Zentrum. Unsere Sonne braucht für einen Umlauf etwa 240 Millionen Jahre. Das ist eine lange Zeit: Als sie das letzte Mal in der jetzigen Position war, gab es auf der Erde noch nicht einmal Dinosaurier.

Unsere Nachbarschaft im All

Alle Sterne, die wir am Nachthimmel sehen, sind Teil unserer Milchstraße. Aber unsere Milchstraße ist nur eine von unzähligen Milliarden weiterer Galaxien. Mit guten Augen kannst du in einer klaren Nacht eine andere Galaxie sehen: die benachbarte Andromeda-Galaxie. Sie ist weit masse- und sternenreicher als unsere Milchstraße, und selbst sie ist noch klein verglichen mit manchen Riesengalaxien.

Nur ein kleiner Ausschnitt des Alls, aber jeder dieser Punkte stellt eine Galaxie mit Abermilliarden Sternen dar.

Wusstest du ...

... dass im Zentrum unserer Galaxis ein superschweres schwarzes Loch existiert, mindestens 4 Millionen Mal massereicher als unsere Sonne? Vermutlich hat sogar jede Galaxie solch einen schweren Kern.

Gruß aus der Vergangenheit

Wenn du in den Sternenhimmel schaust, blickst du weit in die Zeit zurück. Denn das Licht der fernen Sterne ist viele zehntausend Jahre unterwegs, bis es uns erreicht. Noch viel weiter weg sind fremde Galaxien. Schon die Andromeda-Galaxie sehen wir nur, wie sie vor 2,5 Millionen Jahren aussah – so lange braucht das Licht, um zu uns auf die Erde zu gelangen. Große Teleskope fangen sogar Licht von Galaxien auf, die viele Milliarden Lichtjahre weit weg sind.

Andromeda-Galaxie

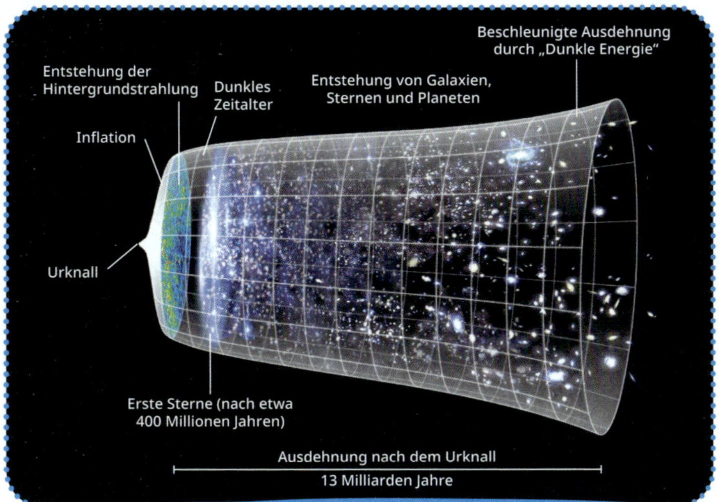

Die zeitliche Entwicklung des Alls: Vom Urknall links bis heute sind über 13 Milliarden Jahre vergangen.

Dunkle Energie

Vor einigen Jahren entdeckten die Astronomen zu ihrer großen Überraschung, dass sich das All seit wenigen Milliarden Jahren deutlich schneller ausdehnt als zuvor. Niemand weiß bisher, was für eine Ursache diese Aufblähung beschleunigt. Physiker nennen sie „Dunkle Energie“. Aber was sich dahinter verbirgt, ist ein bisher ungelöstes Rätsel.

Andere Universen

Unser Universum umfasst alles, was wir sehen können, und vielleicht viel mehr. Es ist aber durchaus möglich, dass es außerhalb von unserem Universum noch andere Universen gibt. Zu diesen haben wir keinen Zugang. In manchen gibt es vielleicht andere Naturgesetze. Oder es existieren dort keine Sterne, sondern ganz andere, für uns unvorstellbare Gebilde, vielleicht auch intelligente Wesen.

Galaxien im Haufen

Niemand kann sich die Zahl der Sterne im Universum auch nur vorstellen. Moderne Teleskope zeigen Milliarden von Galaxien im All, jede mit vielen Milliarden Sternen. Die Galaxien stehen in „Galaxienhaufen“ beieinander, und diese wiederum bilden „Superhaufen“. Diese Superhaufen formen gewaltige leuchtende Fäden. Dazwischen gibt es leere Hohlräume mit jeweils vielen Milliarden Lichtjahren Durchmesser.

Dunkle Materie

Die „normale“ Materie, aus der wir selbst und aus der auch Planeten und Sterne bestehen, bildet im All nur einen Bruchteil der insgesamt vorhandenen Materie. Die Galaxien und Galaxienhaufen sind umhüllt von gewaltigen Wolken und Fäden. Weil sie unsichtbar sind, nennt man sie „Dunkle Materie“. Sie durchzieht das All wie ein Spinnennetz. Entlang dieser Fäden haben sich Sterne und Galaxien gebildet. Woraus diese „Dunkle Materie“ besteht, ist völlig unbekannt.

Wer weiß: Vielleicht besteht die Welt aus zahllosen Universen mit Galaxien und sogar Planeten, die Leben tragen.

KAPITEL 2:

DIE UNBELEBTE NATUR

UNSER BLAUER PLANET – DIE ERDE

HIER ERFÄHRST DU ALLES ÜBER:

- TAG UND NACHT
- OZEANE
- GLETSCHER
- ERDBEBEN
- VULKANE

Wir leben auf einem ganz besonderen Planeten des Sonnensystems. Hier gibt es Luft und Wasser, Ozeane und Erdteile, Gebirge und Flüsse, Gletscher und Wüsten, Vulkane und Höhlen und viele verschiedenartige Lebewesen.
Die Erde gab es nicht immer, sie ist viel jünger als das Weltall. Die Erde ist vor 4,6 Milliarden Jahren aus einer Gas- und Staubwolke entstanden. Diese Wolke umfasste unser ganzes Sonnensystem. Am Anfang drehte sich diese Wolke langsam im All. Die Teilchen in dieser Wolke haben sich gegenseitig angezogen und daraus entstanden Kugeln: die Planeten und Zwergplaneten. Zeitweise war die Erdkugel so heiß, dass sie flüssig wurde. Dabei sanken die schweren Metalle nach unten in das Zentrum der Kugel. Die leichteren Gesteine lagerten sich darüber. Aus diesen Gesteinen entwich Wasserdampf, der die Erde umhüllte.
Als die Erde dann abkühlte, entstand aus dem Wasserdampf flüssiges Wasser und das regnete ab. So entstanden die Ozeane.

UNSER BLAUER PLANET

Die Erde ist unser Heimatplanet. Doch warum wird es nachts dunkel und warum ist es bei uns im Winter kälter als im Sommer?

Im Satellitenbild der Erde sind Ozeane und Kontinente deutlich erkennbar. Die weißen Flocken sind Wolken.

Die Erde rotiert im Sonnenschein, daher erleben wir Tag und Nacht.

Tag und Nacht

Die Sonne bescheint immer nur eine Seite der Erdkugel. Auf der Seite, die zur Sonne zeigt, ist es hell, auf der Rückseite herrscht dunkle Nacht. Weil sich aber die Erde wie ein Kreisel dreht, wechseln sich an jedem Ort Tag und Nacht ab. Frühmorgens drehen wir uns also zur Sonne hin, abends wieder von der Sonne weg. Eine solche Erdumdrehung nennen wir einen Tag und teilen ihn ein in 24 Stunden zu je 60 Minuten.

Erde und Sonne

Die Erde bewegt sich um die Sonne. Das nennt man Umlauf. Die Zeit eines Umlaufs beträgt ein Jahr. In einem Jahr dreht sich die Erde ungefähr (aber nicht genau) 365-mal um sich selbst. Ein Jahr ist also ungefähr 365 Tage lang. Die Erde bewegt sich schnell durchs All: 30 km pro Sekunde! Das ist über 100-mal schneller, als ein Flugzeug fliegt.

Jahreszeiten

In jedem Jahr wechseln sich Frühling, Sommer, Herbst und Winter ab. Das liegt an der schrägen Stellung der Erdachse. Dadurch scheint die Sonne jeweils einige Monate lang stärker auf die Nordhalbkugel, sodass dort besonders viel Sonnenwärme ankommt – dort ist Sommer. Auf der Südhalbkugel, etwa in Australien, ist dann Winter. Ein halbes Jahr später ist es umgekehrt.

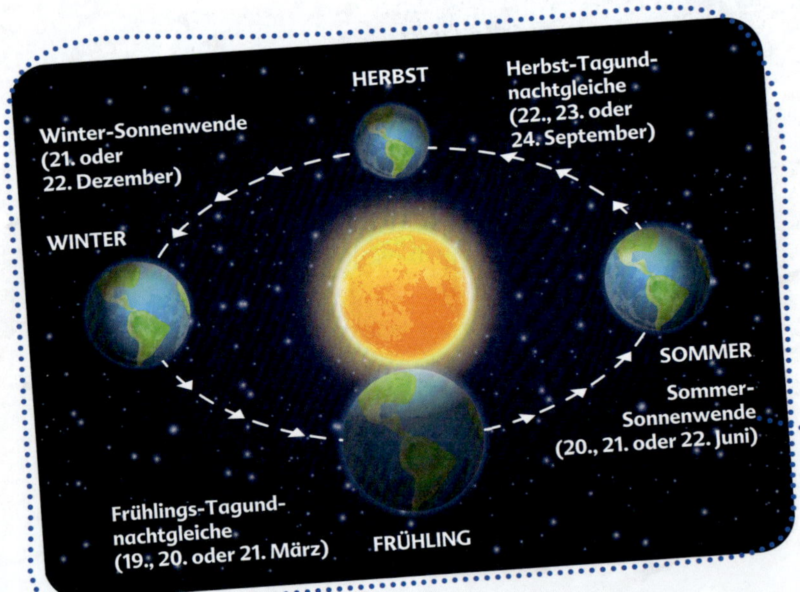

So entstehen die Jahreszeiten: Im Nordsommer scheint die Sonne stärker auf die Nordhalbkugel statt auf die Südhalbkugel. Daher ist es bei uns besonders warm. Im Südsommer hingegen scheint die Sonne stärker auf die Südhalbkugel. Bei uns ist dann Winter.

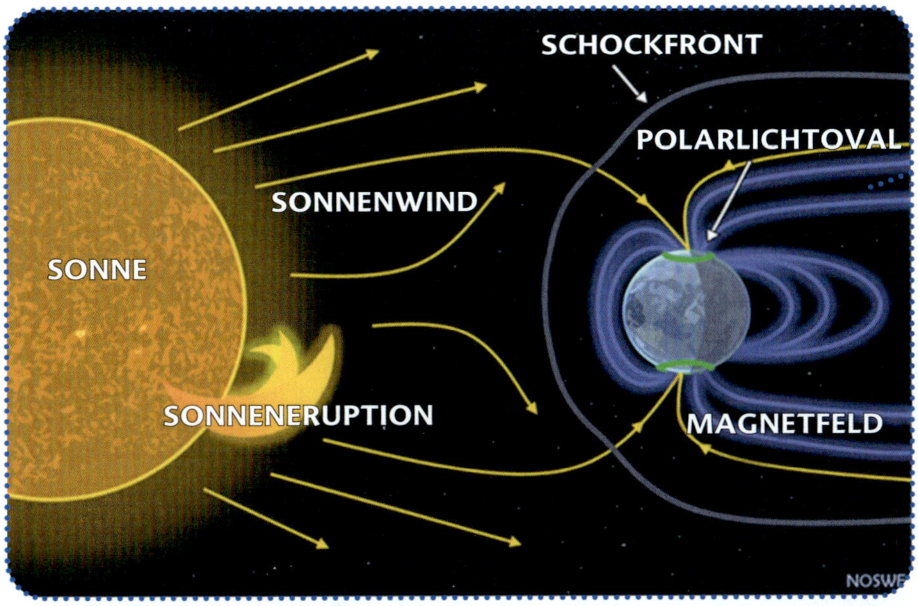

Das Magnetfeld der Erde schützt uns vor energiereichen Strahlungen, vor allem von der Sonne. Dabei wird es selbst verformt. Nahe von Süd- und Nordpol erzeugen eindringende Teilchen von der Sonne die Polarlichter.

Unsere Beschützer

Aus dem Weltall treffen ständig gefährliche Strahlungen auf die Erde. Sie stammen von fernen Galaxien, die meisten aber von unserer Sonne. Zum Glück schützt uns die Lufthülle unserer Erde vor den meisten Strahlungen. Aber wir werden noch durch etwas anderes geschützt: Im Inneren der Erde gibt es elektrische Ströme, die Magnetkraft erzeugen. Diese Magnetkraft verändert die Umgebung der Erdkugel. Sie bildet ein „Magnetfeld", eine magnetische Hülle. Und diese Hülle verhindert, dass die gefährliche Strahlung der Erde schadet.

Vorsicht, Einschlag!

Manchmal stürzen große Gesteinsbrocken auf die Erde. Man nennt sie Meteoriten. Wenn größere Brocken mit einigen Kilometern Durchmesser einschlagen, hinterlassen sie riesige Krater. Druck und Hitze dieser Meteorite zerstören große Teile der Erde, vergiften Luft und Wasser und verändern für Jahre das Klima auf der Erde. Vermutlich hat solch ein Einschlag damals die Dinosaurier ausgelöscht. In Deutschland liegt die Stadt Nördlingen in einem kleineren Meteoritenkrater.

Der Einschlag eines großen Meteoriten erzeugt eine gigantische Hitze- und Druckwelle sowie Unmengen Staub.

OZEANE UND MEERE

Eigentlich müsste die Erde „Wasser" heißen. Denn zwei Drittel ihrer Oberfläche ist von riesigen Ozeanen und von zahlreichen kleineren Meeren bedeckt.

Blick aus dem All auf den Pazifischen Ozean.

Salzige Meere

Ozeane bestehen aus Salzwasser. Wenn man das Salz aus dem Wasser aller Meere filtern und an Land aufschütten würde, dann würde das eine 150 m dicke Schicht ergeben. So hoch sind viele Fernsehtürme in Deutschland.

Ebbe und Flut

Aufgrund der Schwerkraft von Mond und Sonne wird das Wasser der Meere bewegt. Daher gibt es Ebbe und Flut. Das nennt man die „Gezeiten". An der Nordseeküste beträgt der Höhenunterschied zwischen Ebbe und Flut 1–2 m, an der Ostsee sogar nur knapp 30 cm. In engen Buchten kann der Höhenunterschied viel höher sein. In der Severnbucht in England beträgt er immerhin 8 m, in der kanadischen Bay of Fundy sogar bis zu 21 m – so hoch ist ein achtstöckiges Wohnhaus.

Die beiden Flutberge, unter denen sich die Erdkugel dreht.

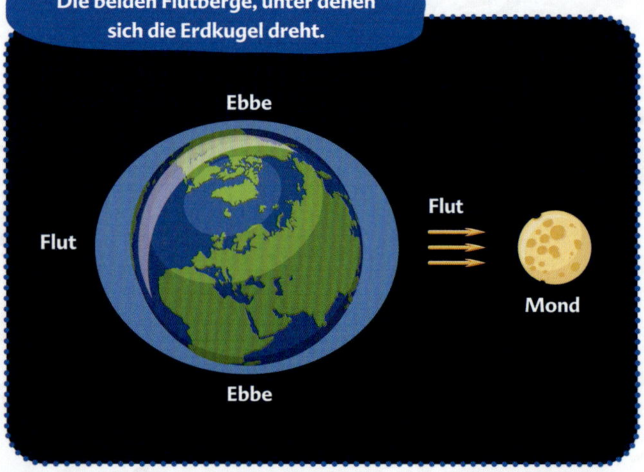

Wusstest du ...

... dass der Pazifik allein die halbe halbe Erdoberfläche bedeckt? Er ist größer als alle Erdteile zusammen. Schau ihn dir mal auf einem Globus an! Ein Flugzeug muss 12 Stunden lang fliegen, um den Pazifischen Ozean zu überqueren.

Monsterwellen

Bei einem Orkan erreichen Wasserwellen Höhen bis zu 15 m. Aber es gibt auch sogenannte Monsterwellen. Diese schnellen Wellen, die niemand vorhersehen kann, sind bis zu 40 m hoch – höher als viele Kirchtürme. Sie können Schiffe stark beschädigen oder gar zum Sinken bringen. Wenn Schiffe im Sturm plötzlich verschwinden, dann sind sie wahrscheinlich von einer Monsterwelle erwischt worden.

Ebbe und Flut: niedrigster und höchster Wasserstand in der Bay of Fundy, Kanada

Tiefenrekorde

Die ersten Menschen, die in Tiefseegräben vordrangen, waren der Schweizer Jacques Picard und der Amerikaner Don Walsh. Mit ihrem Tauchboot „Trieste“ erreichten sie 1960 immerhin 10.910 m Tiefe.
Die tiefste Stelle der Ozeane, das „Witjastief 1“, liegt im Marianengraben im westlichen Pazifik und ist gut 11.000 m tief. 1995 erreichte das speziell konstruierte unbemannte japanische Tauchboot „Kaiko“ diese Stelle.

Wusstest du …

… dass der höchste Wasserfall der Erde in der Tiefe des Meers liegt? Nämlich in der Dänemarkstraße zwischen Grönland und Island. Da stürzen pro Sekunde mehrere Millionen Kubikmeter kaltes Wasser 3.500 m in die Tiefsee hinab.

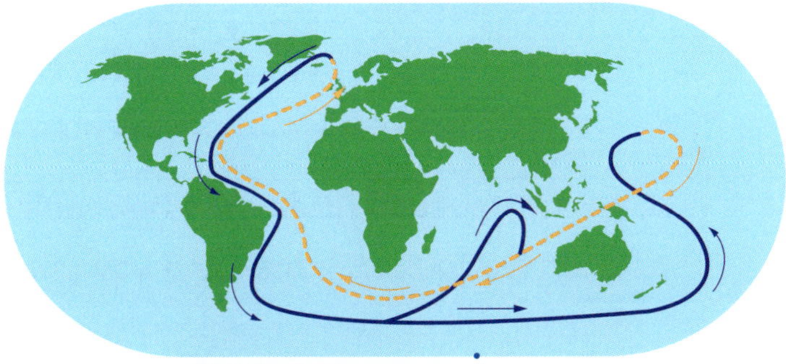

Ein gewaltiges Strömungssystem aus warmem und kaltem Wasser zieht sich durch alle Ozeane, teils an der Oberfläche, teils in der Tiefsee.

Strömendes Wasser

Im Meerwasser gibt es gewaltige kalte und warme Strömungen. Manche befinden sich an der Oberfläche und werden vor allem von den vorherrschenden Winden angetrieben. Sie bilden in den Ozeanen riesige Wirbel mit mehreren tausend Kilometern Durchmesser. Zu ihnen zählt der Golfstrom, der vom Golf von Mexiko aus in den Nordatlantik fließt. Er bringt Wärme nach Europa und erhöht in Nordeuropa die Temperaturen um durchschnittlich 10 Grad Celsius. Der Golfstrom führt etwa 100-mal mehr Wasser als alle irdischen Flüsse zusammen.
Alle Meeresströmungen sind verbunden zu einem „globalen Förderband“, das teils oberflächennah, teils in der Tiefsee durch alle Ozeane kreist. So fließt etwa kaltes Wasser vom Nordpolarmeer am Boden des Atlantiks nach Süden und weiter um Afrika herum durch den Indischen Ozean in den Pazifik. Als wärmeres, oberflächennahes Wasser kommt es zurück und schließt so den Kreislauf. Angetrieben wird dieses globale Förderband durch Unterschiede in Salzkonzentration und Temperatur des Wassers.

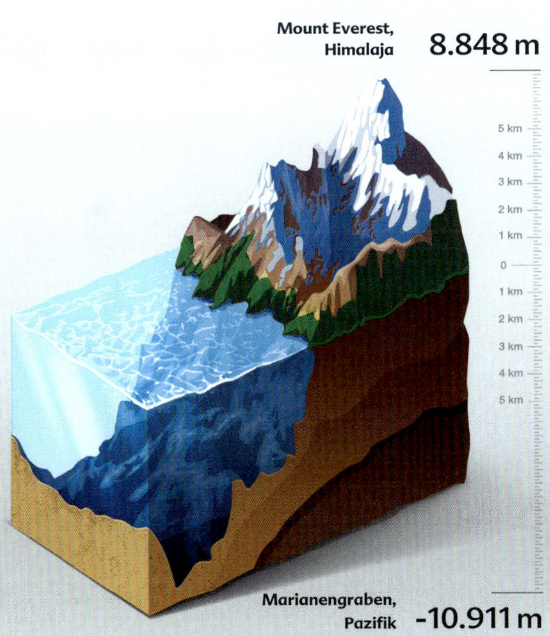

Knapp 20 km beträgt der maximale Höhenunterschied auf der Erdoberfläche zwischen dem tiefsten Graben im Meer und dem höchsten Berggipfel – fast nichts im Vergleich zum Erddurchmesser von 12.756 km.

Der Marianengraben mit der tiefsten bekannten Stelle im Ozean

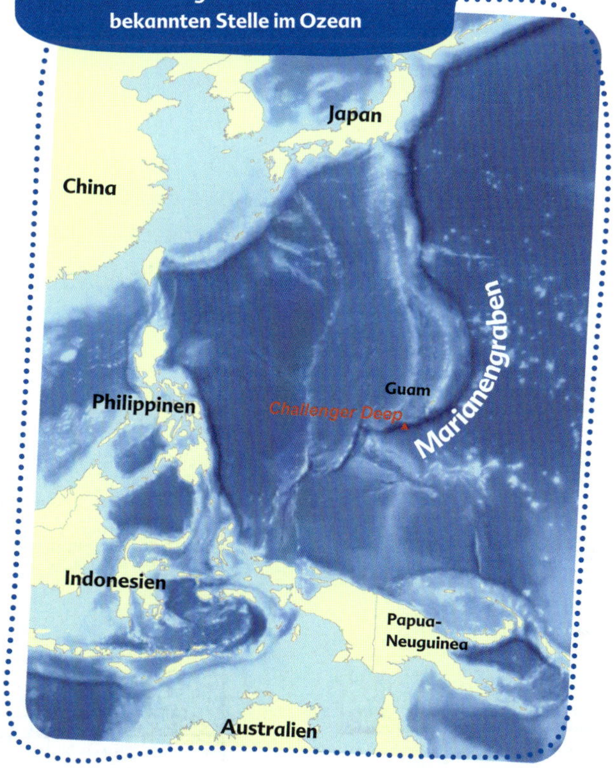

FLÜSSE UND SEEN

In Bächen und Flüssen, in Teichen und Seen ist das Wasser nicht salzig. Darum heißt es Süßwasser. Verglichen mit den riesigen Mengen an salzigem Wasser der Ozeane gibt es auf der Erde nur kleine Mengen an Süßwasser. Aber Lebewesen an Land brauchen Süßwasser.

Der Lauf eines Flusses

Unsere Flüsse kommen aus dem Gebirge oder dem Hügelland und fließen dann ins Meer. Folgst du einem großen Fluss in seinem Lauf, kannst du viele unterschiedliche Landschaften und Tierwelten beobachten.
Meist muss sich das Wasser seinen Weg durch felsige Landschaften und enge Täler suchen. Das verändert die Umgebung.
Jeder Fluss nimmt unterwegs Nebenflüsse auf, führt immer mehr Wasser und wird immer breiter.
An der Mündung, der Stelle, an der der Fluss ins Meer strömt, fließt das Wasser langsamer. Der Fluss hat Sand und Schlamm mitgenommen und lässt nun beides an der Mündung zurück.

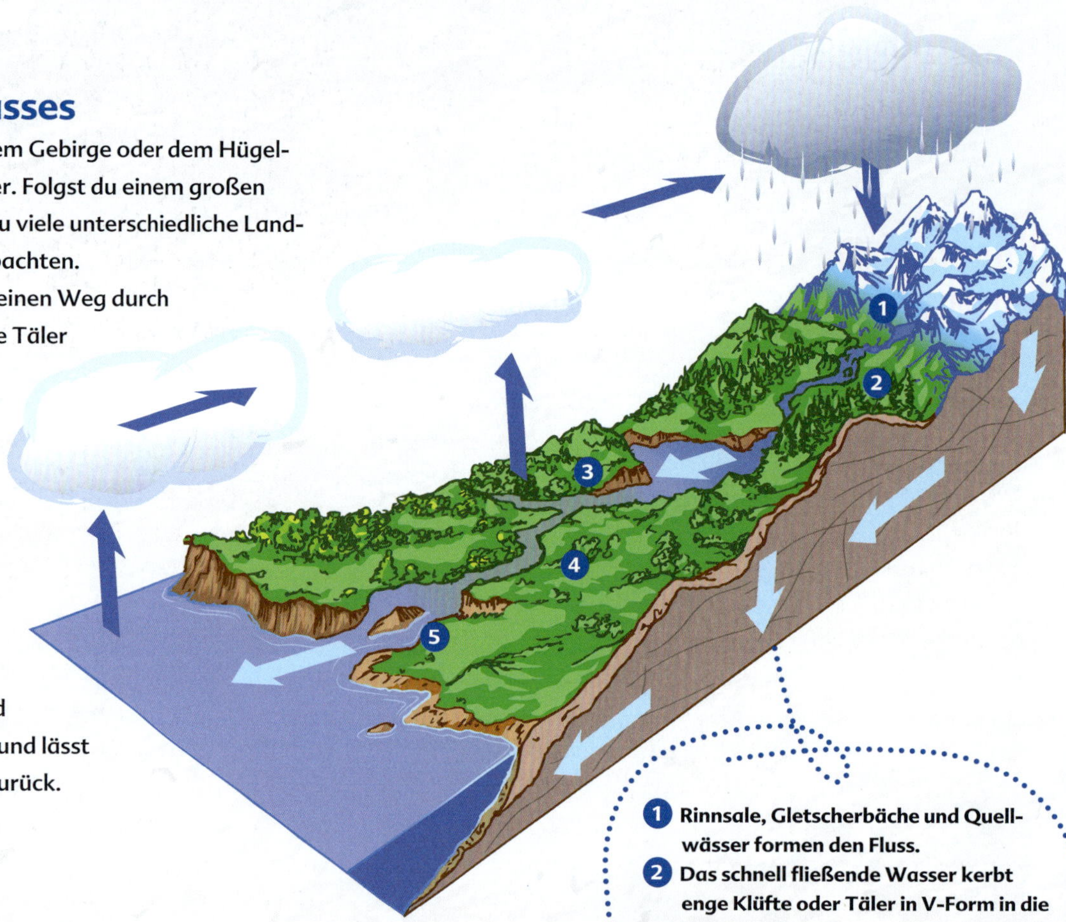

1 Rinnsale, Gletscherbäche und Quellwässer formen den Fluss.
2 Das schnell fließende Wasser kerbt enge Klüfte oder Täler in V-Form in die Landschaft.
3 Unterwegs führen Nebenflüsse weiteres Wasser hinzu, der Fluss wird breiter.
4 Im Flachland fließt er langsamer und windet sich in Bögen – es sei denn, er ist künstlich begradigt.
5 An der Mündung ins Meer strömt das Wasser langsamer und setzt mitgeführten Sand und Schlamm ab.

Eine breite Flussmündung. Hier hat sich viel Sand und Schlamm abgelagert.

Fluss der Rekorde

Der Amazonas ist der längste Fluss der Erde und hat am meisten Wasser. Die Wassermenge, die an seiner Mündung in den Atlantik fließt, würde pro Sekunde für mehr als eine Million Badewannen reichen. Unterwegs nimmt der Amazonas das Wasser von mehr als 10.000 Nebenflüssen auf.

Salto Angel

Höchster Wasserfall

Der höchste Wasserfall auf dem Festland der Erde ist der Salto Angel in Venezuela: Sein Wasser fällt fast 1 km tief herab. Zum Vergleich: So hoch ist selbst das höchste Gebäude der Erde nicht. Es steht in Dubai und ist 830 m hoch.

Wusstest du ...

... dass der Baikalsee in Asien der Süßwassersee mit dem meisten Wasser ist? Er ist auch der tiefste See: Bis zum Grund sind es 1.600 m.

Totes Meer

Manche Seen sind sehr salzig. Der berühmteste ist das Tote Meer in Israel. Sein braunes, öliges Wasser ist mehr als 10-mal so salzig wie Meerwasser. Nur Bakterien können darin leben. Du kannst im See schwimmen und gehst nicht unter.

Besonderer See

Der Zirknitzer See in Slowenien ist zeitweise ein rund 10 km langes Gewässer, aber im Sommer fällt er trocken. Das liegt daran, dass er mit einem unterirdischen Höhlensystem verbunden ist. Steigt darin der Wasserstand, läuft der See voll. Sinkt er, läuft das Wasser wieder in den Untergrund ab.

Salzablagerungen am Ufer des Toten Meers. Nur wenn du nah genug dran bist, siehst du, dass das Wasser braun und ölig ist.

Im Frühjahr ist der Zirknitzer See meist noch zum Teil gefüllt. Im Sommer ist er eine Grasfläche.

GLETSCHER UND EIS

In manchen Gebirgen, besonders in den Polargebieten, fließen gewaltige Ströme aus Eis langsam ins Tal oder direkt ins Meer. Sie haben eine so große Kraft, dass sie die Landschaft stark verändern.

Eisige Hobel

Gletscher reißen auf ihrem Weg Felsstücke, Steine und Geröll mit. Diese harten Teile machen den Eisstrom zu einem gewaltigen Hobel, der sich mit unwiderstehlicher Kraft durch ein Tal schiebt und es dabei breit ausfräst. Man nennt dieses mitgerissene Geröll Moräne. Oft sieht man Moränen als dunkle Bänder auf dem Gletscherstrom. Beim Abschmelzen des Eises in wärmeren Zeiten bleiben die Moränen zurück. Nicht selten hinterlassen Gletscher dann auch weite sandige Flächen sowie Vertiefungen, die sich mit Wasser füllen und zu Seen werden.

Der Aletschgletscher liegt in 3.800 m Höhe in den Schweizer Alpen. Er ist über 20 km lang, verliert aber wegen der Klimaerwärmung zusehends Masse.

Vorsicht bei Gletscherwanderungen!

Unter dem Schnee liegen oft tiefe Spalten und Rinnen, die du nicht erkennen kannst. Wenn du eine Gletscherwanderung machst, musst du sehr achtsam sein.

Gletscher entstehen hoch oben im Gebirge, dem Nährgebiet (1). Dort ist es kalt genug und im Winter fällt mehr Schnee, als im Sommer abtaut. In Vertiefungen schichten sich dann Schneelagen auf. Der Druck der aufliegenden Schneelast presst die unteren Schichten zu klarem Eis zusammen. Nach und nach bewegt sich der Eisstrom als Gletscher talwärts (2). Manchmal vereinigt er sich mit einmündenden Seitengletschern (3). In tieferen, wärmeren Zonen schmilzt das Eis, das Wasser läuft als Bach ab (4). Unterwegs abgerissene und mitgeführte Steine und Felsen bleiben beim Abschmelzen des Eises als Moränen zurück (5).

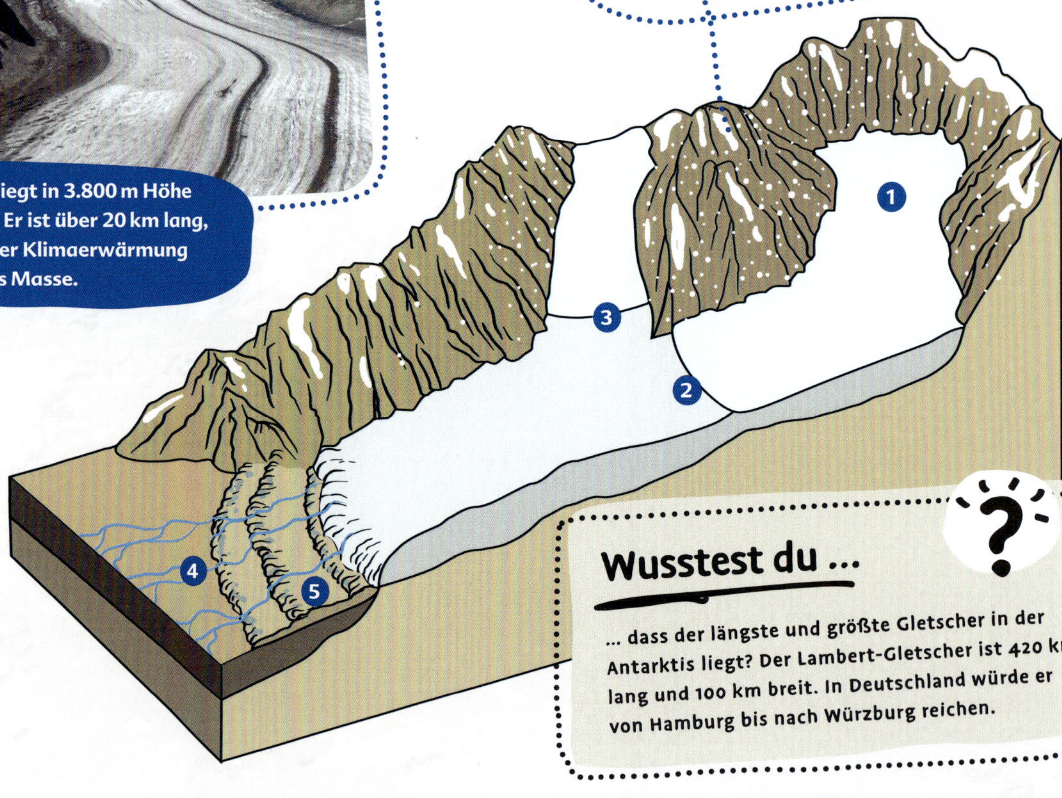

Wusstest du …

… dass der längste und größte Gletscher in der Antarktis liegt? Der Lambert-Gletscher ist 420 km lang und 100 km breit. In Deutschland würde er von Hamburg bis nach Würzburg reichen.

Das Lauterbrunnental in der Schweiz, ausgeschürft von einem Eiszeitgletscher, ist ein typisches U-Tal.

Nur etwa ein Siebtel der Eisbergmasse ragt aus dem Wasser. Sein verborgener Teil kann Schiffen höchst gefährlich werden.

Eisberge

Im Norden entstehen die gewaltigen im Meer treibenden Eisbrocken aus grönländischen Gletschern, die ins Meer münden. Während sich der Eisstrom vorwärtsschiebt, brechen an der Wassergrenze von Zeit zu Zeit große Brocken ab – der Gletscher „kalbt". Weil Eis leichter ist als flüssiges Wasser, schwimmt der Eisberg. Dabei schaut nur ein Zehntel von ihm aus dem Wasser heraus.

Eisige Tafeln

In manchen Regionen der Antarktis schieben sich breite Eisströme vom inländischen Eispanzer her ins Meer. Sie brechen dabei aber nicht ab, sondern bilden eine schwimmende Eistafel, sogenanntes Schelfeis. Manche dieser Schelfeistafeln sind größer als Deutschland. Erst an deren bis zu 50 m hohen Außenrändern reißen sich bisweilen Stücke in Form gewaltiger Tafeleisberge ab, teilweise so groß wie das Saarland, und treiben davon.

Tiefe Täler

Wenn du durch Gebirgslandschaften wie die Alpen fährst, kannst du Täler sehen, die von Gletschern verändert wurden. Die Landschaften sehen aus wie ein großes „U".

Wenn Gletscher ins Meer münden, brechen von Zeit zu Zeit gewaltige Eismassen ab und treiben als Eisberge davon. Das nennt man „kalben".

POLARGEBIETE

Die Gebiete um Nord- und Südpol bekommen besonders wenig Sonnenwärme ab. Dennoch gibt es dort faszinierende Landschaften und seltsame Naturphänomene.

Arktis

Der Nordpol heißt auf grönländisch „kingmersoriartorfigssuack" – der Ort, an dem man seine Schlittenhunde isst. Kein Wunder, denn zu diesem Punkt gelangst du nur schwer. Hier gibt es kein Festland, sondern eine oft mehrere Meter dicke Eisdecke. Sie schwimmt auf dem Arktischen Ozean. Er ist dort 4.000 m tief. Das Eis schwimmt, weil es leichter ist als flüssiges Wasser.

Antarktis

Der Südpol liegt fast 3.000 m über dem Meeresspiegel, nämlich auf dem mit einer dicken Eisschicht bedeckten Erdteil Antarktika. Daher fällt das Thermometer dort im Winter auf etwa -65 Grad Celsius, steigt aber im Sommer auf immerhin -25 Grad Celsius an.
Die Eismasse bedeckt das gesamte Inland und ist bis zu 4.700 m dick. Der gesamte Kontinent steht unter Naturschutz, nur einige Forscher halten sich dort auf.

Der Nordpol liegt in dem mit Eis bedeckten Nordpolarmeer.

Der Südpol liegt auf dem südlichsten Kontinent, der Antarktis.

MINT – Für dich!

Tief unter dem Eispanzer der Antarktis gibt es etwa 370 Seen. Sie haben sich vor mehreren Millionen Jahren gebildet. Forscher haben sie mithilfe von Radar-Messungen gefunden. Der größte ist der Wostoksee, 250 km lang und bis zu 1.200 m tief. Dort wohnen in ewiger Dunkelheit unzählige Arten von Kleinlebewesen, die seit vielen Millionen Jahren von der übrigen Welt abgeschnitten sind. Ob dort sogar Fischarten leben, erforschen Biologen gerade.

Kollidieren eindringende Teilchen der Sonne mit Luftmolekülen, leuchten prächtige farbige Polarlichter auf.

Polarlichter

Polarlichter sind ein faszinierendes Schauspiel der Natur. Du kannst dann am Himmel farbige Girlanden oder Bögen sehen. Polarlichter werden durch Sonnenteilchen hervorgerufen. Die Sonne stößt elektrische Teilchen aus, die mit ungeheurer Geschwindigkeit durch den Weltraum rasen. Wenn diese Teilchen in die Nähe der Erde kommen, werden sie vom Magnetfeld der Erde eingefangen und zu den beiden Polen gelenkt. Dort treffen sie auf Luftteilchen und bringen diese zum Leuchten. In einer Höhe von bis zu 400 km über den Eisbergen strahlt der Himmel dann in Rot, Grün oder Blau.

Unterschiedliche Sonneneinstrahlung

In den Polarregionen ist es kalt, in den Tropen besonders warm. Denn in den Tropen steht die Sonne meist hoch am Himmel und ihre Strahlen fallen steil ein. In den Polargebieten dagegen treffen ihre Strahlen nur flach auf und bringen daher viel weniger Wärme. Aus diesem Grund ist es auch bei uns im Winter kälter: Dann fällt das Sonnenlicht nur flach ein.

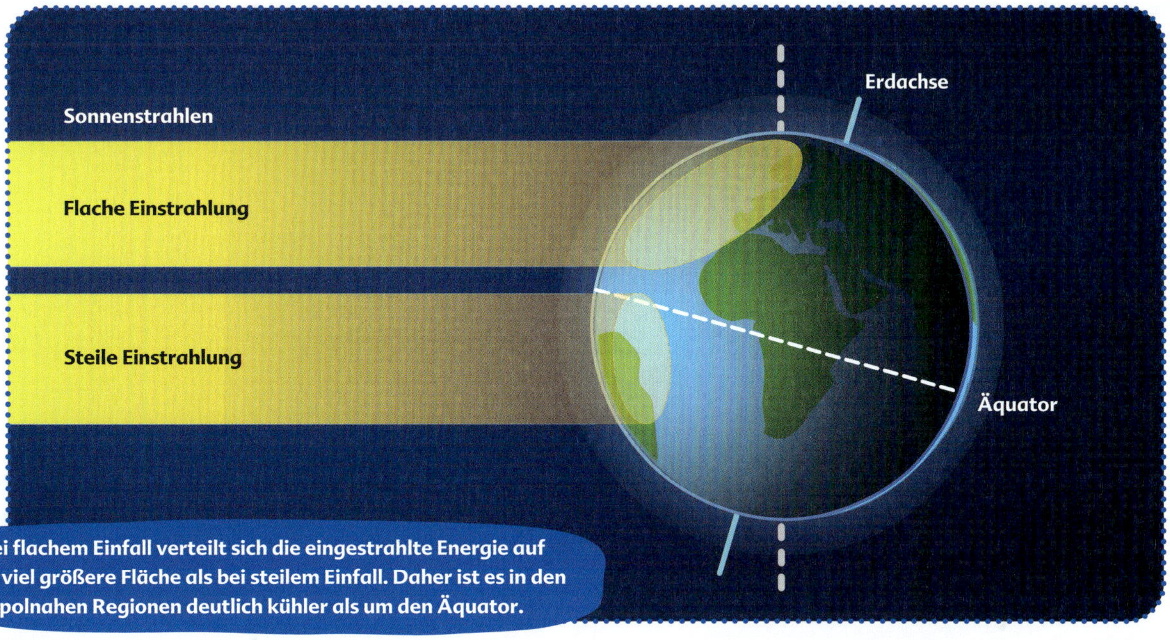

Bei flachem Einfall verteilt sich die eingestrahlte Energie auf eine viel größere Fläche als bei steilem Einfall. Daher ist es in den polnahen Regionen deutlich kühler als um den Äquator.

WÜSTEN

In manchen Regionen der Erde wächst kaum etwas. Sie sind zu kalt oder der Boden enthält zu viel Salz – das tötet die Pflanzen. In den meisten aber fehlt der Regen, es sind trockene Wüsten. Doch auch Wüsten sind faszinierende Landschaften.

Sandwüsten sind eher selten, aber berühmt für ihre mächtigen Dünen.

Die meisten Wüsten sind steinig. Der sandige Wind schleift Felsen bisweilen zu seltsamen Formen.

Nicht immer trocken

Glaubst du, dass es in einer Wüste nie regnet? Tatsächlich gibt es Wüsten, in denen es seit Jahrzehnten nicht geregnet hat. Das ist in der Atacama-Wüste an der Pazifikküste Südamerikas so. Aber in vielen Wüsten fällt alle paar Jahre kräftiger Regen. Der ausgetrocknete Boden kann die Wassermengen nicht so schnell aufnehmen. Daher fließt das Wasser durch die Täler ab. Oft sind Reisende, die in diesen Gegenden ihr Lager aufgeschlagen hatten, von den mächtigen Fluten überrascht worden.

Oase

An manchen Orten in der Wüste sprudelt eine Quelle. Dann haben sich Kräuter und Bäume dort angesiedelt und oft auch Menschen. Diese Orte nennt man Oasen. Dort können sich erschöpfte und durstige Reisende erholen.

Wo in einer Wüste eine Quelle sprudelt, bildet sich eine Oase. Hier können Pflanzen gedeihen und Menschen leben.

Salzwüsten

Wenn du an eine Wüste denkst, dann hast du wahrscheinlich das Bild von einem riesigen Meer aus Sand im Kopf. Aber nur wenige Wüsten sind tatsächlich Sandwüsten. Die meisten Wüsten sind felsig oder von Kies und Geröll bedeckt. Flüsse, die in diese Wüsten münden, bringen Salz und andere Mineralstoffe mit. Das Wasser verdunstet und nur das Salz bleibt zurück. Auf diesem Boden kann aber nichts wachsen. Das nennt man Salzwüste.

Die besonders lebensfeindlichen Salzwüsten entstehen beispielsweise, wenn salzige Seen austrocknen und das Salz zurückbleibt.

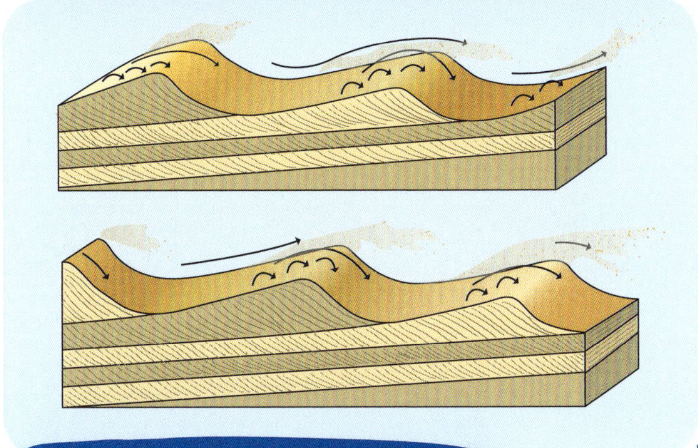

Wind treibt die Sandkörnchen voran und lässt so die Düne wandern.

Flugsand erobert sich im namibischen Kolmanskop ein verlassenes Haus.

Wusstest du ...

... dass aufgewirbelter Sand und Staub aus der Sahara tausende Kilometer weit verweht wird?
Ein Teil fällt auf den Amazonas-Regenwald nieder und düngt ihn. Der Wüstenstaub ist reich an Nährstoffen.

Dünen

In Sandwüsten sind die Lebensbedingungen besonders hart. Es ist extrem trocken und du kommst nur schwer voran. Weder zu Fuß noch mit einem Fahrzeug kannst du den Sand gut durchqueren. Der Wind türmt den Sand oft zu Dünen auf. Auf Satellitenbildern sehen diese Dünen wie Wellen in einem Sandmeer aus. Manche ragen über 400 m empor. Sie sind also so hoch wie das Empire State Building in New York.
Da der Wind die Sanddünen bewegt, werden diese Dünen „Wanderdünen" genannt. Manchmal verschütten sie Oasen.

Sahara

Die zweitgrößte Wüste der Erde (nach der Antarktis) ist die Sahara in Nordafrika. Der größte Teil von ihr ist Kies- oder Felswüste. Nur ein kleiner Teil ist von Sand und Dünen bedeckt. Tagsüber kann es im Sommer hier über 60 Grad Celsius heiß werden. Aber in Winternächten sinkt die Temperatur auch mal auf eisige -10 Grad Celsius.

Früher grünes Land

Die Sahara war nicht immer eine Wüste. Nach der Eiszeit war sie ein Land, das von Tieren und Menschen bewohnt war. Es gab Wiesen und Bäume, Flüsse und Seen. Alte Felsbilder erzählen davon. Erst vor etwa 3.000 Jahren hat sich dort das Klima so verändert, dass die Sahara austrocknete.

Felsbilder aus dem Tschad zeugen davon, dass die Sahara ein Land war, das bewohnt wurde.

DER KERN DER ERDE

Niemand ist bisher besonders weit in die Erde eingedrungen. Die tiefste Bohrung erreichte etwa 12 km Tiefe. Aber es sind 6.300 km bis zur Mitte der Erde. Dennoch wissen wir ungefähr, wie es unter uns aussieht.

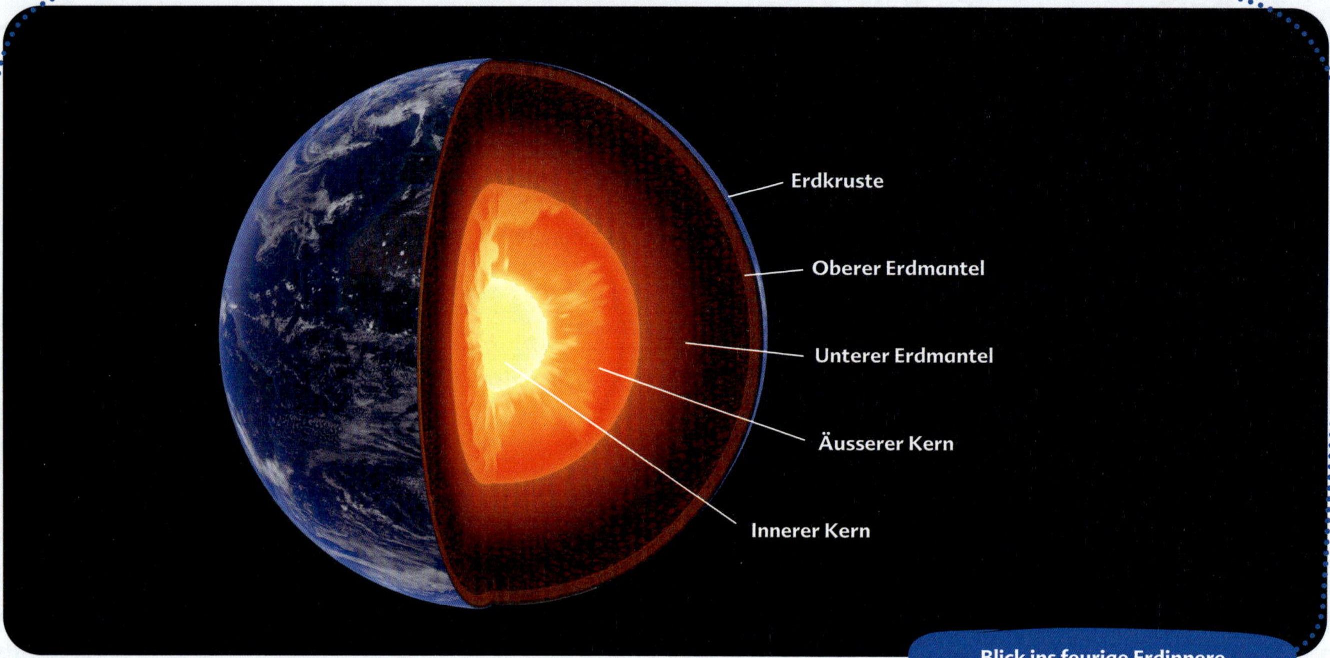

Blick ins feurige Erdinnere

Aufbau der Erde

Die Erde ist wie eine Zwiebel aus Schalen aufgebaut. Wir leben auf der obersten Schale, der Erdkruste mit Kontinenten und Ozeanen. Sie ist nur 30–60 km dick.

Darunter liegen der Obere und der Untere Erdmantel aus festem oder zähflüssigem Gestein. Diese Schale reicht bis in etwa 2.900 km Tiefe. Hier ist es bis zu 2.000 Grad Celsius heiß.

Der Äußere Erdkern ist etwa 2.000 km dick und besteht vor allem aus geschmolzenem Eisen. Es ist ungefähr 4.000 Grad Celsius heiß. Hier fließen gigantische elektrische Ströme. Sie erzeugen Magnetkräfte.

Der Innere Kern, der eigentliche Erdkern, ist ein 2.000 km großer, weiß glühender Ball aus Eisen. Dort ist es um 6.000 Grad Celsius heiß. Eigentlich schmilzt Eisen schon bei etwa 1.500 Grad Celsius. Aber in diesen großen Tiefen im Innern der Erde herrscht ein gewaltiger Druck. Er verhindert das Schmelzen.

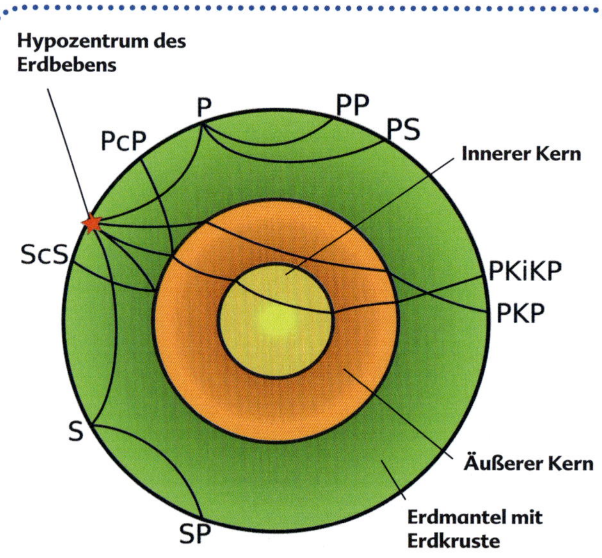

Wie es in den Erdtiefen aussieht, wissen wir dank Erdbebenwellen: Untersucht man mit vielen Messstationen ihren Verlauf, erhält man schließlich eine Art Röntgenbild des Erdinnern.

Geologische Karten

Die geologischen Vorgänge haben im Lauf der Erdgeschichte dazu geführt, dass an der Erdoberfläche unter dem Erdboden Gesteine ganz unterschiedlichen Alters und unterschiedlicher Art liegen. Geologen stellen dies mithilfe spezieller Karten dar, wobei jede erdgeschichtliche Periode eine bestimmte Farbe bekommt. Zu jeder Karte gehört eine ausführliche Erläuterung („Legende").

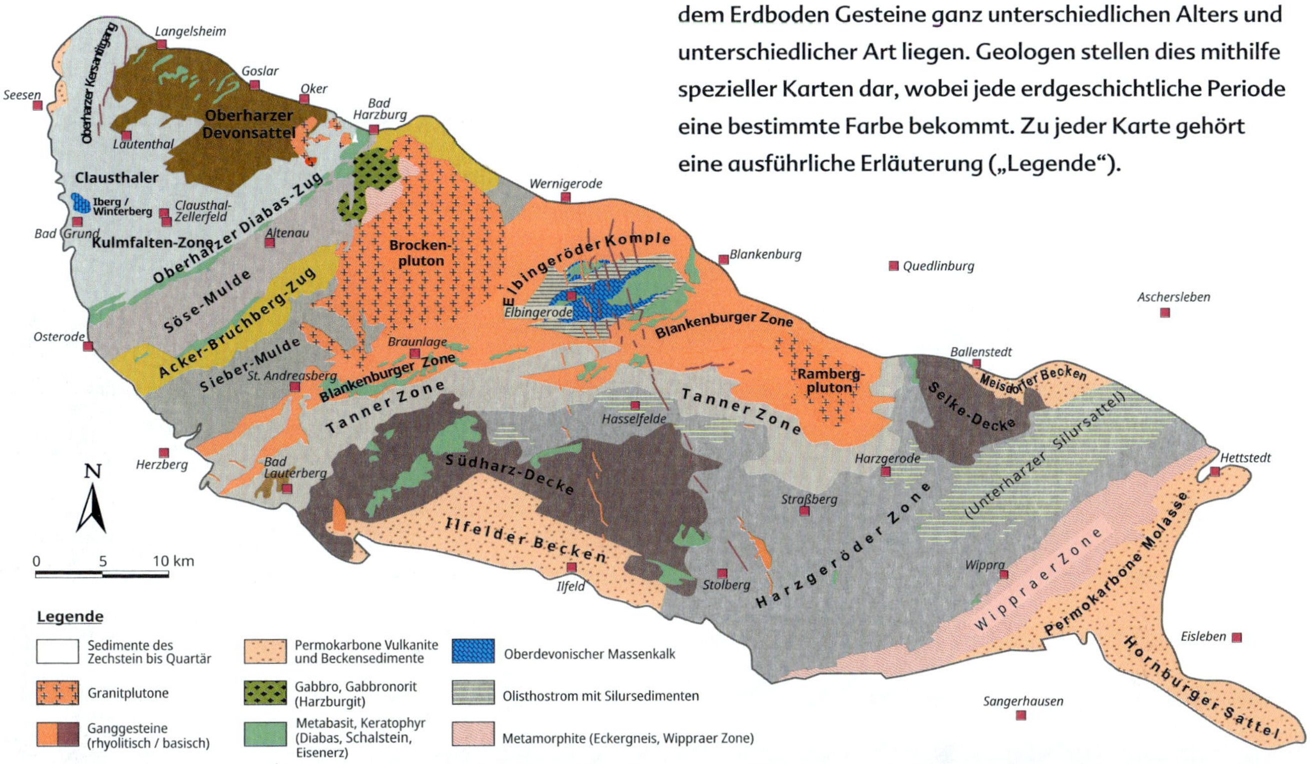

Geologische Übersichtskarte des Harzes, eines deutschen Mittelgebirges

Bodenschätze finden

Bohrungen nach Bodenschätzen sind umständlich und teuer. Daher haben Forscher eine Reihe besserer Verfahren entwickelt, um sozusagen in die Erde zu blicken und nach Bodenschätzen zu suchen.

Erster Schritt ist die geologische Suche: Dazu ziehen Geologen ihre geologischen Karten heran sowie Erdaufnahmen von Satelliten. So finden sie Gebiete, in denen bestimmte Bodenschätze wie Erdgas, Erdöl, Kohle oder Erze überhaupt vorhanden sein könnten.

Der zweite Schritt sind seismische Untersuchungen: Dazu erzeugt man starke Schallwellen, die durch die Erdschichten unterschiedlich reflektiert werden. Diese Schallwellen werden entweder durch kleine Sprengungen in Bohrlöchern mit etwa 10 m Tiefe erzeugt oder von einem Spezialfahrzeug, das umherfährt und auf elektrischem Weg Vibrationen auf dem Boden erzeugt.

Messstationen an mehreren verschiedenen Stellen fangen die Echos aus der Tiefe auf und Computer errechnen daraus ein dreidimensionales Bild des Untergrunds. Dieses Bild zeigt die unterschiedlichen Materialien, und mit viel Erfahrung kann man abschätzen, woraus sie bestehen. Wenn die so gewonnenen Ergebnisse vielversprechend sind, sind, macht man Probebohrungen. Und erst wenn diese beweisen, dass die Lagerstätte wirtschaftlich sinnvoll zu nutzen ist, beginnt der Abbau bzw. die Gewinnung des Bodenschatzes.

Mit Bohrungen kann man die obersten Erdschichten der Erdkruste untersuchen und mögliche Bodenschätze wie Erdöl finden.

WANDERNDE PLATTEN

Die Erdkruste, auf der wir leben, umhüllt das glühende Gestein in den Tiefen der Erde. Sie ist gar nicht so stabil, wie sie scheint: Die Erdkruste besteht aus zahlreichen Platten und hat viele Risse.

Die Erdteile, auch Kontinente genannt, liegen nicht fest auf der Erdoberfläche. Und auch die Erdkruste ist keine feste Hülle, sondern ist in kleinere und größere Stücke zerbrochen. Insgesamt sind es 7 große und etwa 20 kleinere Platten. Manche dieser „tektonischen Platten" tragen nur Ozeane. Aber auf anderen liegen Erdteile. All diese Platten schwimmen langsam über die Erdoberfläche. Sie werden von Kräften aus dem Inneren der Erde angetrieben. Die Erdteile werden dabei mitgeführt.

Die Erdkruste besteht aus zahlreichen tektonischen Platten.

Risse in der Erde

An manchen Stellen reißen die Kräfte im Innern der Erde zwei Platten auseinander. Das geschieht vor allem in den Ozeanen. Durch den Riss strömt feuerflüssiges Gestein (Magma) empor. Im kalten Wasser erstarrt es schnell zu grauem Gestein. Das nennt man Basalt. So entsteht hier ständig neues Plattenmaterial und bildet das längste Gebirge der Erde. Es ist heute rund 1.500 km breit und bis zu 3.000 m hoch. Das Gebirge heißt „mittelozeanischer Rücken". Es zieht sich durch alle Ozeane und ist insgesamt über 65.000 km lang – länger als der Äquator.

Magma, glutflüssiges Gestein

Untergetaucht

Die Erdoberfläche ist nicht unendlich groß. Weil an manchen Stellen neues Plattenmaterial entsteht, müssen an anderen Stellen Platten verschwinden. Es gibt viele Gebiete, in denen sich eine Platte unter eine andere schiebt. Sie taucht dann in die Tiefe, und weil das Innere der Erde sehr heiß ist, schmilzt sie. An solchen Stellen bilden sich oft vor der Küste Tiefseegräben. Zudem wird dabei auf dem Erdteil ein Gebirge aufgefaltet und oft bebt der Boden. Außerdem rauchen hier besonders gefährliche Vulkane. Das Andengebirge in Südamerika zum Beispiel ist so entstanden und es ist bekannt für häufige Vulkanausbrüche und Erdbeben.

Hier taucht eine tektonische Platte unter eine andere und hat auf dieser ein Gebirge mit Vulkanen gebildet.

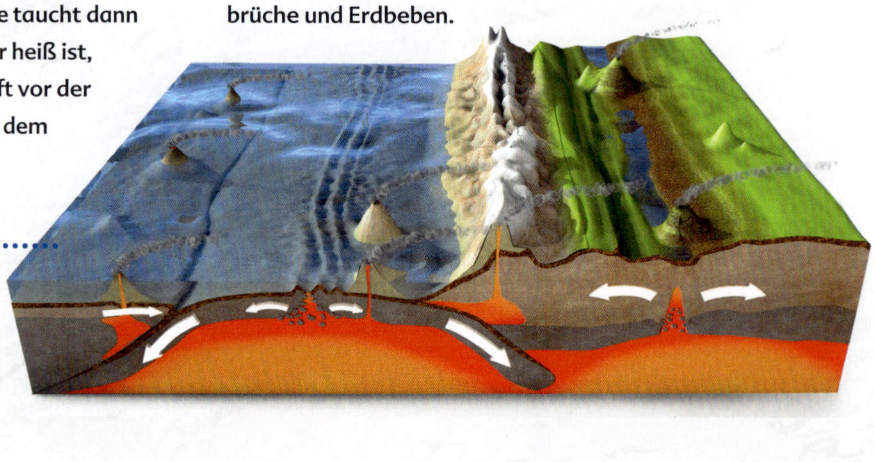

Der Ostafrikanische Graben ist ein gewaltiges Rift.

Wusstest du ...

... dass die ozeanischen Platten aus besonders schwerem Gestein bestehen? Das Gestein der Kontinente ist viel leichter. Die Erdteile bleiben daher immer oben, egal wie sich die Platten bewegen.

Rift

Es kommt vor, dass Platten unter einem Erdteil auseinanderreißen. Dann bildet sich ein tiefer Graben, der tausende Kilometer lang ist. Das nennt man „Rift“. In Ostafrika gibt es ein spektakuläres Rift: Der Ostafrikanische Graben ist rund 6.000 km lang. Hier liegen auch die tiefsten Seen Afrikas.

Ein Gebirge bildet sich

Es kommt auch vor, dass ein Erdteil gegen einen anderen gedrückt wird. Dabei werden Gesteinsschichten „aufgefaltet“, die vorher unter dem Meeresgrund lagen. Du kannst dir das etwa vorstellen wie einen Teppich, den du gegen eine Wand schiebst und der dabei Falten schlägt.
Im Lauf einiger Millionen Jahre entstehen dadurch neue Gebirge. So sind auch die Alpen entstanden: Afrika wurde gegen Europa geschoben und hat die Alpen dabei aufgefaltet. Und dies passiert weiterhin – noch heute wachsen die Alpen. Auch der Himalaja entstand so, als Indien an Asien herangeschoben wurde. Der Himalaja ist das höchste Gebirge der Erde.

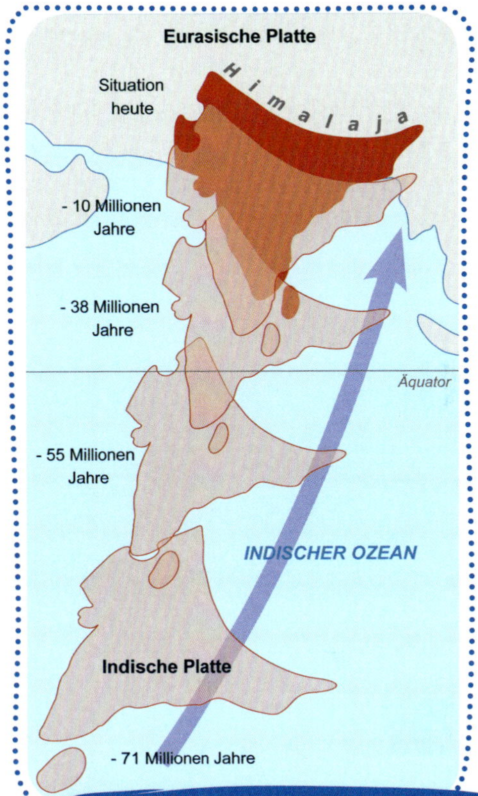

Im Lauf einiger Jahrmillionen trieb Indien gegen Asien und faltete den Himalaja auf.

Manchmal erkennt man in Faltengebirgen, wie hier im Gasterntal in der Schweiz, noch die verschiedenen Gesteinsschichten, die gefaltet wurden. Dabei wirkten langsam arbeitende, aber unwiderstehliche Kräfte.

ERDBEBEN – GEWALTEN DER TIEFE

Immer wieder verwüsten schwere Erdbeben Städte und Länder. Und Riesenwellen (Tsunamis) überfluten schutzlose Küsten.

Zerstörungen nach einem Erdbeben in Ecuador

Wenn Platten geschüttelt werden

An manchen Stellen wird eine der tektonischen Platten unter eine andere gedrückt. Oder zwei Platten scheuern aneinander entlang. Doch diese gigantischen Erdplatten sind an ihren Rändern nicht glatt, sondern haben dort Zacken und Vorsprünge. Die Zacken zweier Platten können sich ineinander verklemmen. Dennoch bewegen sich die Platten weiter und die Spannung an der verhakten Stelle wird immer stärker. Schließlich werden die Teile gewaltsam auseinandergerissen. Das gibt einen starken Ruck – das ist dann das Erdbeben.

Solch ein Beben kann Schäden in Höhe vieler Millionen Euro anrichten und sogar binnen Minuten eine Landschaft völlig verändern. Es kann Flüsse in andere Betten zwingen, aus blühenden Städten rauchende Trümmerhaufen machen und mit einem Schlag hunderttausende von Menschen töten.

Die Ränder der tektonischen Platten sind sichtlich besonders erdbebengefährdet. Gelbe und hellgrüne Bereiche geringe Erdbebengefahr, dunkelgrüne und orange Bereiche mittlere Erdbebengefahr, rote und violette Bereiche hohe Erdbebengefahr.

MINT-Für dich!

Der Ursprung eines Erdbebens, der „Bebenherd“, befindet sich unter der Erdoberfläche. Meist liegt er mehrere hundert Kilometer tief. Erdbebenforscher nennen diesen Punkt das „Hypozentrum“ eines Bebens. Die Stelle an der Oberfläche darüber ist das „Epizentrum“. Hier zeigen sich die Auswirkungen des Bebens, etwa eingestürzte Häuser und Brücken.

Hypozentrum (unten) und Epizentrum (oben)

Tsunamis

Wenn der Meeresboden plötzlich erschüttert wird, können gewaltige Flutwellen entstehen. Man nennt sie „Tsunamis“. Bebt die Erde oder explodiert ein Vulkan, dann kommen in den Ozeanen riesige Wassermassen in Bewegung, die Tsunami-Wellen. Sie rasen quer über den Ozean und sind so schnell wie ein Düsenjäger. Auf offener See sind sie ganz unauffällig. Aber wenn sie auf eine Küste treffen, türmen sie sich zu gigantischen Wasserwänden auf. Manche sind so hoch wie ein sechsstöckiges Haus und haben ungeheure Gewalt. Sie überfluten Städte und Dörfer, spülen Häuser und Schiffe fort und töten tausende von Menschen. Die größte Tsunami-Katastrophe passierte im Dezember 2004 in Thailand. Die Monsterwelle riss 230.000 Menschen in den Tod und verwüstete die Landschaft massiv.

Die Erde schwingt

Erdbeben erzeugen Schwingungen. Manche dieser Erdbebenwellen breiten sich entlang der Erdoberfläche aus. Durch ihre Auf-und-Ab und ihre Hin-und-her-Bewegungen zerstören sie Bauwerke, Straßen und Leitungen. Andere Wellen laufen durch den gesamten Erdball. Nach einem starken Beben schwingt die Erde wie eine angeschlagene Glocke. Deshalb zeigen Seismometer, also Messgeräte für Erdbewegungen, auch weit entfernte Erdbeben an.

Wusstest du …

… dass Tsunami ein zusammengesetztes Wort der japanischen Sprache ist? „Tsu“ bedeutet „Hafen“ und „nami“ steht für „Welle“. Der Tsunami ist also eine Welle, die in Häfen und Buchten große Schäden anrichtet.

Durch ein Seebeben ausgelöste Tsunamis können noch an weit entfernten Küsten gewaltige Zerstörungen verursachen.

VULKANE – RAUCHENDE BERGE

In Vulkanen quillt flüssiges, heißes Gestein an die Erdoberfläche. Meist entweichen auch giftige Gase. Dabei gibt es eine gigantische Explosion.

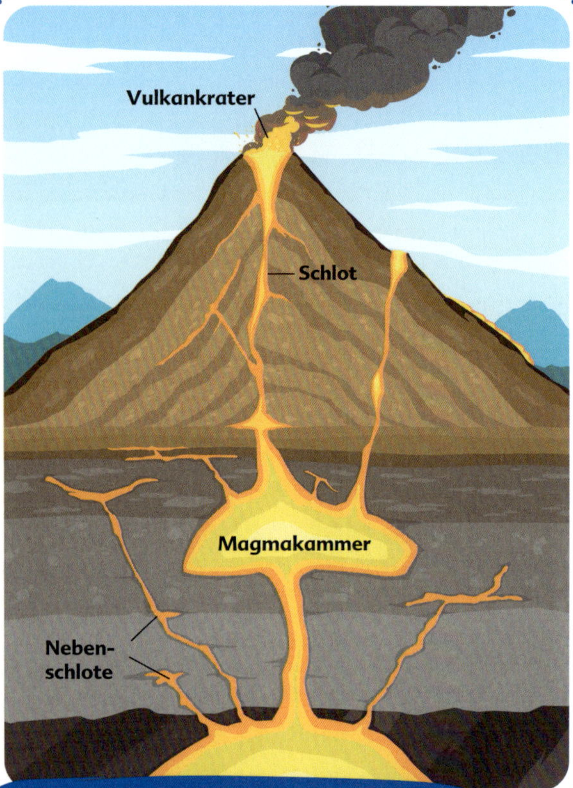

So sieht ein aktiver Vulkan im Längsschnitt aus.

Flüssiges Gestein

An den Rändern der tektonischen Platten ist die Erdkruste nicht stabil. Dort kann Magma, also glühendes flüssiges Gestein, an die Oberfläche kommen. Meist schmilzt sich das Magma zunächst einen unterirdischen Hohlraum, eine Magmakammer, und füllt ihn. Erreicht das flüssige Gestein die Erdoberfläche, entsteht ein Vulkan.

Auswurf

Magma, das an die Oberfläche quillt, nennt man Lava. Sie erstarrt bald zu festem Gestein. Oft werden riesige glühende Gesteinsbrocken, feine Steinchen und pulverförmige Vulkanasche ausgeschleudert. Auch Rauch, Wasserdampf und giftige Gase treten aus. Sie bilden eine kilometerhohe Wolke, die aussieht wie ein Pilz.

Blick auf den Krater eines gerade ruhenden Vulkans

Tödliche Asche

Die herabfallende Asche verdunkelt die Sonne und sie behindert die Sicht. Auch Flugzeuge werden beschädigt: Die Fenster werden blind, die Triebwerke versagen. Daher muss der Flugverkehr bei einem Vulkanausbruch ruhen. Vulkanasche ist zudem ziemlich schwer. Wenn auf einem Haus eine Ascheschicht von 10–15 cm liegt, kann das Dach einstürzen. Außerdem leitet die Asche elektrischen Strom und kann Kurzschlüsse auslösen. Meist fällt daher nach kurzer Zeit die gesamte Stromversorgung aus. Wenn man die Asche einatmet, kann man daran ersticken.

Ein ausbrechender Vulkan sendet oft gewaltige Mengen Lava und glühend heiße Giftgaswolken aus.

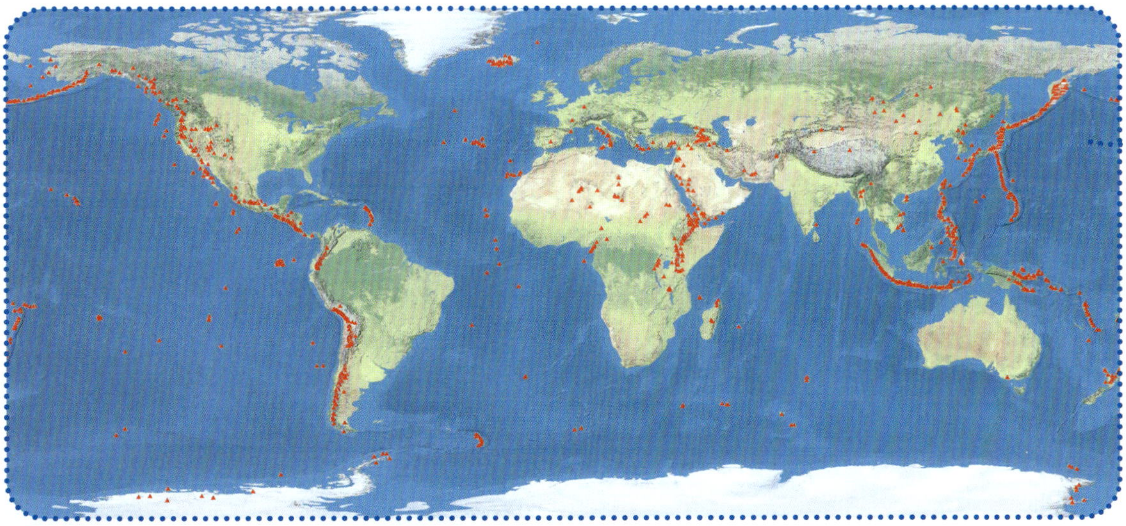

Rund 500 Vulkane (rote Punkte) sind bekannt, die immer wieder ausbrechen. Die gefährlichsten liegen am Pazifik.

Wenn sich rot glühende Lava ins Meer ergießt, entsteht viel Dampf.

Nahe Vulkane

Vulkane, die immer wieder ausbrechen, gibt es vor allem auf der Vulkaninsel Island im Nordatlantik und im Mittelmeergebiet. Die berühmtesten sind Ätna, Vesuv, Stromboli und Santorin. Aber auch Deutschland ist ein Vulkanland. Zur Zeit bricht hier aber kein Vulkan aus. Die Kuppen des Hegaus, des Westerwalds in der Rhön, im Siebengebirge, im Habichtswald, der Kaiserstuhl bei Freiburg und der Vogelsberg in Hessen waren vor vielen Millionen Jahren aktive Vulkane. In der Eifel sind die vulkanischen Kräfte in der Tiefe aber noch nicht zur Ruhe gekommen. Hier könnte es in Zukunft wieder einen Vulkanausbruch geben.

Gefährliche Ströme

Manche Vulkane stoßen bei ihrem Ausbruch eine Wolke aus giftigen Gasen und glühendem Staub aus. Diese Wolke jagt den Berg hinunter und tötet alles, was brennbar ist. Sie ist ungeheuer schnell: In einer Sekunde kann sie über 200 m weit rasen.

Die Wingertsbergwand in der Eifel besteht aus Bimsstein und Tuff vom letzten Vulkanausbruch vor 12.900 Jahren. Tuff ist verfestigtes und Bimsstein ist poröses Vulkangestein. Verglichen mit Gesteinen wie Granit sind aber beide weich.

Wusstest du ...

... dass es Vulkane gibt, die sehr ruhig Lava ausstoßen und daher wenig gefährlich sind? Dazu zählt etwa der Mauna Loa auf Hawaii. Andere Vulkane brechen in unregelmäßigen Abständen aus. Und manche Vulkane scheinen jahrhundertelang zu schlafen und erwachen dann plötzlich mit ungeheurer Gewalt oder explodieren sogar wie der Mount St. Helens in den USA *(Foto auf* *➲ Seite 49**)*.

Das Dauner Maar in der Eifel entstand, als aufsteigendes Magma mit Grundwasser zusammenkam und eine Dampfexplosion auslöste.

VULKANKATASTROPHEN

Vulkane sind unberechenbar. Weil niemand die Katastrophen voraussehen kann, sterben bei Vulkanausbrüchen viele Menschen und Tiere. Ganze Städte werden dabei zerstört und unter riesigen Aschebergen verschüttet.

Die Ruinen von Pompeji, im Hintergrund der Vesuv

Pompeji

Die berühmteste Vulkankatastrophe geschah vor etwa 1.900 Jahren. Der Vesuv brach aus, nachdem er viele hundert Jahre lang ruhig geblieben war. Unter seinen Asche- und Schlammschichten begrub er die römischen Städte Pompeji und Herculaneum. Seit etwa 200 Jahren werden sie wieder ausgegraben. Diese Ausgrabungen erzählen uns viel über die Alltagswelt der Römer. Inzwischen sind etwa zwei Drittel der einstigen Stadt freigelegt. Sie werden gründlich untersucht und vor Verfall geschützt, bevor weitergegraben wird.

Die Vulkanasche eines Ausbruchs deckt oft weite Gebiete der Umgebung zu.

Tambora

1815 brach der Vulkan Tambora in Indonesien aus und 90.000 Menschen mussten sterben. Der Vulkan blies eine gewaltige Aschewolke sehr hoch in die Luft. Die Wolke zog um die ganze Erde und verhinderte, dass das Licht und die Wärme der Sonne auf die Erde treffen konnten. Das Jahr 1816 wurde deshalb als „Jahr ohne Sommer“ bezeichnet. Nach diesem Vulkanausbruch gab es keine gute Ernte und die Menschen mussten hungern.

Krakatau

Die meisten Opfer gab es 1883 durch die Explosion des Krakataus in Indonesien. Der Knall war noch 5.000 km weit zu hören. Die Explosion löste eine riesige Flutwelle aus, die die Küsten von Afrika und Südamerika erreichte. Die Welle war fast 40 m hoch – so hoch wie ein zwölfstöckiges Haus. Hunderte Dörfer und Städte wurden überflutet und 36.000 Menschen ertranken.

Mont Pelee

Ohne dass die Menschen es vorab ahnten, brach 1902 der Vulkan Mont Pelee auf der Karibikinsel Martinique aus. Eine glühend heiße Wolke aus giftigen Vulkangasen und Asche raste den Abhang hinab. Die Wolke war so schnell, wie ein Flugzeug fliegt. Die Hauptstadt St. Pierre war in wenigen Sekunden verschüttet und alle 28.000 Einwohner mussten sterben.

Der Toba-See hat sich in der Caldera eines Supervulkans gebildet.

Der Vulkan St. Helens im Nordwesten der USA im Jahr 1997 – deutlich sind der Lavastrom und der weggesprengte Teil der Vulkankuppel des Ausbruchs vom 18. Mai 1980 zu sehen.

Satellitenaufnahme des Toba-Sees, einer gewaltigen Supervulkan-Caldera: Das Wasser erscheint schwarz durch besondere Aufnahmefilter.

Supervulkane

An mehreren Stellen der Erde gibt es „Supervulkane". Sie enthalten besonders viel Magma in einer riesigen Magmakammer. Ihre Ausbrüche sind deshalb viel dramatischer als die Ausbrüche normaler Vulkane. Nach dem Ausbruch stürzt meist die Decke der Magmakammer ein. Dann entsteht ein gewaltiges Loch, eine „Caldera". Wenn ein Supervulkan ausbrechen würde, verschwänden in weitem Umkreis Flüsse und Seen, Äcker, Wiesen und Wälder unter der Vulkanasche. Und Millionen Menschen würden sterben.

Wusstest du …

… dass vor etwa 74.000 Jahren der Supervulkan Toba auf der Insel Sumatra ausbrach? Er stieß 1.000-mal mehr flüssiges Gestein aus als normale Vulkane. Er verwüstete die Landschaft, verdunkelte mit seinem Staub die Sonne und kühlte jahrelang das Klima stark ab. Heute liegt dort ein See, der 3-mal so groß ist wie der Bodensee.

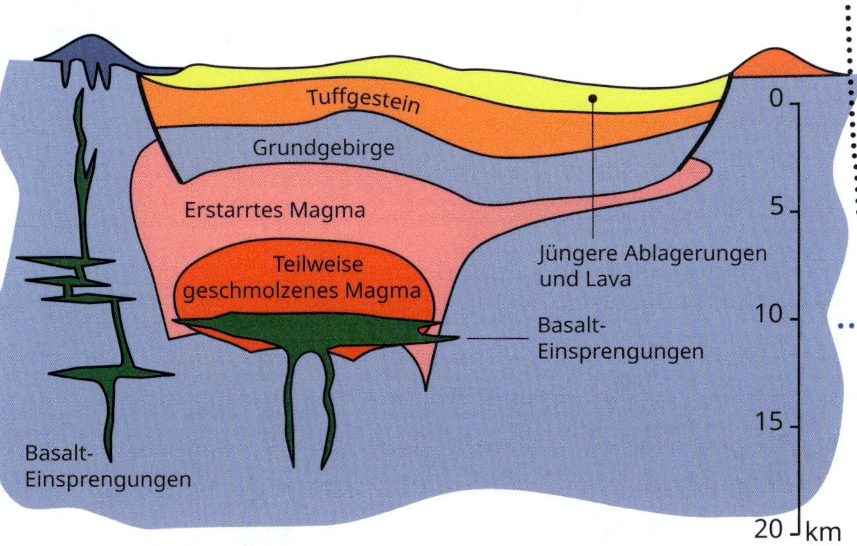

Querschnitt durch einen Supervulkan mit seiner gewaltigen Caldera: Bei einem Ausbruch kann er riesige Gebiete mit Asche zudecken.

DIE GESCHICHTE DER ERDE

Die Erde existiert bereits seit unvorstellbar langer Zeit, rund 4.600 Millionen Jahre. In dieser Zeit ist hier viel geschehen ...

Ein glühender Ball: So etwa mag die junge Erde ausgesehen haben.

Vermutlich begann das Leben im Meer. Aber mehrere Jahrmilliarden lang gab es darin nur bakterienkleine Lebewesen.

Du kannst dir 4.600 Millionen Jahre sicher nicht vorstellen? Aber du kannst ein Gefühl für die Größe dieser Zahl bekommen. Stell dir vor, du würdest pausenlos zählen, Tag und Nacht, und jede Sekunde würde für ein Jahrhundert stehen, also für 100 Jahre – auch das ist schon eine unvorstellbar lange Zeitdauer. Wenn du so zählst, müsstest du fast eineinhalb Jahre lang zählen, bis du bei der Zahl 4.600 Millionen angekommen wärst.

MINT – Für dich!

Der Mensch stammt nicht direkt vom heutigen Affen ab. Wohl aber haben Menschen, Urmenschen und die heute existierenden Menschenaffen-Arten Schimpanse, Bonobo, Orang-Utan und Gorilla einen gemeinsamen Vorfahren. Er lebte vor mindestens 7 Millionen Jahren und sah sehr affenartig aus. Seither haben sich die Menschenaffen, die vielen Arten von Vor- und Urmenschen und der heutige Mensch jeweils getrennt voneinander weiterentwickelt.

Skelett von Lucy, einem Vormenschen (Australopithecus afarensis)

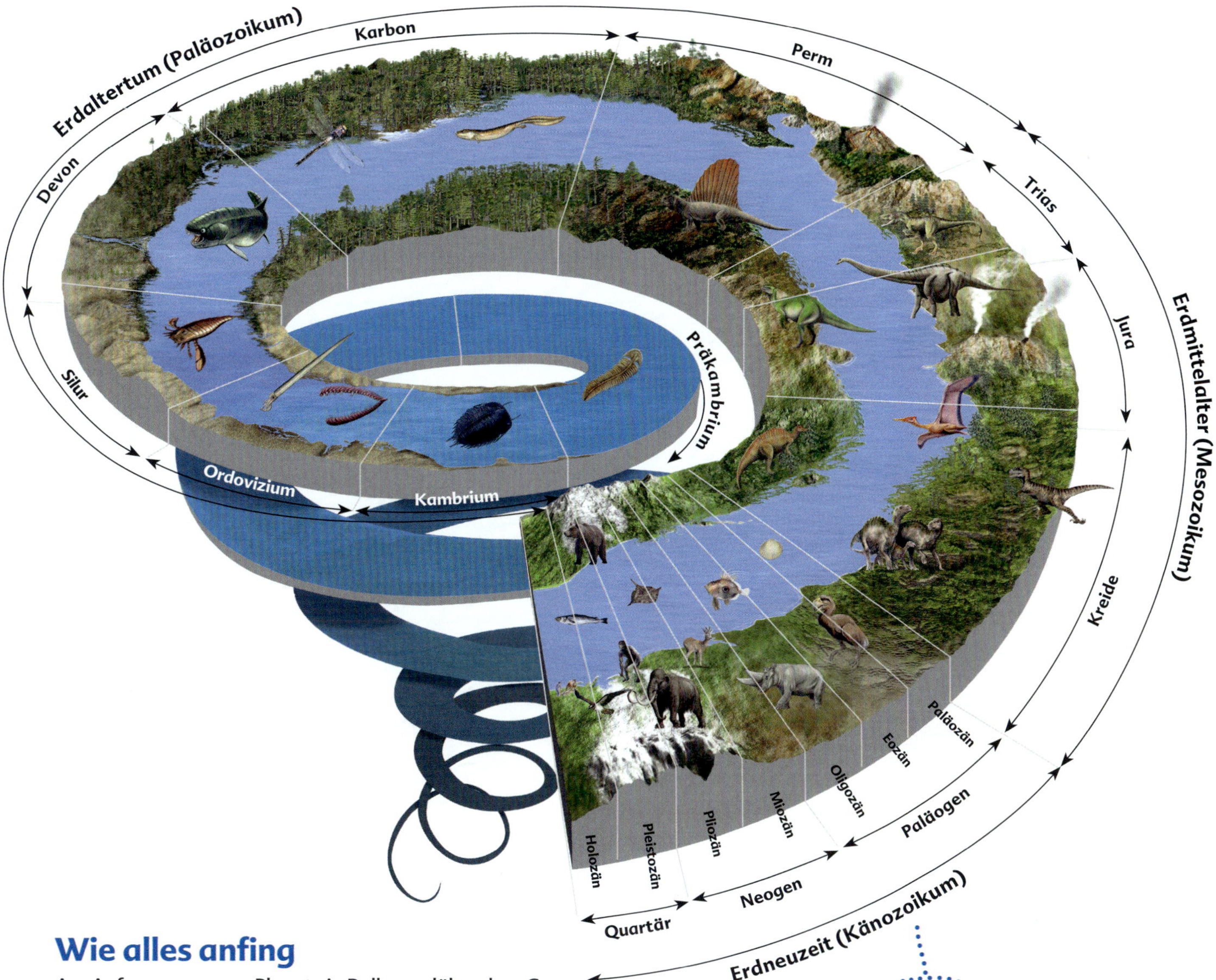

Die lange Erdgeschichte: Erst vor wenigen Jahrmillionen tauchte der Mensch auf.

Wie alles anfing

Am Anfang war unser Planet ein Ball aus glühendem Gestein. Nach und nach kühlte seine Oberfläche ab. Dann sammelte sich Wasser in den Ozeanen. Und eine Schicht aus giftigen Gasen umhüllte ihn.

Die ersten Lebewesen entstanden in den Meeren – wie das genau passierte, wissen wir nicht. Zunächst gab es für viele Millionen Jahre nur winzig kleine Lebewesen. Aber sie entwickelten sich weiter. Manche fanden dabei heraus, dass sie aus dem Sonnenlicht Energie gewinnen können. Sie wurden die Vorfahren der grünen Pflanzen. Bei der Entwicklung der Pflanzen entstand Sauerstoffgas, das sich in der Luft anreicherte. Die Giftgase verschwanden nach und nach.

Leben an Land

Zuerst gab es Leben nur in den Ozeanen. Vor etwa 500 Millionen Jahren eroberten erste Pflanzen vom Meer aus das Festland. Dort veränderten sie sich schnell. Denn sie mussten sich nun vor dem intensiven Sonnenlicht schützen und sich mit Wasser versorgen. Nach und nach entwickelten sich Farne und Schachtelhalme, später sogar Blütenpflanzen.

Die ersten Tiere

Bald darauf krabbelten auch erste Tiere aufs Festland und passten sich an das Landleben an.

Im Lauf von Millionen Jahren entstanden zahlreiche Tiergruppen, zum Beispiel Insekten, Amphibien, Reptilien und später Dinosaurier, Vögel und Säugetiere wie wir. Aber erst vor etwa 3 Millionen Jahren entwickelten sich Urmenschen. Sie hatten affenartige Vorfahren. Unsere Art Mensch, den Homo sapiens, gibt es sogar erst seit ungefähr 300.000 Jahren. Im Vergleich zum Alter der Erde ist der Mensch also sehr jung.

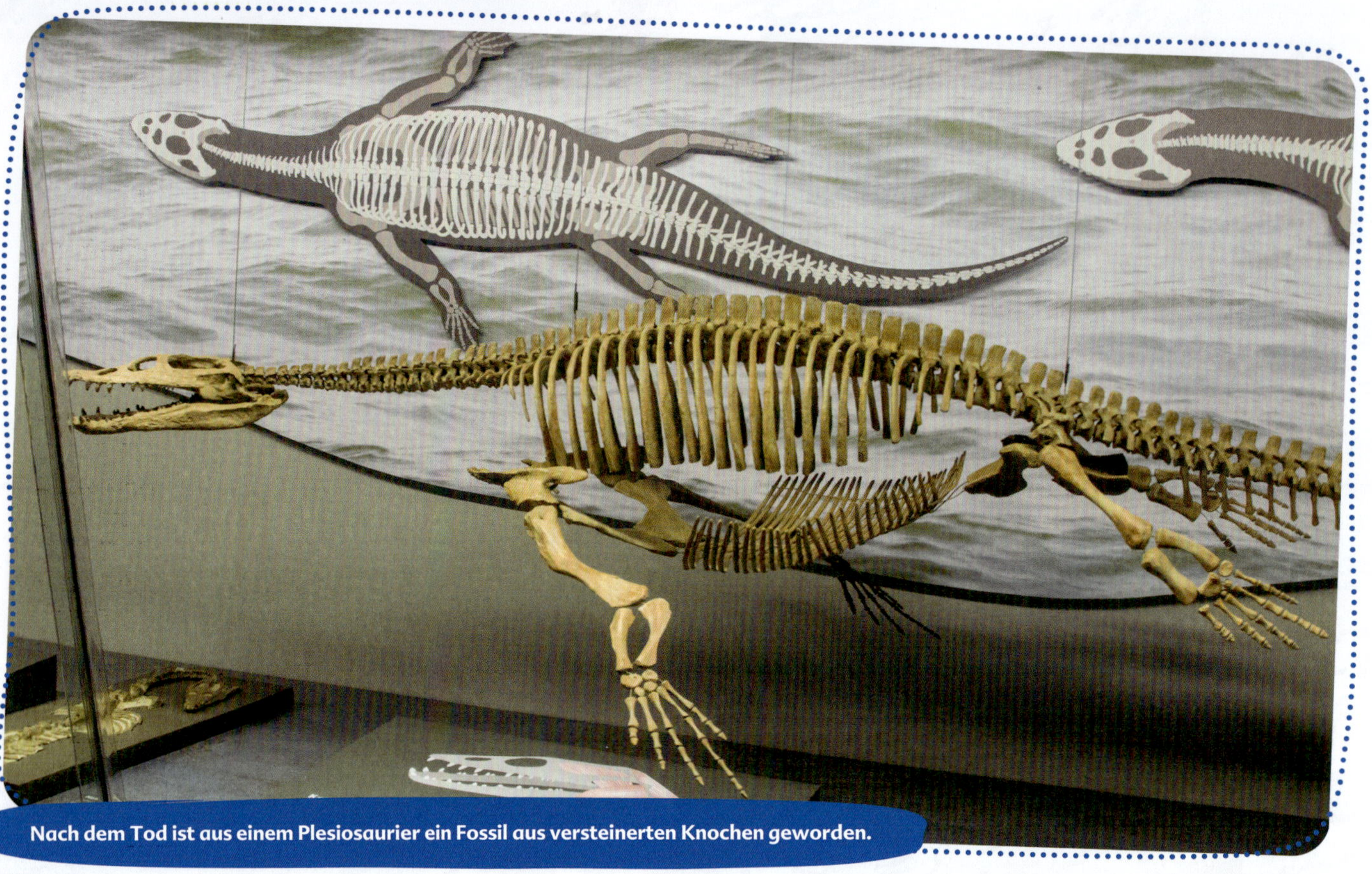

Nach dem Tod ist aus einem Plesiosaurier ein Fossil aus versteinerten Knochen geworden.

Fossilien

Unzählige Arten von Lebewesen sind im Lauf der Erdgeschichte entstanden und wieder ausgestorben. Woher wissen wir aber von ihnen? Weil sich Reste von ihnen erhalten haben. Forscher nennen solche Reste Fossilien. So kannst du etwa Muschelschalen, Abdrücke von Körpern und Federn und vor allem versteinerte Knochen finden. Viele ausgestorbene Tiergruppen sind verwandt mit Tieren, die heute leben, und viele hatten sogar einen ähnlichen Körperbau. Wenn Paläontologen Skelette zusammenbauen, können sie daher sogar einzelne Knochen und Schädel wieder an die richtige Stelle setzen.

Warum Arten aussterben

Seit es Lebewesen auf der Erde gibt, entstehen immer wieder neue Arten und andere sterben nach kurzer oder längerer Zeit aus. Von Zeit zu Zeit aber gab es Massenaussterben, bei denen in sehr kurzer Zeit ein großer Teil der Arten verschwand. Manchmal haben Giftgase aus heftigen Vulkanausbrüchen Luft und Wasser vergiftet. Oder es stürzte ein sehr großer Meteorit auf die Erde. Der dabei aufgewirbelte Staub hüllte die Erde jahrelang ein und es kam kein Sonnenlicht mehr hindurch. So starben Pflanzen und Tiere, weil sie keine Nahrung fanden.

So etwa mag der Meteorit eingeschlagen haben, der vor rund 65 Millionen Jahren die Dinosaurier auslöschte.

Die Einschlagstelle des Meteoriten, der die Dinosaurier auslöschte, lag am heutigen Golf von Mexiko.

Wusstest du ...

... dass die Drift der Erdteile längst nicht zu Ende ist?
Weil die Platten sich bewegen, können Forscher errechnen, wie die Erde in 100 Millionen Jahren aussehen wird. Ob es dann noch Menschen gibt, können die Forscher allerdings nicht sagen.

Wandernde Erdteile

In früheren Erdzeitaltern sah unser Planet ganz anders aus als heute. Weil die Erdteile wandern, lagen sie an ganz anderen Stellen. Manche Teile von Europa lagen unter der heißen Äquatorsonne. Immer wieder trafen wandernde Erdteile zusammen und trennten sich später wieder.
Vor 300 Millionen Jahren etwa entstand der Riesenkontinent Pangäa. Vor 150 Millionen Jahren, mitten in der Dinosaurier-Zeit, brach er nach und nach auseinander. Antarktis, Indien, Afrika, Asien, Australien und Nord- und Südamerika treiben seither einzeln über die Erde.

Amazonas

Der Amazonas, der längste Fluss der Erde, entsprang vor langer Zeit in Afrika – dort, wo heute die Sahara liegt. Damals hingen Afrika und Südamerika noch zusammen und bildeten den Kontinent Gondwana. Ursprünglich floss der Ur-Amazonas durch ganz Gondwana. Als sich die Erdteile trennten, wurde aus ihm ein kleinerer Fluss, der nur in Südamerika floss und in den Pazifik mündete. Erst als sich später das Andengebirge bildete und den Weg versperrte, kehrte er seine Fließrichtung um und mündet seitdem in den Atlantik.

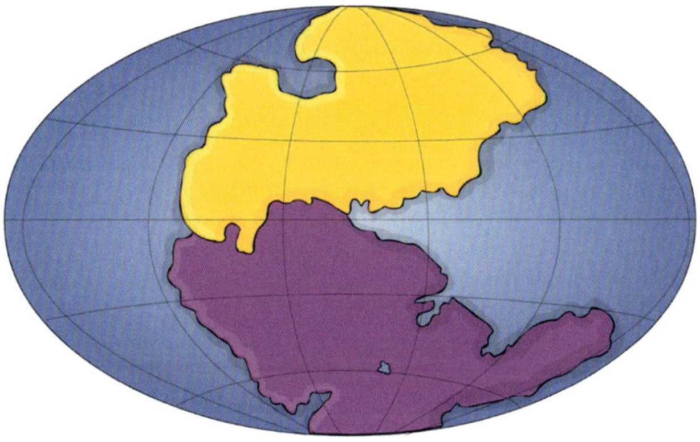

Vor 200 Mio. Jahren

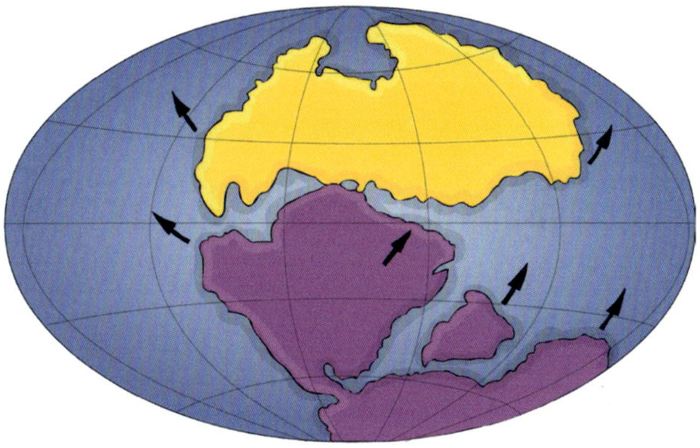

Vor 160 Mio. Jahren

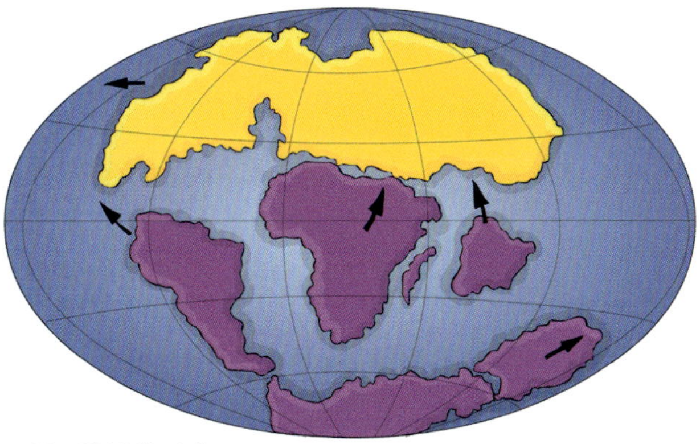

Vor 100 Mio. Jahren

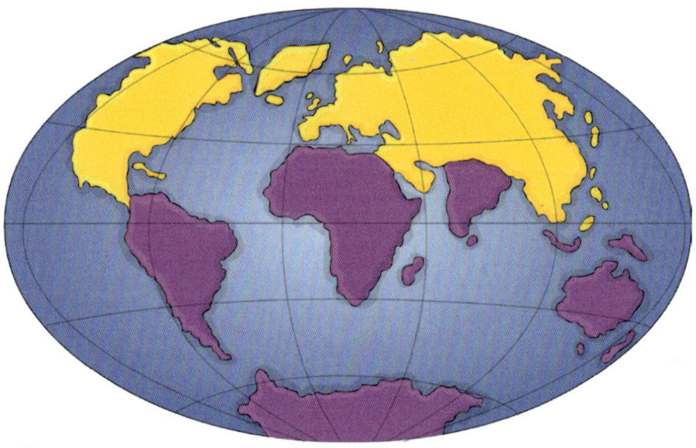

Heute

So hat sich die Erdoberfläche in den letzten 200 Millionen Jahren verändert. Der aus den Teilen Gondwana (violett) und Laurasia (gelb) bestehende Superkontinent Pangäa zerfiel in die heutigen Erdteile.

KAPITEL 3:

DIE UNBELEBTE NATUR

MINERALIEN UND GESTEINE

HIER ERFÄHRST DU ALLES ÜBER:

- EDELSTEINE
- GESTEINE
- EROSION
- KARSTE UND HÖHLEN
- BODENSCHÄTZE

Die feste Kruste der Erde besteht aus einer Vielzahl chemisch unterschiedlicher Stoffe, den Mineralien. Zu den bekanntesten zählen etwa Quarz, Kalk, Gips und Steinsalz. Aus manchen Mineralien gewinnt man Metalle wie Eisen, Kupfer oder Zink. Solche Minerale heißen Erze. Andere Minerale bilden schöne feste Kristalle, die als Edelsteine geschätzt sind, etwa Diamanten, Rubine, Amethyste und Smaragde. Wieder andere wie etwa Schwefel sind Rohstoffe für die chemische Industrie. Auch Gesteine wie Granit oder Basalt bestehen aus verschiedenen Mineralien.

Das Bild der Erdoberfläche wird von ganz unterschiedlichen Kräften geformt. Unterirdische Gewalten falten mächtige Gebirge auf und lassen Vulkane rauchen. Gleichzeitig arbeiten Regen und Frost daran, Berge einzuebnen. Flüsse tragen ihr Material dann fein zerrieben ins Meer. Und mancherorts bildet das Wasser gewaltige unterirdische Höhlen und Gänge, die es dann wiederum mit Tropfsteinen schmückt.

DIE WELT DER MINERALE UND EDELSTEINE

Die feste Kruste der Erde besteht aus einer Vielzahl von Mineralien. Vor allem die Edelsteine haben seit Jahrtausenden Menschen angelockt und verzaubert. Denn die farbigen, teils durchsichtigen Kristalle zählen zu den schönsten Gebilden, die die Natur hervorgebracht hat.

Die Minerale der Erde

Manche Mineralen bilden schöne feste Kristalle, die als Edelsteine geschätzt sind. Wieder andere dienen als Rohstoff für die Industrie oder das Baugewerbe. Dazu zählen beispielsweise Quarz (etwa zur Glasherstellung), Kaolin (zur Porzellanfabrikation), Schwefel, Kalk, Gips und Steinsalz (Rohstoffe für Waschmittel, Glasherstellung, Kunststoffe und vieles andere mehr).

Besonders wichtig sind Erze. So nennt man Minerale, aus denen man Metalle gewinnt, etwa Eisen, Chrom, Kupfer, Zinn, Aluminium oder Zink. Mancherorts ziehen sich „Erzgänge" durch den Fels. Das sind ehemalige Gesteinsspalten, die unterirdische mineralreiche Gewässer im Lauf langer Zeiträume mit Erzen gefüllt haben. An anderen Orten haben sich Erzlagerstätten gebildet, als Magma langsam tief im Untergrund abkühlte und sich dessen Bestandteile dabei an unterschiedlichen Stellen ablagerten.

Kristalle: geordnete Teilchen

Die meisten Minerale sind Kristalle. In ihnen sind die Teilchen exakt und gleichmäßig angeordnet. Darum bilden sie geometrische Formen wie zum Beispiel Würfel, Nadeln oder Oktaeder (Körper mit acht Flächen). Kristalle haben gerade Kanten und glatte, glänzende Flächen.

Edelsteine

Besonders farbenprächtige Minerale werden als Edelsteine bezeichnet, wenn sie durchsichtig und hart sind. Sie bestehen meist aus denselben Bestandteilen wie Gesteine: Bergkristall, Rosenquarz, Rauchquarz, Amethyst, Opal und Achat zum Beispiel sind nichts anderes als unterschiedlich gefärbter Quarz. Rubin und Saphir bestehen aus Tonerde. Die verschiedenen Farben der Edelsteine stammen von winzigen Mengen unterschiedlicher Metallverbindungen. Diese haben sich bei der Kristallbildung mit eingelagert.

Zur Glasherstellung braucht man Kalk und Sand.

Bergkristall ist Quarz in Kristallform.

Vielfalt an echten bunten Edelsteinen: blauer Topaz, Smaragd, Rubin, Mondstein, Labradorit, Amethyst, Rosenquarz, Tigerauge, Peridot, Aquamarin, Saphir, Citrin, Lapislazuli, Fluorit und mehr

Edelsteinbildung

Das durch den Untergrund sickernde Wasser enthält viele Arten von Mineralen, die es aus dem Gestein gelöst hat. Kommt es dann in etwas kühlere Regionen, verliert es einen Teil seiner Mineralfracht, weil sich einzelne Minerale in fester Form an den Wänden unterirdischer Hohlräume ablagern. So entstehen Bänder und Höhlen gefüllt mit Mineralen. Im Lauf von Jahrhunderten und Jahrtausenden bilden die Minerale dabei schöne, bisweilen meterlangen Kristalle.

Violette Kristalle des Edelsteins Amethyst

Unterschiedlich gefärbte Mineralstoffe haben sich schichtweise abgelagert.

Kristallhöhlen

Manchmal stoßen Bergleute auf Kristallgrotten. Das sind unterirdische Hohlräume voller Kristalle. Es gibt auch riesige Höhlen, aus denen mehrere Tonnen schöner Kristalle geborgen wurden. Häufig bestehen sie aus Bergkristall. So wird glasklarer, also ungefärbter Quarz genannt. Eine der schönsten und größten Kristallhöhlen liegt in Mexiko. Sie enthält Kristalle aus kristallinem Gips mit 2 m Dicke und bis zu 14 m Länge.

Diamanten

Der Diamant ist der härteste und bekannteste Edelstein. Er besteht aus Kohlenstoff, ähnlich wie grauer Graphit. Aber im Diamanten sind die Kohlenstoffteilchen viel fester miteinander verbunden. Besonders beliebt sind wasserklare Diamanten. Sie bilden sich unter hohem Druck und bei Temperaturen von über 1.000 Grad Celsius in etwa 150 km Tiefe. Vulkane bringen sie dann manchmal an die Oberfläche. Daher findet man sie im Gestein erstarrter alter Vulkanschlote oder in ehemaligen Flussgeröllen an Stellen, an denen sich einst vom Wasser mitgeführte Diamanten ablagerten.

MACH MIT!

Du kannst leicht aus bestimmten Salzen wie etwa Alaun, Ammoniumdihydrogenphosphat oder Seignettesalz schöne Kristalle züchten. Du musst dazu nur das Salz in warmem Wasser lösen und die Lösung dann möglichst langsam abkühlen oder verdunsten lassen. Es gibt im Handel viele Experimentierkästen mit harmlosen Salzen für solche Versuche, zum Beispiel aus dem Kosmos Verlag.

DIE WELT DER GESTEINE

**Gesteine bestehen aus verschiedenen Mineralien.
In manchen Gesteinen kannst du einzelne Minerale erkennen, in anderen sind sie so fein, dass du sie nicht mit bloßem Auge sehen kannst.**

Sand vergrößert: Er enthält vor allem Quarzbröckchen.

Mühlsteine wurden stets aus besonders hartem Gestein angefertigt, damit möglichst wenig zahnschädigender Gesteinsstaub ins Mehl geriet.

Etwa 30 Minerale bilden Gesteine und kommen daher in gewaltigen Mengen vor. Aus Kalkstein zum Beispiel bestehen ganze Gebirge und Großlandschaften, etwa die Kalkalpen, die Schwäbische und die Fränkische Alb. Eine Art von Kalk, die auch Magnesium enthält, formt das Dolomiten-Gebirge. Noch häufiger ist Quarz. Daraus besteht etwa der Strandsand am Meer. Er bildet aber auch festen Sandstein. In ihm sind unzählige Sandkörnchen mit Kalk zu festem Gestein „verbacken“.

Verschiedene Granitsorten, die sich in Struktur und Farbe unterscheiden.

Nützliches Gestein

Schon vor Jahrmillionen, in der Steinzeit, nutzten Urmenschen Steine, um daraus Werkzeuge und Waffen zu fertigen. Später dienten Steine als Baumaterial. Zement für den Hausbau wird aus Kalkstein hergestellt und Kalk ist neben Sand auch Rohstoff für Glas. Das harte und zähe Basaltgestein wird gerne im Straßenbau verwendet. Granit dient bisweilen zur Herstellung von Gehwegplatten. Für Fassaden und Verkleidungen in Innenräumen, etwa in Bädern und Küchen, nutzt man gerne besonders ansehnliche Granitsorten. Und schließlich wählen Künstler schöne Gesteinsarten, um Statuen zu erschaffen, zum Beispiel den reinweißen italienischen Carrara-Marmor.

Wusstest du ...

... dass die meisten Gesteine Mischungen aus mehreren Mineralien sind? Im Granit etwa erkennt man helle Bröckchen aus Quarz, meist gelblichen Feldspat sowie dunkle, glänzende Körner aus Glimmer. Manchmal sind noch weitere Mineralstoffe enthalten, die das Gestein färben. So gibt es rötliche, bläuliche, grünliche und fast schwarze Granitsorten.

Gesteinsforscher teilen die Gesteine in drei übersichtliche Gruppen ein:

Magmatische Gesteine

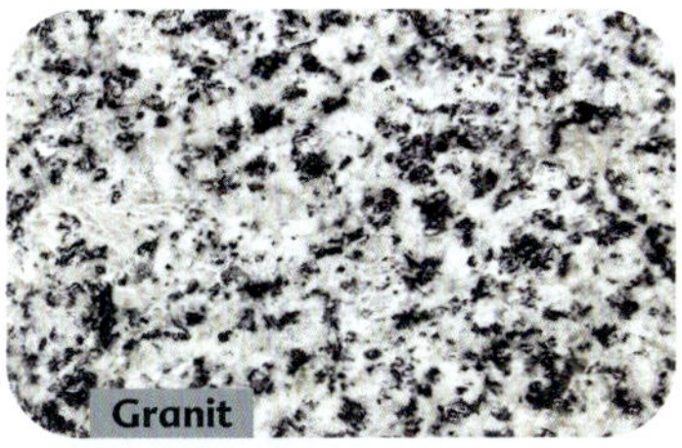
Granit

Basaltsäulen

Zu dieser Gruppe gehören etwa Granit, Basalt, Diorit. Sie sind entstanden, als glühende Gesteinsschmelze (Magma) abkühlte. Wenn dieses Abkühlen wie bei einem Vulkanausbruch innerhalb weniger Stunden oder Tage passiert, entstehen „Ergussgesteine“. Dazu zählt etwa der sehr feinkörnige, harte Basalt. Hat sich dagegen Magma in unterirdischen Hohlräumen gesammelt, kühlt es sich nur sehr langsam ab, denn die Hitze kann nicht so schnell entweichen. Dabei bilden sich „Tiefengesteine“ wie Granit. Die einzelnen Mineralbestandteile in ihnen hatten Zeit, sich zu größeren Kristallen zusammenzufinden. Daher kannst du sie meist schon mit bloßem Auge erkennen.

Sedimentgesteine

Buntsandstein

Zu den Sedimentgesteinen zählen etwa Sandstein, Kalkstein und Steinsalz (so werden Schichten aus festem Kochsalz genannt). Ihr Material wurde vor Millionen von Jahren von Wasser am Grund von Meeren oder Seen, manchmal auch von Wind abgelagert und hat sich verfestigt. Kalk und Steinsalz sind Zeugen von ehemaligen Meeren. Manche Sandsteine haben sich ebenfalls im Meer gebildet, andere auf dem Festland. Dazu zählt unser Buntsandstein: Vor etwa 245 Millionen Jahren wanderte das heutige Deutschland im Zug der Kontinentaldrift durch den Wüstengürtel unserer Erde mit sehr heißem, trockenem Klima. Damals gab es hier eine riesige Senke, das „Germanische Becken“, in dem einmündende Flüsse und flache Seen Sand und Ton aus den umliegenden Hochgebieten abgelagert haben. Diese verfestigten sich zum Buntsandstein, seine rote Farbe stammt von Eisenmineralen. Und es gibt sogar Sandsteine, die von einst bestehenden Wüsten erzählen. So besteht etwa Löss aus feinsten Ton- und Sandteilchen, die der Wind während der Eiszeiten in der baumlosen Landschaft zusammengeweht hat.

Metamorphe Gesteine

Marmor

Die Erdoberfläche verändert sich in langen Zeiträumen. Mancherorts werden Gebirge aufgefaltet, woanders sinken Regionen ab. Solche Vorgänge befördern manchmal Gesteine von der Erdoberfläche in große Tiefen. Dort verändern hoher Druck und Hitze ihre chemische Zusammensetzung und ihr Aussehen. Solche veränderten Gesteine nennt man „metamorph“. Nicht selten geraten sie später wieder an die Erdoberfläche. Das bekannteste metamorphe Gestein ist Marmor. Er entstand einst aus Kalkstein. Meist färben ihn verschiedene Verunreinigungen. Aber es gibt auch reinweißen Marmor, wie ihn Künstler lieben. In Seen schichtweise abgelagerte Tongesteine können in der Tiefe zu Schiefer werden, der sich meist leicht in dünne Platten spalten lässt. Und manch andere Gesteine können sich in die unterschiedlichen Arten von Gneis umwandeln.

EROSION UND ABTRAGUNG

Berge und Gebirge sehen aus, als würden sie sich nicht verändern. Doch im Lauf der Zeit verwittern und zerfallen auch sie. Die Reste werden dann vom Wasser und vom Wind davongetragen.

Die „Drei Zinnen" in den Dolomiten Südtirols sind von Schutthalden umgeben.

Das rasch fließende Wasser des Bergbachs zerschlägt nach und nach die Felsbrocken.

Verwitterung

Berge sind einem ständigen Angriff ausgesetzt: Der Wechsel von Sonnenwärme am Tag und Kühle in der Nacht verändert im Lauf der Zeit das Gestein. In die feinen Risse dringt Regenwasser ein. Friert dieses Wasser nachts oder im Winter zu Eis, dehnt es sich mit großer Kraft aus und kann Felsstücke absprengen. Im Frühjahr fallen die Gesteinsstücke dann herab und sammeln sich als Schutthalde am Fuß des Bergs.

Abtragung (Erosion)

Das abgesprengte Material bleibt nicht liegen. Nach und nach rutscht es hinab. Dann reißen Bäche und Flüsse Steine mit sich, besonders bei Hochwasser. Das Wasser schlägt die Felsbrocken gegeneinander und zerkleinert sie so nach und nach. Die Steine im Flussbett sind immer kleiner, je weiter sie von der Quelle entfernt sind. Oft bleiben schließlich nur noch Kies, Sand und feinste Schlammteilchen übrig. Sie lagern sich an ruhigen Stellen in der Nähe des Flussufers, in der Flussmündung oder im Meer ab.

Die sanften Kuppen der Mittelgebirge (hier der Schwarzwald) sind Reste einstiger Hochgebirge.

Die hoch aufragenden Gipfel beweisen, dass die Alpen (hier die Schweizer Alpen mit Matterhorn, links) ein vergleichsweise junges Gebirge sind.

Mittelgebirge

Warum sind eigentlich die Alpengipfel deutlich höher als etwa der Harz und der Schwarzwald? Weil sie viel jünger sind. Die Alpen falten sich erst seit etwa 50 Millionen Jahren auf und wachsen sogar noch. Die Mittelgebirge dagegen entstanden vor rund 350 Millionen Jahren. Daher hatten Verwitterung und Erosion viel länger Zeit, sie abzutragen. Die Mittelgebirge, die wir heute sehen, sind die Reste einst mächtiger Gipfel, die vielleicht so hoch oder noch viel höher als die Alpen waren.

Küste

Die Wogen des Ozeans schlagen ständig gegen die Küste. Besonders Steilküsten sind davon betroffen. Vor allem bei Stürmen reißen die Wellen ein Stück der Küste ab und tragen es davon. So wirkt manche Küste wie angenagt.

Gebirgsbildungen

Im Lauf der Erdgeschichte bildeten sich immer wieder neue Gebirge. Zum Beispiel, wenn Erdteile zusammengestoßen sind und dabei die Gesteine des Meeresbodens zwischen ihnen aufs Festland geschoben und aufgefaltet haben. Aber Frost, Regen und Wind lassen das aufgefaltete Gestein verwittern und zerfallen. Die Flüsse führen es als Kies, Sand und Schlamm ins Meer. Dort lagert es sich in dicken Schichten als Sediment ab und verfestigt sich langsam zu Gestein. Manchmal wird es dann viele Millionen Jahre später wieder aufs Festland geschoben und formt ein neues Gebirge.

Dieses Haus an den Kreideklippen Englands wird wohl nicht mehr lange stehen.

KARSTE UND HÖHLEN

In Kalkgebieten gibt es meist riesige unterirdische Höhlen und Gänge. Oft sind sie mit Tropfsteinen geschmückt. Sie bilden eine besondere Welt, in die nie ein Sonnenstrahl dringt.

Eindringendes Regenwasser hat im Kalk unterirdische Hohlräume geschaffen.

Solche Dolinen entstehen, wenn die Decke von Höhlen einstürzt.

Auch Gesteine werden auf Dauer vom Regenwasser verändert. Besonders empfindlich ist Kalkgestein. Denn Regenwasser nimmt aus der Luft und dem Erdboden das Gas Kohlenstoffdioxid (CO_2) auf. Dabei entsteht ein neuer Stoff, der sich gut in Wasser löst. Durch feinste Risse dringt das CO_2 -haltige Regenwasser in das Kalkgestein ein und löst es auf. So werden die Risse größer. Mit der Zeit entstehen unterirdische Spalten, Gänge und bisweilen auch gewaltige Hohlräume, so groß wie eine Bahnhofshalle.
Alles, was mit aufgelöstem Kalk zu tun hat, wird als Karsterscheinung bezeichnet.

MINT – Für dich!

Die Donau hat eine ganz besondere Sehenswürdigkeit zu bieten: Schon wenige Kilometer von der Quelle entfernt verschwindet ein Teil ihres Wassers wieder im Untergrund. Der besteht nämlich aus Kalk und hat daher Spalten und Höhlen. Das Donauwasser sickert in diese Spalten und strömt dann durch solch eine Höhle. Erst 12 km südlich und 185 m tiefer kommt es wieder zum Vorschein, nämlich als Quelle des Flüsschens Aach, die in den Bodensee mündet. Der weitaus größte Teil der Donau besteht aus dem weiterfließenden Teil des Wassers und vor allem aus dem Wasser der Nebenflüsse.

Naturbrücken

Manchmal stürzt das Dach einer Höhle teilweise ein. Dann entstehen schmale offene Einschnitte und dazwischen bleiben „Naturbrücken“ stehen.

Naturbrücke im Naturreservat Rakov Škocjan in Slowenien

Tropfsteine

Tropfsteine entstehen, wenn kalkhaltiges Regenwasser in eine unterirdische Höhle tropft. Dabei gibt das Wasser gelöstes Kohlenstoffdioxid ab und scheidet festen Kalk aus. Ganz langsam wachsen dann Kalkablagerungen als feucht glänzende Zapfen von der Decke herab. Das sind „Stalaktiten“. Ihm wächst ein anderer Kalkzapfen, ein „Stalagmit“, vom Boden her entgegen. Oft ist der Kalk durch Mineralien rostrot, braun, gelb oder grün gefärbt. Wenn Stalaktiten und Stalagmiten groß genug sind, wachsen sie zusammen und bilden eine Säule.

Höhlenflüsse

An manchen Orten sammelt sich so viel Regenwasser im Untergrund, dass durch die Höhlengänge richtige Flüsse tosen. Die Wassermenge dieser Höhlenflüsse schwankt stark, je nach Regenmenge. Das kann für Höhlenforscher gefährlich werden, wenn sie bei ihrem Vordringen nicht das Wetter beachten und vom plötzlich anschwellenden Wasser überrascht werden. Das Wasser kommt als „Karstquelle“ wieder zum Vorschein. Solche Quellen haben meist starke Schüttungen. Der „Blautopf“ bei Blaubeuren trieb früher schon nach wenigen Metern das Wasserrad eines Hammerwerks. In die Wimsener Höhle bei Zwiefalten kann man sogar mit einem Boot fahren.

Eishöhlen

Höhlen in kalten Gebieten, etwa hoch im Gebirge, sind oft mit Eis statt mit Tropfsteinen gefüllt. Die Eismassen schmelzen auch im Sommer nicht. Die weltweit größte Eishöhle ist die Eisriesenwelt in Österreich. Sie hat Gänge, die insgesamt etwa 42 km lang sind!

Höhlenrekorde

In der 137 m hohen Halle der „Grotta gigante“ in Italien hätte der Petersdom aus Rom Platz. Die Gänge, die wiederum zur Mammuthöhle im US-Bundesstaat Kentucky gehören, sind insgesamt über 650 km lang. So weit liegen Hamburg und München auseinander.

Tropfsteine und Kalkvorhänge schmücken die unterirdischen Hohlräume der Postojna-Höhle in Slowenien.

SCHÄTZE AUS DEM BODEN

Die Erde liefert uns eine Fülle von nützlichen Stoffen. Dazu zählen Erze, Kohle, Öl, Salz, außerdem Industrierohstoffe wie Schwefel und Baustoffe wie Sand, Kalk und Marmor.

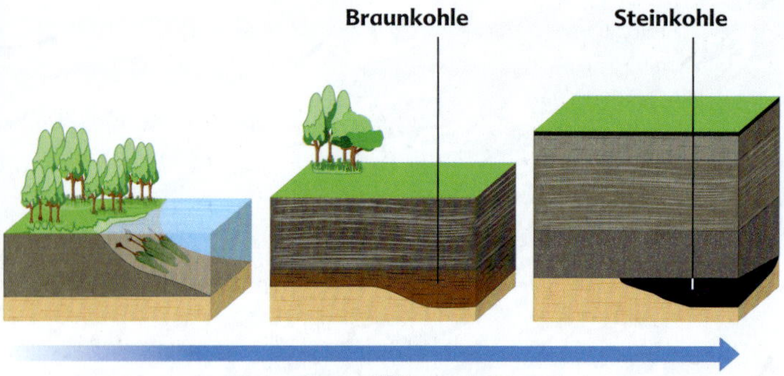

So entsteht aus dem Holz von Bäumen die Kohle.

Grauschwarze Steinkohle

Kohle

Werden Braun- oder Steinkohle in Kraftwerken zur Erzeugung von Strom und Wärme verbrannt, wird mit der Sonnenenergie früherer Erdzeitalter geheizt. Denn die Steinkohle stammt von Sumpfwäldern, die vor rund 300 Millionen Jahren existierten. Die Reste, die im Sumpfschlamm eingeschlossen waren, zersetzten sich im Lauf der Zeit zu Kohle. Braunkohle entstand ähnlich. Sie ist aber viel jünger: 20 Millionen Jahre. Deshalb liegt sie auch nahe der Oberfläche. Sie wird im Tagebau gewonnen und braucht kein Bergwerk.

Erdöl und Erdgas

Diese Rohstoffe bildeten sich aus den Überresten von unzähligen kleinsten Meerestieren. Nach ihrem Tod sanken die Meerestiere auf den Meeresboden und wurden zu Faulschlamm. Hitze und Druck in der Tiefe wandelten sie in vielen Millionen Jahren in Öl und Gas um, die in den gebildeten Gesteinen langsam nach oben stiegen. An vielen Orten sammelten sie sich unter undurchlässigen Gesteinsschichten und lagerten sich dort an. Von dort kann man sie hochpumpen. Besonders das Erdgas steht bisweilen unter hohem Druck. Dann jagen Gas und Öl mit Gewalt aus dem Bohrloch und bilden eine hohe Fontäne.

Gigantische Bagger im Tagebau graben Braunkohle ab.

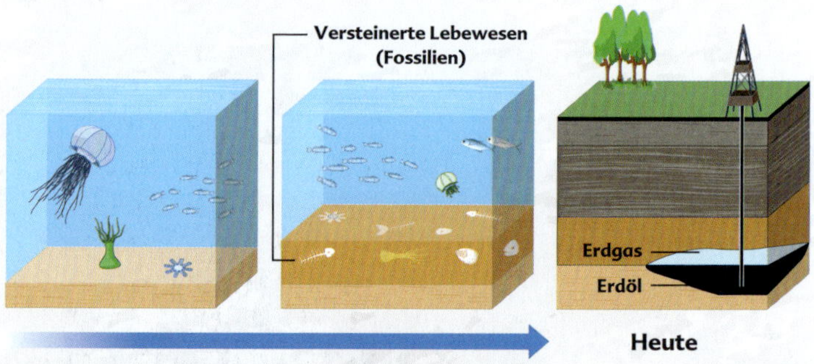

Die Entstehung von Erdöl und Erdgas

Rohöl ist eine stinkende schwarze Flüssigkeit.

Erzgänge

Durch Risse des Gesteins in der Tiefe fließt oder sickert heißes Wasser. Es löst dabei Mineralstoffe und Metallverbindungen aus dem Gestein und trägt sie mit sich. Wenn diese Gewässer in unterirdische Klüfte und Spalten geraten, kühlen sie ab. Dabei lagern sie ihre Mineralien nach und nach an den Wänden ab. Solche „Ganglagerstätten" sind besonders ergiebig. Sie liefern Gold, Silber, Kupfer, Blei und andere Metalle. Die meisten Metalle liegen als chemische Verbindungen mit Schwefel vor. Gold sowie Silber und Kupfer kommen auch als reine Metalle vor, man nennt das „gediegen".

Stillgelegtes Goldbergwerk

Wusstest du ...

... dass aus „Schwarzen Rauchern" in den Tiefen der Meere vulkanischer Gebiete heißes mineralreiches Wasser ausströmt? Dieses ausströmende Wasser ist durch Metallverbindungen schwarz gefärbt, die sich rund um die „Schwarzen Raucher" absetzen. Das geschieht schon seit Millionen von Jahren. Wenn solche uralten Meeresablagerungen bei der Gebirgsbildung aufs Festland geschoben werden, kann man sie als Erzlagerstätte finden. Solche Lagerstätten werden abgebaut und das Erz zu Metall verarbeitet.

Salz

An vielen Orten, auch in Mitteleuropa, liegen im Boden mächtige Schichten aus Steinsalz. Sie entstanden vor Millionen von Jahren in warmen, vom Meer abgetrennten Teilen. Das Wasser verdunstete unter der heißen Sonne und das Salz lagerte sich ab. Herangewehter Sand schützte die Salzschichten vor Auflösung. Immer wieder floss neues Meerwasser ein und verdunstete. Daher sind die Schichten heute hunderte von Metern hoch.

Salz ist ein wichtiger Industrierohstoff. Mithilfe von Salz werden zum Beispiel Papier, Aluminium, Seife, Stahl, Glas und Kunststoffe hergestellt.

Unterirdischer Abbau von Steinsalz

Grundwasser

Im Boden versickerter Regen und geschmolzener Schnee sammeln sich über Gesteinsschichten, die das Wasser nicht durchlassen. Diese Schichten werden Grundwasserleiter genannt. Manche liegen nahe an der Erdoberfläche, andere in 100 m Tiefe. Sie bestehen meist aus Schotter, Kies oder Sand, die das Grundwasser reinigen. In manchen Gebieten sind es auch Risse und Klüfte im Gestein. Sind die Grundwasserleiter geneigt, fließt das Grundwasser langsam talwärts. Dann kann das Grundwasser auch als Quelle wieder an die Oberfläche treten. Den Wasserstand des Grundwassers nennt man den Grundwasserspiegel. Er steigt nach starken Niederschlägen oder der Schneeschmelze an. In trockenen Sommern dagegen sinkt er. Grundwasser ist einer unserer wichtigsten Bodenschätze!

In tiefen Gruben, die etwa beim Aushub für Gebäude entstehen, sammelt sich meist Grundwasser.

KAPITEL 4:

DIE UNBELEBTE NATUR

ATMOSPHÄRE UND WETTER

HIER ERFÄHRST DU ALLES ÜBER:

- HOCHS UND TIEFS
- TORNADOS
- GEWITTER
- REGEN UND SCHNEE
- DAS ERDKLIMA

Blauer Himmel und dichte Wolken, sanfte Winde und tobende Stürme, Regen und Schnee, Hagel und Gewitter, Tau und Nebel – all diese Naturerscheinungen zählen zum Wetter. Sie spielen sich in unserer Atmosphäre ab – also in der kilometerhohen Schicht aus Luft, die unseren Erdball umgibt. Angetrieben werden die vielfältigen Wettererscheinungen von der Energie der Sonne. Zudem hängen Wetter und Klima davon ab, ob die jeweilige Region Festland oder Meer ist, Flachland oder Gebirge, näher am Äquator liegt oder an einem der Pole. Und schließlich pendeln Klima und Wetter in mehr oder weniger regelmäßigen Rhythmen, wie etwa der „Nordatlantischen Oszillation“, die das europäische Wetter stark beeinflusst.

DAS REICH VON LUFT UND WETTER

Die Erde ist umhüllt von einer Luftschicht, der Atmosphäre. Sie liefert uns den Sauerstoff zum Atmen, sorgt für angenehme Temperaturen und schützt uns vor gefährlichen Strahlen.

Die Atmosphäre umhüllt und schützt die Erde.

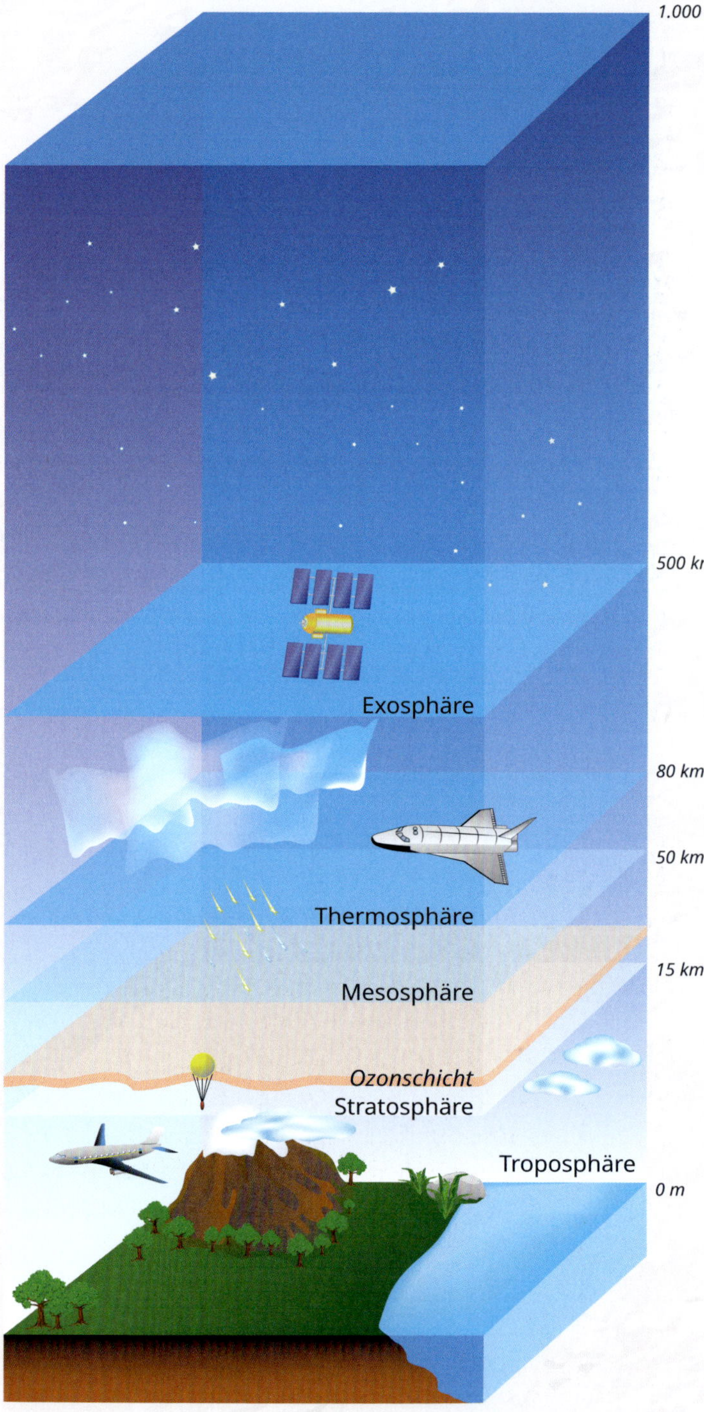

Atmosphäre

Die Lufthülle unserer Erde besteht aus verschiedenen Schichten, die sich in der Zusammensetzung, Temperatur und in der Luftdichte unterscheiden. Sie ist weit über 500 km hoch, allerdings wird die Luft nach oben hin immer dünner und geht schließlich ins luftlose Weltall über. Schon in etwa 8 km Höhe, also auf den Gipfeln der höchsten Berge, kann man kaum noch atmen.

Die Atmosphäre besteht aus verschiedenen Schichten.

- In der **Troposphäre** spielt sich ein Großteil aller Wettervorgänge ab.
- In der **Stratosphäre** liegt die Ozonschicht. Sie verschluckt einen großen Teil der gefährlichen ultravioletten Strahlen von der Sonne. Die Luft ist hier längst zu dünn zum Atmen.
- Die **Mesosphäre** ist mit -90 Grad Celsius die kälteste Luftschicht. Hier verglühen die meisten Sternschnuppen.
- In der **Thermosphäre** liegt eine Schicht, die Radiowellen zur Erde reflektiert. Man nennt sie Ionosphäre. Sie ermöglicht Funkverbindungen über große Entfernungen. In dieser Höhe kreist auch die Internationale Raumstation ISS.
- Die **Exosphäre** ist der Übergang zum luftlosen Weltall. Sie enthält fast nur noch Wasserstoffgas in niedriger Konzentration.

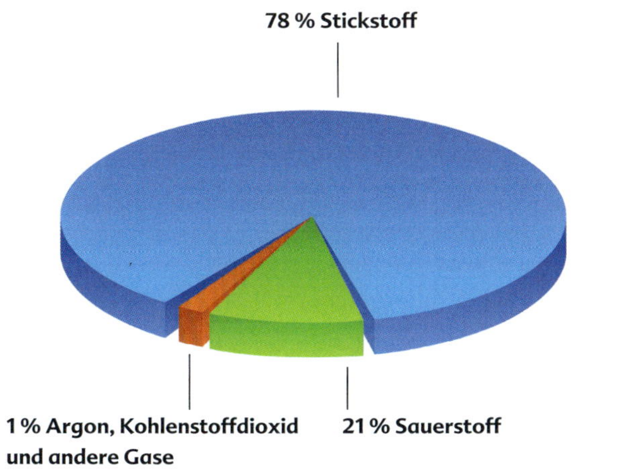

Aus diesen Gasen setzt sich trockene Luft zusammen.

Die Seilbahn fährt in wenigen Minuten auf die fast 3.000 m hohe Zugspitze. Den Abfall des Luftdrucks spürt man dabei deutlich.

Zusammensetzung der Luft

Die Luft ist ein Gemisch verschiedener Gase. Etwa ein Fünftel (21%) davon ist der Sauerstoff, den wir zum Atmen brauchen. Er wird von den grünen Pflanzen, vor allem den Algen in den Ozeanen, geliefert. Den größten Anteil (78%) hat Stickstoff. Dazu kommt noch ein kleiner Teil (1%) anderer Gase sowie Wasserdampf (Luftfeuchtigkeit). Ein wichtiger Luftbestandteil ist das Kohlenstoffdioxid. 10.000 Liter Luft enthalten zwar nur 4 Liter davon. Aber für die grünen Pflanzen ist es unverzichtbar, denn Kohlenstoff ist ein wichtiger Bestandteil fast aller Stoffe in Lebewesen.

Luftdruck

Luft ist leicht. Der Inhalt eines aufgeblasenen Luftballons wiegt nur etwa 1 g. Aber wir leben auf dem Grund eines gewaltigen Luftozeans, der irdischen Lufthülle. Sie reicht viele Kilometer hoch. Daher liegen über jedem Fleck der Erdoberfläche unzählige Liter Luft, und die lasten natürlich auf der Erde. Man nennt diese Last den Luftdruck. Du spürst den Luftdruck zum Beispiel, wenn du mit der Gondel auf einen Berg fährst. Auf den Berggipfeln ist der Luftdruck geringer. Je höher du kommst, desto mehr spürst du den abnehmenden Luftdruck am Trommelfell: Es knackt in den Ohren.
Auch Wettervorgänge verändern den Luftdruck. Daher überwacht man ihn mit Barometern. Sinkt der Luftdruck, deutet das auf ein heranziehendes Tiefdruckgebiet hin – das Wetter wird schlechter. Steigende Barometerwerte dagegen versprechen gutes Wetter, weil sich ein Hochdruckgebiet aufbaut (➔ *siehe dazu nächste Doppelseite*).

MACH MIT!

Füll eine Flasche vollständig mit Wasser und halte sie umgekehrt in einen wassergefüllten Eimer.
Die Flasche läuft nicht leer. Denn dann würde innen ein luftleerer Raum entstehen – und das verhindert der Luftdruck. Nur wenn du Luft einströmen lässt, läuft sie aus.
Auch wenn du an einem Trinkhalm saugst, erzeugst du oben einen Raum mit weniger Luft. Daher treibt der Luftdruck die Flüssigkeit von unten her in den Halm.
Auch hier verhindert der Luftdruck, dass ein luftleerer Raum entsteht.

WINDE WEHEN

Wir denken selten über die Luft nach, die uns umgibt. Aber manchmal wird sie uns sehr deutlich: Wenn uns Stürme ins Gesicht blasen oder gar das Haus abdecken.

Es sind vor allem Sonne und Luft, die Winde erzeugen. Brennt die Sonne auf den Erdboden, so erwärmt er sich und heizt auch die darüber liegende Luft auf. Warme Luft ist leichter als kühle Luft, also steigt sie empor. Dafür fließt nun Luft aus anderen Gebieten nahe am Boden heran. Deren Strömung empfinden wir als Wind. In anderen Gebieten sinkt kühle Luft aus der Höhe herab und verdrängt die dort liegenden Luftmassen. Diese strömen ebenfalls als Wind weg.

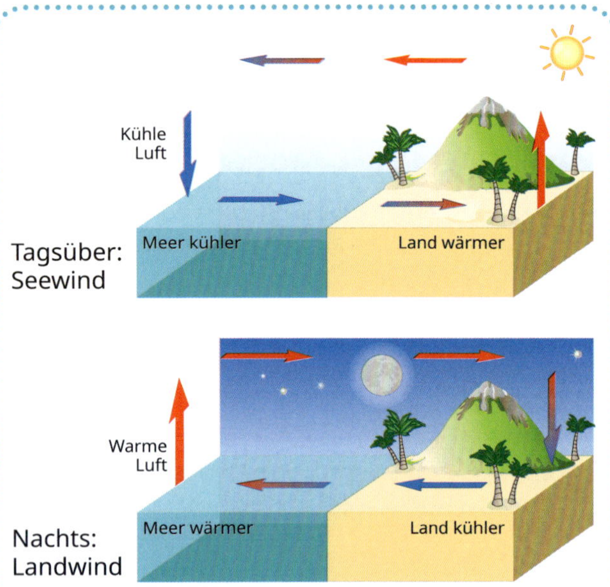

Tagsüber weht an der Küste die Meeresbrise aufs Land, nachts die Landbrise aufs Meer hinaus.

Wechselnde Winde

Das Wasser erwärmt sich viel langsamer als der Erdboden. An einem Sonnentag an der Küste wird das Land daher rascher aufgeheizt als die See. Das bedeutet, dass die Luft über dem Land aufsteigt. Dafür strömt Luft von der See heran. Der Wind weht also tagsüber von der See zum Land. Nachts ist es umgekehrt. Denn der Erdboden kühlt viel rascher ab als Wasser. Daher steigt nun eher über dem Meer Luft auf und vom Land her strömt neue Luft heran. Der Wind weht nun also vom Land zum Meer.

Hoch- und Tiefdruck

Steigt warme Luft empor, ist der Luftdruck etwas niedriger als sonst. Solche Zonen werden als Tiefdruckgebiete bezeichnet. Umgekehrt sind Zonen mit herabströmender kühler Luft Hochdruckgebiete. Beide Begriffe werden in der Wetterkunde häufig benutzt.

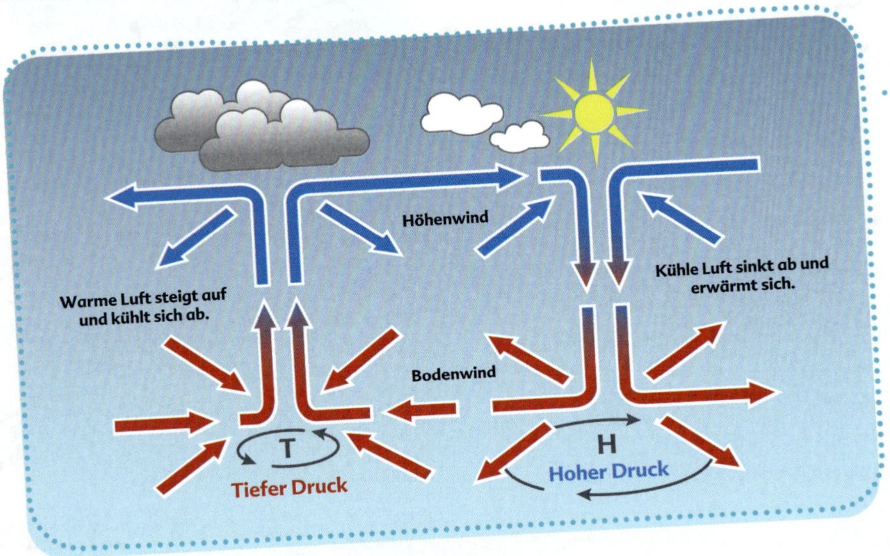

In Tiefdruckgebieten steigt feuchtwarme Luft (rot) auf, kühlt ab (blau) und sinkt andernorts wieder ab. Diese Gebiete absinkender Luft nennt man Hochs (H). Die absinkenden Luftmassen erhöhen den Luftdruck am Boden. Daher strömt die Luft als Bodenwind zu Gebieten mit niedrigerem Luftdruck. Diese Gebiete heißen Tiefs (T).

Das mitteleuropäische Wetter ändert sich oft. Das liegt daran, dass hier rasch Hochs und Tiefs durchziehen. Die Berührungsflächen nennt man Fronten. In dieser Wetterkarte erkennt man Warmluftfronten (rot: es wird wärmer) und Kaltluftfronten (blau: es wird kühler).

Windstärke

Zum Abschätzen der Windstärke dient die 12-teilige Beaufort-Skala. Bei Windstärke 4 etwa werden nur kleine Zweige bewegt, bei Windstärke 7 schwanken schon ganze Bäume und man kommt kaum gegen den Wind an. Ein Sturm mit Windstärke 9 hebt bisweilen Ziegel aus Dächern, Windstärke 11 kann sogar Bäume entwurzeln und schwere Schäden an Häusern verursachen. Ab Windstärke 12 spricht man von einem Orkan. Mit Windgeschwindigkeiten von über 120 Stundenkilometern verursacht er schwere Verwüstungen. Manchmal können Winde sogar mehr als 200 Stundenkilometer erreichen.

Stürme

Hast du mal bei Tempo 120 die Hand aus dem Autofenster gehalten? Dann hast gespürt, welche Kraft bewegte Luft entwickeln kann.
Hohe Windgeschwindigkeiten treten auf, wenn Zonen hohen Luftdrucks und niedrigen Luftdrucks nah beieinanderliegen. Die Winde sorgen dann für Druckausgleich. Besonders häufig sind Stürme und Orkane über dem Meer, weil der Wind hier auf keine Hindernisse trifft.

Ein Tornado hinterlässt auf seinem Weg eine viele Meter breite Spur der Verwüstung.

Tornados

Tornados senken sich aus Gewitterwolken zum Erdboden. Sie haben Durchmesser von nur einigen Metern, sind also weitaus kleiner als Hurrikans. Aber sie können mit ihrer gewaltigen Kraft Häuser zerstören und Autos in die Luft schleudern. Über Wasser nennt man sie „Wasserhosen“. In den USA gibt es ein Gebiet, in dem jedes Jahr Tornados auftreten – die „Tornado-Gasse“.

Gefährliche Winde

Über tropischen Meeren steigen riesige Mengen warmer, feuchter Luft auf. Die Drehung der Erde bewirkt, dass diese Luftmassen zu kreisen beginnen und manchmal einen mächtigen rotierenden Wirbel bilden, einen Wirbelsturm. Er kann gewaltige Verwüstungen anrichten, wenn er auf Land trifft. Manche dieser Stürme haben über 1.000 km Durchmesser und die Kraft von tausenden von Atombomben, außerdem bringen sie gigantische Regenmengen mit. Im Atlantik werden diese Wirbelstürme „Zyklone“ oder „Hurrikans“ genannt, im Westpazifik heißen sie „Taifune“.

Schwere Stürme auf See können die Wogen dutzende Meter hochpeitschen.

WOLKEN UND GEWITTER

Wolken, Regen, Seen und Flüsse sowie das Grundwasser verdanken wir dem von der Sonne angetriebenen „Wasserkreislauf". Ohne die stetige Zufuhr von Süßwasser wäre das Festland der Erde überall trocken und öde.

Wasser im Kreislauf von Verdunstung, Abregnen und Rückfluss ins Meer

Der Kreislauf des Wassers

Ständig lässt die Sonnenwärme Wasser verdunsten, vor allem aus den Ozeanen. Erreicht der Wasserdampf höhere, kühle Luftschichten, bilden sich Wolken aus winzigen Wassertropfen und Eiskristallen. Manche treibt der Wind übers Festland. Ein Teil des Wassers in den Wolken kann in Form von Regen oder Eis herabfallen. Das geschieht meist über dem Meer, aber auch über dem Land. Ein Teil des Niederschlags auf dem Festland verdunstet gleich wieder. Ein anderer Teil versickert und bildet das Grundwasser. Der Rest sammelt sich in Bächen und Flüssen, manchmal auch in Gletschern. Am Ende aber gelangt das ganze Wasser wieder ins Meer.

Weiß oder grau

Eigentlich sind die winzigen Wassertropfen und Eiskristalle in den Wolken farblos. Aber wenn sie das Sonnenlicht streuen, erscheinen sie uns strahlend weiß – oder grau, wenn sie von höheren Wolken beschattet werden.

Wusstest du ...

... dass Wolken zwar federleicht aussehen, in Wirklichkeit aber sehr schwer sind? Wolken fallen nur deshalb nicht herunter, weil die Tröpfchen darin sehr klein sind, oft kleiner als Nebeltröpfchen. Eine normalgroße Regenwolke kann leicht mehrere hundert Tonnen wiegen, eine große Gewitterwolke sogar eine Million Tonnen. Das ist auch kein Wunder, wenn man bedenkt, welch gewaltige Menge Regenwasser aus solchen Wolken fällt. Diese Wassermenge hat die Wolke ja zuvor getragen.

Aus einer Quellwolke baut sich eine Gewitterwolke auf, wenn feuchtwarme Luftmassen aufsteigen.

Ein heftiges Gewitter naht. Weltweit zucken in jeder Sekunde einige Millionen Blitze!

Wolkenformen

Wetterforscher teilen die Wolken in verschiedene „Wolkengattungen“ ein, je nach ihrer Höhe und Art:

- Federwolken (Cirrus) und Schäfchenwolken (Cirrocumulus) sind bis zu 13 km hoch und bestehen aus Eiskristallen. Bisweilen brechen sie das Sonnenlicht, sodass hell leuchtende Flecken („Nebensonnen“) und bunte Farbsäume entstehen.
- Große Schäfchenwolken (Altocumulus) und Schichtwolken (Altostratus) in mittlerer Höhe von 2–4 km deuten auf Wetterverschlechterung hin.
- Aus tief liegenden Schichtwolken (Stratus, gleichmäßig grauer Himmel) und davor ziehenden grauen Haufenwolken (Nimbostratus) regnet es meist. Sie liegen in Höhen von bis zu 2 km.
- Haufenwolken (Cumulus) vor blauem Himmel nennt man auch Schönwetterwolken. Sie bringen keinen Regen, sondern zeigen aufsteigende feuchtwarme Luft an. Allerdings können sie sich zu Gewitterwolken (Cumulonimbus) entwickeln.

Blitz und Donner

Wenn große Mengen warmer, feuchter Luft emporsteigen, bilden sich oft Gewitterwolken. In ihnen wehen starke Winde. Aufwinde jagen empor, Fallwinde strömen nach unten. Die Winde reißen Wassertröpfchen und Eiskristalle mit. Diese laden sich dadurch elektrisch auf ➲ *siehe Seite 169.* Ist die Ladung auf eine bestimmte Größe angewachsen, entlädt sie sich als gewaltiger elektrischer Funke – als Blitz. Die plötzliche Ausdehnung der glühenden Luft im Blitz erzeugt eine Druckwelle, die wir als Donner hören.

Je nach Höhe, Luftfeuchtigkeit und Wetterlage zeigt der Himmel ganz unterschiedliche Wolken. Mit etwas Übung kann man daraus das kommende Wetter vorhersagen.

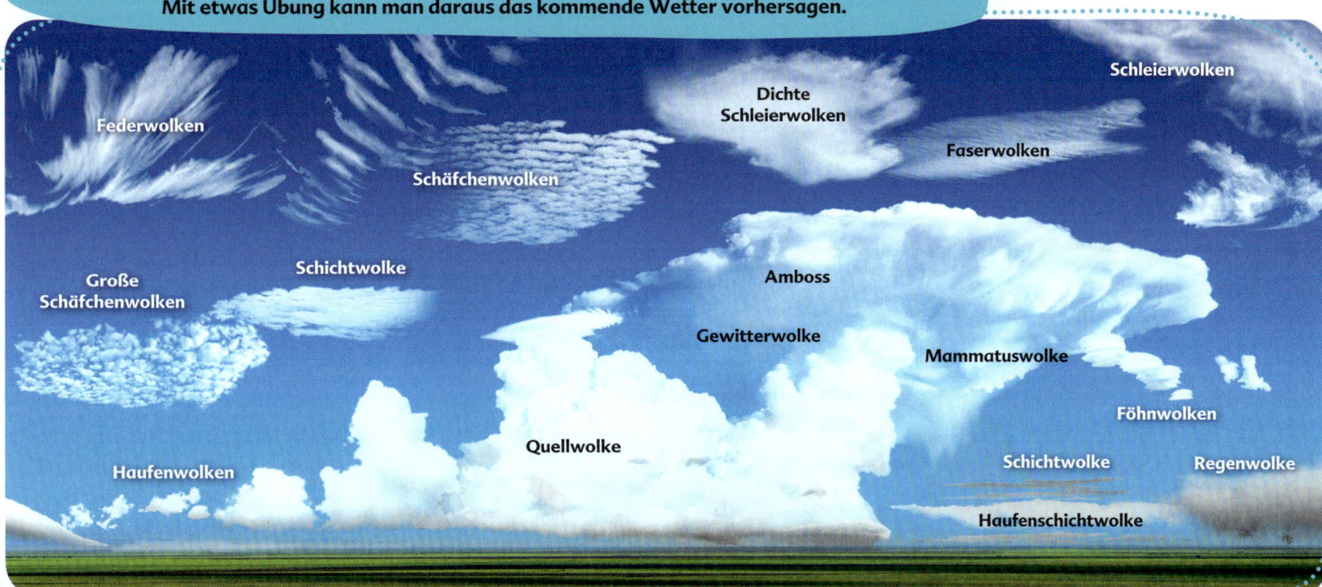

REGEN UND SCHNEE

Regen und Schnee sind wichtig für unsere Erde. Ohne Niederschläge wäre das Festland unbewohnbar für Menschen, Tiere und Pflanzen.

Wohltuender Regen: In manchen Gebieten der Erde fällt sehr viel weniger Regen als bei uns, in anderen Regionen dagegen deutlich mehr.

Hagelkörner aus Eis. Bisweilen sind sie so groß wie Tennisbälle und zerstören Dächer, Scheiben und Pflanzen.

Regen und Hagel

Die winzigen Wassertröpfchen in Wolken werden manchmal durch Aufwinde in größere Höhen getragen. Dort ist es kalt und sie gefrieren zu winzigen Eiskristallen. Nach und nach wachsen die Kristalle, weil sich Wasserdampf anlagert und ebenfalls gefriert. Schließlich sind sie so schwer, dass sie zur Erde fallen. Dabei durchqueren sie wärmere Luftschichten. Meist schmelzen sie dort und kommen als Regentropfen unten an. Manchmal sind die Eiskristalle allerdings so groß, dass sie nicht so rasch schmelzen. Dann erreichen sie den Boden als Hagelkörner.

Schneesterne

In der kalten Jahreszeit entstehen aus gefrierenden Wassertröpfchen in den Wolken zunächst winzige Eisplättchen. Sie werden von den Winden in der Wolke umhergeweht. Dabei setzt sich auf ihnen immer mehr Wasserdampf ab und gefriert zu Eis. Manchmal bilden sich dabei Sterne aus feinen Eisnadeln, die Schneesterne. Forscher haben herausgefunden, dass jeder Stern etwas anders aussieht. Aber jeder hat sechs Strahlen und meist gehen davon kleinere Verzweigungen aus.

Wusstest du ...

... dass Regentropfen gar nicht die typische Tropfenform haben? Sie sind also nicht vorne dick und rund und laufen nach hinten in einer Spitze aus. Stattdessen bilden sie fast vollkommene Kugeln.

Schneesterne, hier vergrößert gesehen, zeigen die Formenfantasie der Natur.

MACH MIT!

Füll einen Kochtopf mit frisch gefallenem Schnee. Lass ihn schmelzen, eventuell auf der warmen Herdplatte. Nur sehr wenig Wasser bleibt übrig. Der Grund: Ein Großteil des Schnees bestand aus eingeschlossener Luft, nur wenig davon war gefrorenes Wasser.

Versteckte Luft

Meist verhaken sich Schneesterne zu Schneeflocken. Frisch gefallener Schnee ist so leicht, weil die Schneeflocken viel Luft einschließen. Haben die Schneeflocken eine bestimmte Größe erreicht oder lässt der Wind in der Wolke nach, rieseln sie zu Boden. Bei strenger Kälte bilden sich manchmal statt der Schneesterne Eisplättchen, Nadeln oder feine weiße Körner (Schneegriesel).

Eiszeit

Vor etwa 2,7 Millionen Jahren wurde das Erdklima deutlich kühler als in den Jahrmillionen zuvor. Man nennt diese Zeit das Eiszeitalter. In ihren kältesten Perioden, den Kaltzeiten, schmolz der Schnee auch im Sommer nicht, sondern häufte sich zu gewaltigen Eismassen an. Große Teile der Nordhalbkugel lagen unter hunderte Meter dicken Eispanzern und auch die Gebirge waren fast vollständig vergletschert. Mächtige Eisströme (Gletscher) rückten weit ins Land vor. Dazwischen aber gab es auch immer wieder kurze wärmere Perioden, die Warmzeiten. Dann schmolzen die Gletscher teilweise oder vollständig ab. Die Alpengletscher zum Beispiel waren vor etwa 1.000 Jahren viel kleiner als heute. Später wurde es wieder kälter. Die Gletscher rückten vor und begruben Wälder und Dörfer unter sich. Erst in den letzten Jahrzehnten schmolzen sie wieder deutlich ab.

Die Eiszeitgletscher hobelten auf ihrem Weg gewaltige Massen an Fels und Sand vom Untergrund ab und führten sie mit sich. Dabei frästen sie mächtige Schluchten aus wie beispielsweise die norwegischen Fjorde und viele breite Alpentäler. Zudem erzeugten sie unzählige Vertiefungen. Nach dem Abschmelzen des Eises blieben Sande und Felsen als Moränen zurück und in den Vertiefungen entstanden Seen. Die vielen Seen in Norddeutschland und am Alpenrand sind Zeugen der Eiszeiten.

Die einzelnen Kaltzeiten dauerten jeweils ungefähr 100.000 Jahre, Warmzeiten etwa 15.000 Jahre. Zurzeit leben wir in einer solchen Warmzeit. Sie begann vor etwa 12.000 Jahren.

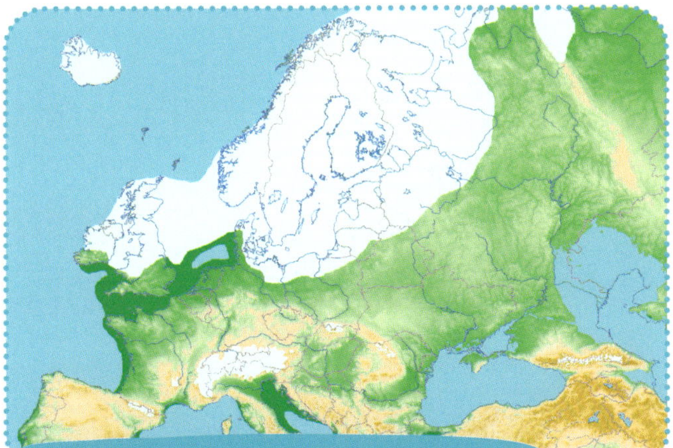

In den Kaltzeiten dehnte sich die Eisdecke von Skandinavien bis nach Norddeutschland aus.

Mammuts, die im Zeitraum von 5,7 Mio Jahren v. Chr. bis etwa 4.000 Jahren v. Chr. lebten, waren an die Kälte angepasst.

UNSER KLIMA

Das Klima unterscheidet sich stark vom Wetter. Wetter bedeutet Regen, Schnee, Wind, Sonnenschein, Wärme. Das Klima dagegen beschreibt die Temperaturen, Niederschlagsmengen und Windverhältnisse in einem bestimmten Gebiet über viele Jahrzehnte und Jahrhunderte.

Die Klimazonen der Erde

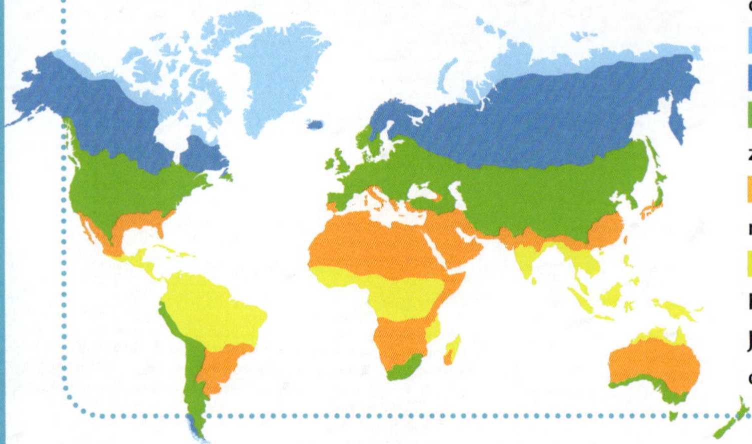

Die Erde wird von Nord nach Süd in Klimazonen eingeteilt, die sich wie ein Band um die gesamte Erde erstrecken.

Polargebiete mit viel Eis und Schnee

Boreale Zonen mit ausgedehnten Nadelwäldern

Gemäßigte Zonen sind vor allem auf der Nordhalbkugel zu finden, Deutschland beispielsweise gehört dazu.

Subtropen mit warmen, trockenen Sommern und milden, niederschlagsreichen Wintern, z. B. im Mittelmeergebiet

Tropen liegen rund um den Äquator; es gibt tropische Regenwälder, aber auch trockene Savannen und statt Jahreszeiten wie bei uns gibt es Regen- und Trockenzeiten, die jeweils einige Monate dauern.

El Niño

So wird eine natürliche Klimaschwankung im Pazifik genannt. Das spanische Wort „El Niño" bedeutet auf Deutsch der Junge – damit ist das Christuskind gemeint, denn dieses Phänomen tritt aus ungeklärten Gründen alle paar Jahre meist um die Weihnachtszeit herum auf. Die Wirkungen von El Niño sind in großen Teilen der Erde spürbar. Manche Gebiete werden von Dürren heimgesucht. In anderen Gebieten leiden die Menschen unter Wirbelstürmen und Überflutungen.

Ähnliche regelmäßige Klimaschwankungen gibt es auch in anderen Gebieten der Erde. Die „Nordatlantische Oszillation" (NAO) zum Beispiel schwingt im Lauf von Monaten, Jahren und Jahrzehnten unregelmäßig hin und her. Wenn sich kalte und milde Winter sowie regenreiche oder trockene und sonnige Sommer abwechseln, wenn die Eisbedeckung der Arktis mal zu- und mal abnimmt, liegt das vor allem an der NAO.

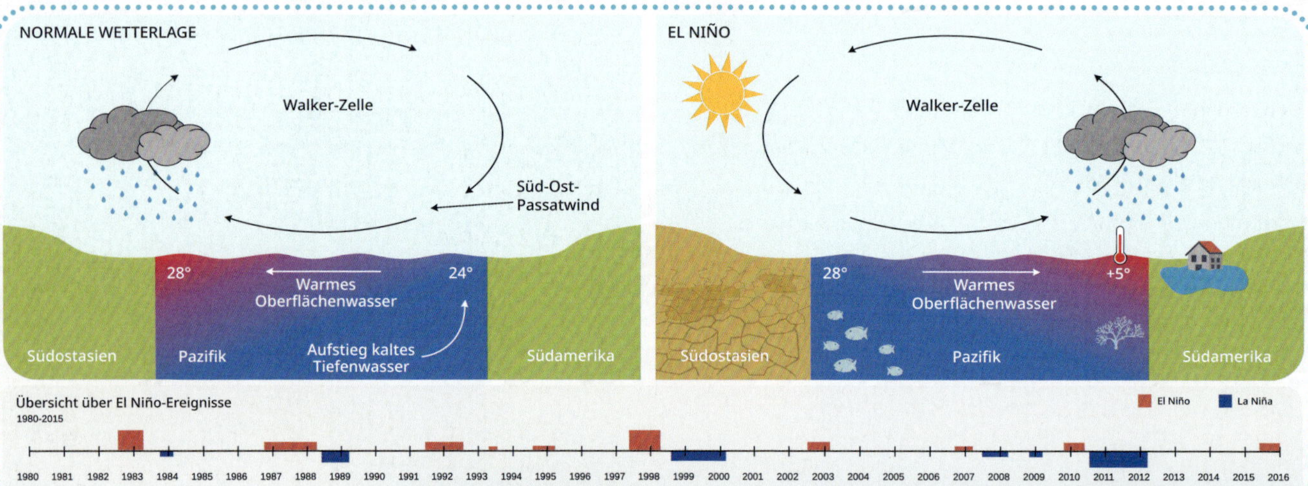

Bei einem El Niño erwärmt sich aufgrund schwächerer Passatwinde und einem Erliegen des kalten Humboldtstroms das Meerwasser vor der südamerikanischen Pazifikküste. Außerdem strömt nun warmes Wasser Richtung Südamerika. Dies führt zu Regen, Überschwemmungen und Fischsterben.

Während der „Kleinen Eiszeit" froren Flüsse oft wochenlang zu und nicht selten brachten kalte, nasse Sommer Missernten und Hungersnöte.

Klimawandel

Im Lauf der Erdgeschichte hat das Klima oft gewechselt. Auch in den letzten Jahrtausenden gab es viele natürliche Klimaschwankungen. Im Hochmittelalter vor etwa 800 bis 1.000 Jahren war es bei uns recht warm – daher blühte damals die Landwirtschaft und die Städte wuchsen. Im 14. Jahrhundert brach eine strenge Kälteperiode an, die „Kleine Eiszeit". Sie brachte Unwetter, eiskalte Winter mit monatelang zugefrorenen Flüssen, Missernten und Hungersnöte. Um 1850 ging diese Kälteperiode zu Ende, seitdem wird es wieder wärmer.

Treibhauseffekt

Bestimmte Gase in unserer Lufthülle, vor allem Wasserdampf, Kohlenstoffdioxid und Methan, lassen zwar Sonnenstrahlen hinein, aber hindern die Wärme zum Teil daran, wieder hinaus in den Weltraum zu strahlen. Ohne diesen „Treibhauseffekt" läge die Durchschnittstemperatur der Erde bei etwa -18 Grad Celsius und die Ozeane wären zugefroren.

Was ist der CO_2-Ausstoß?

Der Mensch verbrennt seit Jahrzehnten Kohle und Öl. Dabei wird das Gas Kohlenstoffdioxid frei. Chemiker haben ihm die Formel CO_2 gegeben. China stößt am meisten Kohlenstoffdioxid aus, nämlich 28 % des weltweiten Ausstoßes. Die USA erzeugen 16 %, Deutschland liegt bei 2 %. Am meisten CO_2 verursachen Kraftwerke, dann folgen Industrieanlagen (besonders Stahlwerke, Raffinerien, Zementfabriken), der Verkehr und schließlich die Gebäudeheizung.

Die derzeitige Erwärmung der Erde

Seit einigen Jahrzehnten erwärmt sich die Erde. Viele Forscher führen das auf die zunehmende Menge an Kohlenstoffdioxid-Gas in der Luft zurück. Einen weiteren Anteil haben die methanhaltigen Gase, die entstehen, wenn Rinder ausatmen, dazu bestimmte, inzwischen verbotene Spraydosen-Gase sowie natürliche Einflüsse, etwa wechselnde Sonneneinstrahlung, natürliche Klimazyklen und andere Ursachen. Die Auswirkungen dieser Erwärmung weltweit sind recht kompliziert; es wird nicht überall gleichmäßig wärmer, weil sich auch Wetterfaktoren und Klimazonen verändern. So können in manchen Gebieten zum Beispiel Niederschläge zunehmen, in anderen gibt es häufiger Dürren. Die Erwärmung lässt zudem den Meeresspiegel langsam ansteigen und die einzelnen Wetterereignisse wie Stürme, Niederschläge oder Trockenheit werden extremer. Andererseits wirkt das zusätzliche Kohlenstoffdioxid auf Pflanzen wie Dünger: Die Erde wird zunehmend grüner.
Das Klimageschehen ist sehr vielschichtig. Viele Einflüsse darauf kennen wir heute noch gar nicht, und daher können sie auch nur recht ungenau in Computermodellen berechnet werden.
Um die Erwärmung zu begrenzen, haben sich die Nationen darauf geeinigt, den Ausstoß an Kohlenstoffdioxid im Lauf der kommenden Jahrzehnte zu verringern, möglichst auf null. Das soll unter anderem durch Verzicht auf Verbrennung von Kohle, Erdöl und Erdgas geschehen. Stattdessen sollen CO_2-freie Energiequellen wie Sonnenenergie, Windkraft, Kernenergie und Erdwärme genutzt werden.

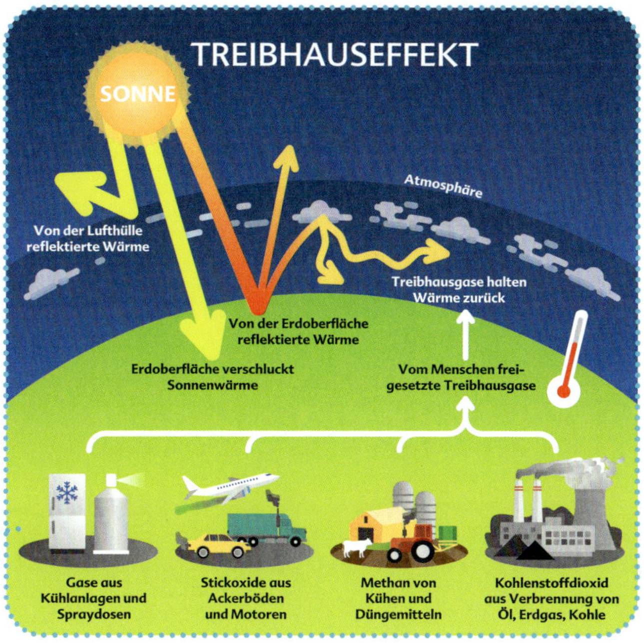

So entsteht der Treibhauseffekt.

DIE BELEBTE NATUR

HIER ERFÄHRST DU ALLES ÜBER:

PFLANZEN UND LEBENSRÄUME

Seite 80

Warum sind Pflanzen grün? Wie bilden Bäume Holz? Wie funktioniert eine Blüte? Und welche Pflanzen nutzen wir für Kleidung und Möbel?

PILZE

Seite 108

Hier geht es um Hut- und Röhrenpilze, um Hexenringe und Pilze, die mit Bäumen eine Lebensgemeinschaft bilden.

TIERE

Seite 114

Lern die wichtigsten Tiergruppen wie Säugetiere, Vögel, Insekten, Krebse, Muscheln und Schnecken kennen und erfahre, wie neue Arten entstehen.

DER MENSCH

Seite 142

Die Vorfahren der Menschen, wie unser Körper funktioniert und wie sich die Bevölkerung der Erde entwickelt – das zeigt dir dieses Kapitel.

KAPITEL 5:

DIE BELEBTE NATUR

PFLANZEN UND LEBENSRÄUME

HIER ERFÄHRST DU ALLES ÜBER:

- DIE ERSTEN LANDPFLANZEN
- NADEL UND LAUBBÄUME
- BLUMEN
- GETREIDE
- WÄLDER

Die Biologie teilt die Lebewesen in fünf verschiedene Reiche ein – in das Reich der Tiere, der Pflanzen und der Pilze sowie in das Reich der Protisten (Einzeller und einfache Mehrzeller) und das der Bakterien. In diesem Kapitel geht es um das Reich der Pflanzen und um Lebensräume wie etwa Wald und Wiese, die wesentlich von Pflanzen gebildet werden.

Auf der Erde gibt es über 360.000 verschiedene Arten von Pflanzen. Die meisten dieser Pflanzenarten wachsen an Land, doch auch im Meer gibt es riesige Mengen an Pflanzen: Die meisten treiben als Plankton im Wasser.

Pflanzen erkennst du an der grünen Farbe der Blätter und Stängel. Die ursprünglichsten Pflanzen sind Farne, Moose und Schachtelhalme. Sie vermehren sich über Sporen. Bäume, Sträucher, Blumen, Kräuter und Gräser bilden Blüten und Samen aus, sie sind Blütenpflanzen.

DAS SIND PFLANZEN

Algen, Moose, Farne, Gräser, Blumen, Sträucher und Bäume – das alles sind Pflanzen. Dank des Blattgrüns können Pflanzen ihre Nahrung selbst herstellen – das unterscheidet sie von den Tieren und Pilzen. Pflanzen können sich auch nicht fortbewegen, sie wurzeln im Boden.

Blattgrün

Obwohl sie so verschieden aussehen, besitzen alle Pflanzen ein gemeinsames Merkmal: Sie sind grün, denn nur Pflanzen besitzen den Farbstoff Blattgrün (Chlorophyll). Mit dem Blattgrün können Pflanzen in den Blättern zaubern. Sie stellen sich mit seiner Hilfe selbst ihre Nahrung aus Wasser und Luft her. Das geht so: Aus Wasser und dem Kohlenstoffdioxid aus der Luft produzieren die Pflanzen Zuckerverbindungen. Die Energie für diesen Fotosynthese genannten Vorgang liefert das Licht, das vom Blattgrün eingefangen wird. Der Abfallstoff der Pflanzen ist Sauerstoff. Diesen brauchen wir Menschen und die Tiere zum Atmen. Die Zuckerverbindungen sind die Nahrung der Pflanzen, daraus stellen sie alles her, was sie brauchen – Blüten, Blätter, Früchte, Holz und vieles mehr.

Die grüne Farbe der Pflanzen stammt vom Blattgrün.

Pflanzenteile

Pflanzen bestehen aus verschiedenen Teilen, die unterschiedliche Aufgaben erfüllen:

Die Wurzeln verankern die Pflanze im Boden und nehmen Wasser und Nährsalze aus dem Boden auf.

Der Stängel oder Trieb wächst senkrecht in die Höhe und dem Licht entgegen. Durch ihn fließt das Wasser von den Wurzeln in die Blätter und der Zuckersaft aus den Blättern überall dorthin, wo er als Nahrung und zum Aufbau von Pflanzenteilen benötigt wird.

Die grünen Blätter stellen die Nahrung der Pflanzen her, den Zuckersaft. Mit den Spaltöffnungen auf der Blatt-Unterseite nehmen sie dazu den Kohlenstoffdioxid aus der Luft auf.

Die Blüten sind für die Vermehrung da: Sie werden meist von Wind oder Tieren bestäubt und bilden dann Samen, mit denen sich die Pflanzen ausbreiten. Aus den Blüten werden nach der Befruchtung Früchte. Mehr dazu erfährst du *auf Seite 84.*

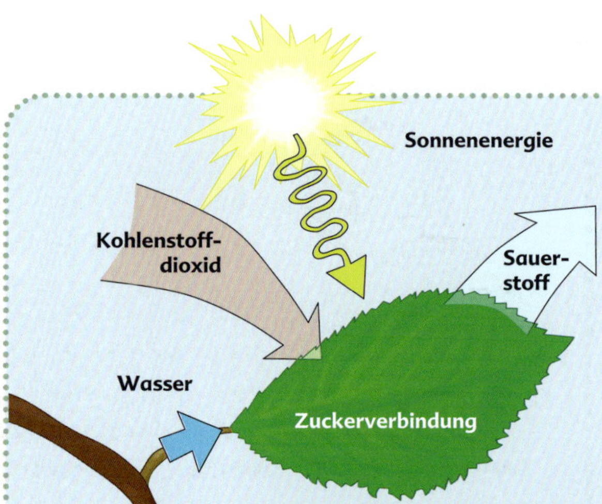

Dank des Blattgrüns können Pflanzen Fotosynthese betreiben. Bei diesem Prozess stellen Pflanzen aus Wasser und dem Kohlenstoffdioxid der Luft mithilfe der Sonnenenergie Zuckerverbindungen her. Dabei geben sie Sauerstoff an die Luft ab.

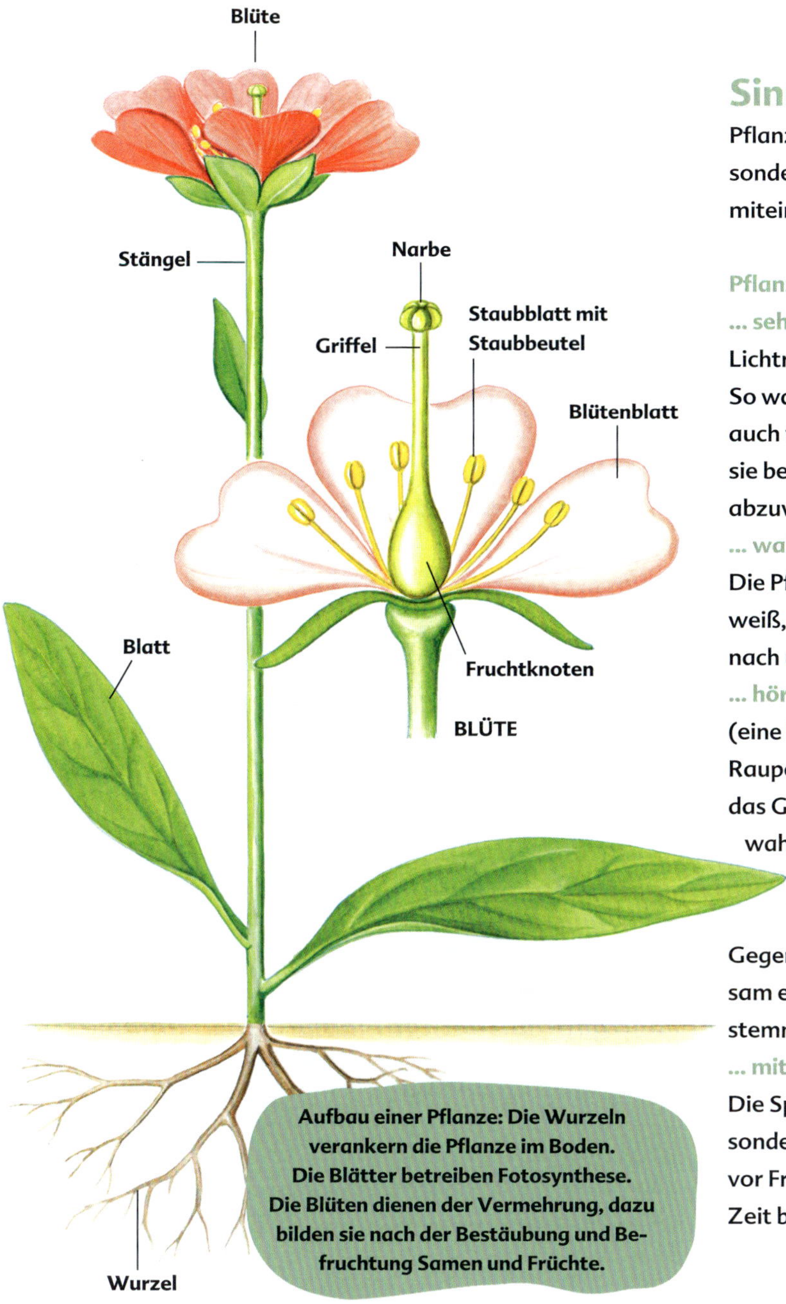

Aufbau einer Pflanze: Die Wurzeln verankern die Pflanze im Boden. Die Blätter betreiben Fotosynthese. Die Blüten dienen der Vermehrung, dazu bilden sie nach der Bestäubung und Befruchtung Samen und Früchte.

Sinne der Pflanzen

Pflanzen sind keine stummen, unempfindlichen Lebewesen, sondern nehmen alles rundum wahr und tauschen sich sogar miteinander aus.

Pflanzen können ...

... sehen: An den Spitzen von Stängeln und Trieben sitzen Lichtrezeptoren, mit denen die Pflanzen Licht erkennen. So wachsen sie stets dem Licht entgegen. Pflanzen nehmen auch wahr, wie lange es tagsüber hell ist – dadurch wissen sie beispielsweise im Herbst, wann es Zeit ist, die Blätter abzuwerfen.

... wahrnehmen, wo oben und unten ist:
Die Pflanze kann auch die Schwerkraft wahrnehmen und weiß, wo oben und unten ist. Die Wurzeln wachsen stets nach unten, die Stängel nach oben.

... hören: In Versuchen konnten Schotenkressen (eine heimische Ackerpflanze) die Geräusche fressender Raupen von Windgeräuschen unterscheiden, auch das Geräusch von fließendem Wasser nehmen Pflanzen wahr.

... tasten: Berührt der Trieb einer Kletterpflanze einen Gegenstand, so beginnt dieser, sich um den Gegenstand herumzuwinden – so klettert die Pflanze langsam empor. Wenn der Wind die Pflanze ständig berührt, stemmt sie sich ihm entgegen.

... miteinander in Verbindung stehen:
Die Sprache der Pflanzen besteht nicht aus Wörtern, sondern aus Düften. Mittels Düften warnen sich Pflanzen vor Fressfeinden oder sorgen dafür, dass sie zur selben Zeit blühen.

MACH MIT!

Wasser kann nicht den Berg hinauffließen, in den Pflanzen steigt es aber von den Wurzeln durch ganz enge Leitungsrohre in Stamm und Stängel nach oben. Der Motor für diesen Wassertransport liegt in den Blättern: Wenn dort Wasser verdunstet, gibt das einen Sog und die Wassermoleküle werden in den engen Leitungsbahnen automatisch nach oben gezogen. Diesen Wassersog kannst du beobachten: Füll dazu Wasser in eine Vase, färb es mit roter Wasserfarbe und stell eine weiße Blume hinein. Nach ein paar Stunden haben sich die weißen Blütenblätter rosa verfärbt.

WIE SICH PFLANZEN VERMEHREN

Auch Pflanzen müssen Nachwuchs bekommen, um sich zu vermehren und auszubreiten. Bei den Pflanzen gibt es dafür zwei verschiedene Wege: Neue Pflanzen können über Samen und Sporen entstehen, das nennt man „geschlechtlich“, oder aus Teilen einer Pflanze, das nennt man „ungeschlechtlich“.

Bestäubung: Insekten wie diese Hummel transportieren den Pollen von Blüte zu Blüte. Der Pollen bleibt auf der klebrigen Narbe haften.

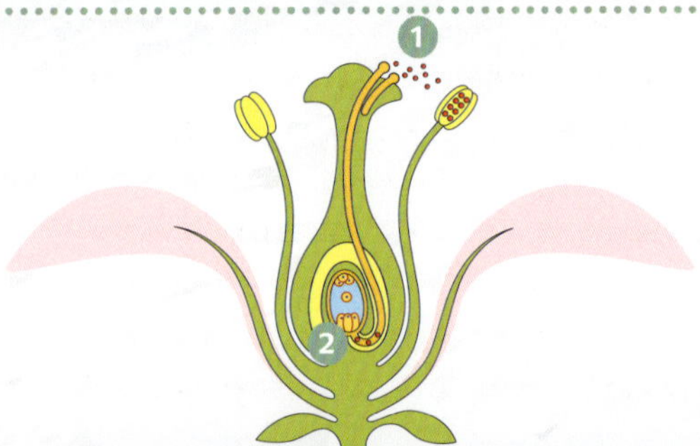

Befruchtung: Die roten Punkte sind Pollenkörner (1). Sie wandern von der Narbe ins Innere der Blüte (2) und vereinen sich mit den Eizellen. Aus den befruchteten Eizellen entstehen die Samen.

Nach der Befruchtung entwickeln sich die Samen und es bilden sich Früchte wie etwa Äpfel.

Geschlechtliche Vermehrung

Bei dieser Form der Vermehrung vereinen sich der männliche Pollen mit der weiblichen Eizelle in der Blüte und es entstehen neue Nachkommen. Das geht so:

- Die Blüten produzieren Pollen (Blütenstaub) und Eizellen im Fruchtknoten.
- Der Wind oder Insekten transportieren den Pollen zu der Blüte. Dort bleibt er an der klebrigen Narbe haften: Biologen nennen diesen Vorgang Bestäubung.
- Danach dringt der Pollen in die Narbe ein und wandert den Griffel hinab zum Fruchtknoten. Dort vereinen sich Pollen und Eizellen – das ist die Befruchtung.
- Nun reifen die befruchteten Eizellen zu Samen heran.

Bei manchen Pflanzen wie Löwenzahn, Mohn, Sonnenblumen kannst du leicht die reifen Samen sehen, bei anderen Pflanzen wie bei Äpfeln, Kirschen oder Nüssen befinden sie sich innerhalb von Früchten.

Die Pusteblume besteht aus vielen Löwenzahnsamen, die vom Wind verbreitet werden – oder wenn du pustest.

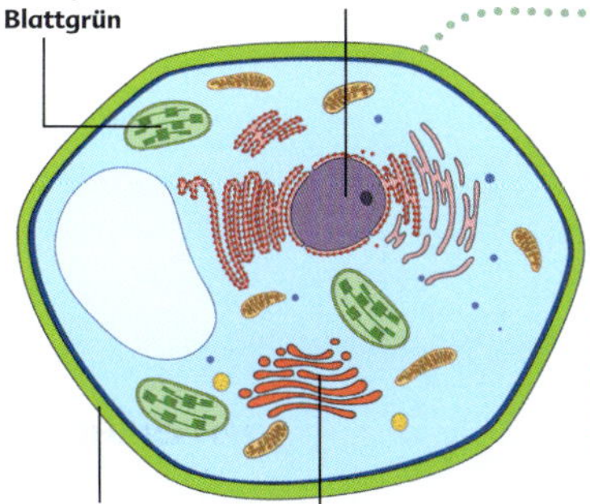

Alle Pflanzenteile bestehen aus ganz vielen kleinen Zellen, die du nur unter dem Mikroskop erkennen kannst. Jede Zelle ist von einer schützenden Zellwand umgeben. Der Zellkern steuert die verschiedenen Aufgaben der Zelle, die von den Zellorganellen erledigt werden.

Ungeschlechtliche Vermehrung

Dabei sind die neuen Pflanzen völlig identisch mit der Mutterpflanze.

Ausläufer: Erdbeeren bilden von selbst lange Seitentriebe, an denen sich kleine Erdbeerpflänzchen mit Wurzeln bilden.

Brutzwiebeln: An den Zwiebeln von Krokus und Tulpe bilden sich von selbst kleine Zwiebelchen, aus denen neue Pflanzen wachsen.

Gärtner haben noch mehr Tricks auf Lager, um Pflanzen zu vermehren:

Stecklinge: Von fast allen Pflanzen können im Sommer kurze Triebe mit ein paar Blättern abgeschnitten und in Erde oder ein Glas Wasser gestellt werden. Dort bilden die Triebe Wurzeln und es entstehen neue Pflanzen.

Teilung: Viele ausdauernde Blumen und Kräuter bilden nach und nach einen großen Wurzelstock oder Wurzelknollen. Mit einem Spaten kann dieser in der Mitte geteilt werden – das ergibt zwei identische Pflanzen.

MACH MIT!

Um Pflanzen selbst zu züchten brauchst du:
drei Bohnen (Feuer- oder Stangenbohnen) ...

- Steck die Bohnen im Frühjahr 2–3 cm tief an den Rand eines Glases, das du mit feuchter Erde gefüllt hast. Halte die Erde immer leicht feucht, nicht nass.
- Bald wächst aus den Bohnen ein kleiner Keim nach unten – das ist die Wurzel der neuen Pflanze. Dann wächst ein weiterer Keim (der Trieb) nach oben, an dem sich zwei grüne Keimblätter bilden.
- Steck nun einen Stab in die Erde, an dem die Triebe der Bohnen nach oben ranken können. Nach und nach entfalten sich immer mehr Laubblätter.
- Bald bilden sich Blütenknospen, die sich zu Blüten entfalten. Bienen bestäuben die Blüten, die sich nun zu langen Schoten entwickeln. Darin sitzen die Samen, das sind die Bohnen.

So vermehren sich verschiedene Pflanzen.

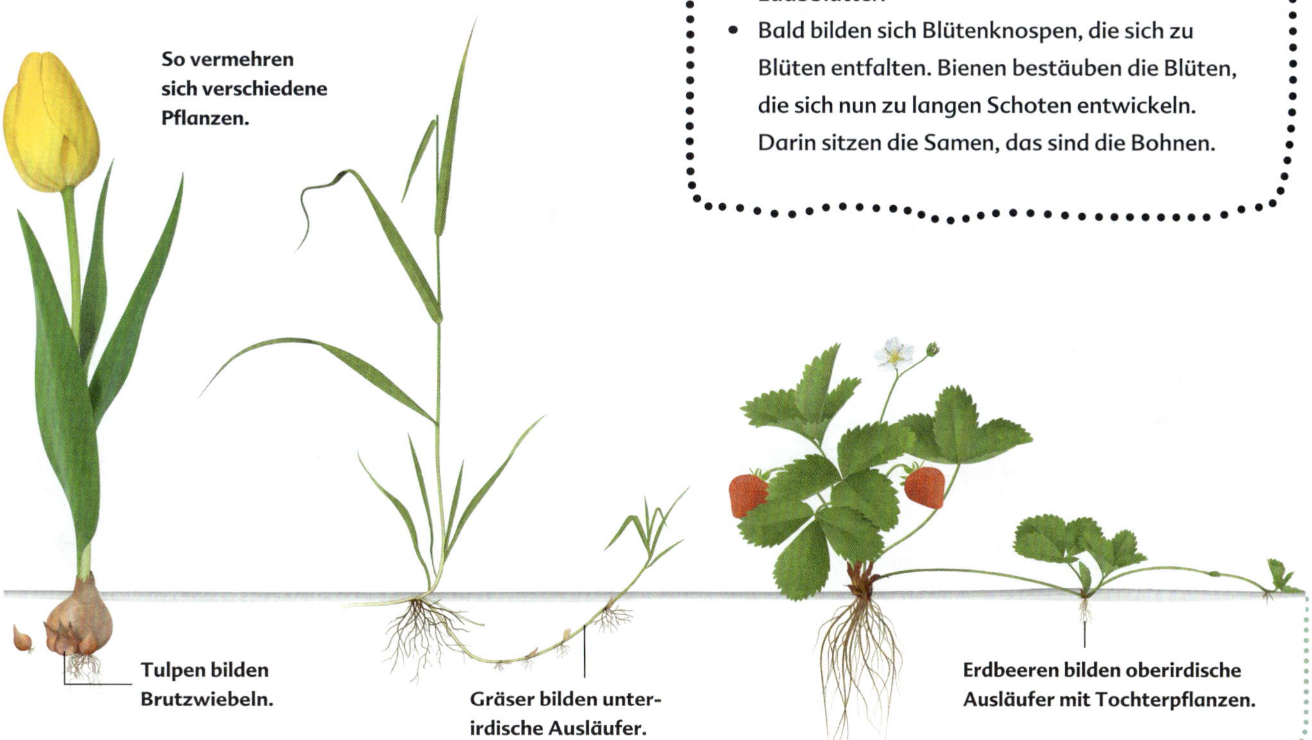

ALGEN UND TANGE

In den Meeren, in Bächen, Flüssen, Teichen und Seen leben Algen. Weltweit sind uns über 40.000 verschiedene Arten bekannt. Die kleinsten Algen bestehen nur aus einer Zelle und sind mit bloßem Auge nicht zu erkennen, die größten Algen sind über 100 m lange Tange in den Meeren.

Mikro- und Makroalgen

Die meisten Algenarten sind winzig und werden Mikroalgen genannt. Dazu gehören Dinoflagellaten und Kieselalgen. Sie schweben als Teil des Planktons frei in den Meeren und Süßgewässern. In warmen, nährstoffreichen Gewässern können sich die Algen massenhaft vermehren und dicke Teppiche bilden. Dieses Phänomen wird Algenblüte genannt. Bei uns tritt es vor allem im Sommer auf.

Zu den Makroalgen gehören alle Algen, die man mit bloßem Auge erkennen kann. Ihre Gestalt ist vielfältig, sie kann faden-, blatt-, muschel- oder riemenförmig oder auch verzweigt sein.

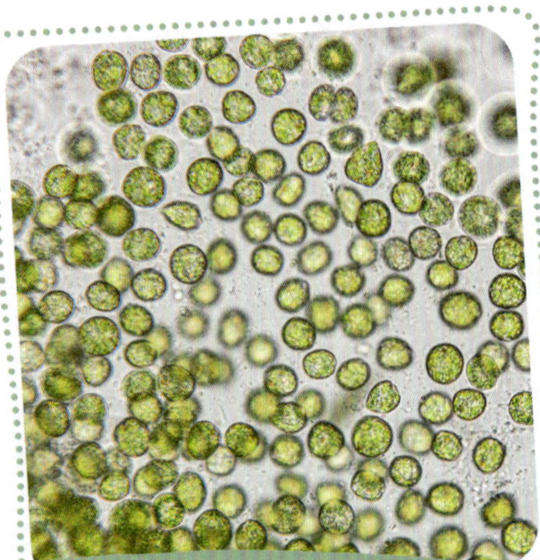

Die kugeligen Chlorella-Süßwasseralgen sind so klein, dass man sie nur unterm Mikroskop erkennen kann.

Der bis zu 45 m lange Riesentang bildet an der Pazifikküste Nordamerikas riesige Tangwälder.

Grün-, Rot- und Braunalgen

Nach der Farbe werden die Algen in Grünalgen, Rotalgen und Braunalgen eingeteilt.

Grünalgen

Blattgrün gibt diesen Algen ihre Farbe. Einzellige Grünalgen bewegen sich mit haarähnlichen Geißeln fort oder bilden kugelige Zellkolonien. Große Grünalgen sehen wie Pflanzen aus. Sie bilden in seichten Küstengewässern als Seetange ausgedehnte Tang- oder Kelpwälder, in denen eine große Vielfalt an Meerestieren lebt. Den dünnblättrigen Meersalat, der weltweit an allen Küsten vorkommt, kannst du essen. Die meisten Grünalgen siedeln wie die Armleuchteralgen im Süßwasser.

Grünalge: Armleuchteralge

Länge: bis zu 60 cm

Vorkommen: in Teichen, Seen, Bächen, Flüssen weltweit

Auffällige Merkmale: dünne grüne Äste mit kleinen Seitenästen, von denen stets zu 5–7 rund um den Ast zusammenstehen

Besonderes: eine der häufigsten Grünalgen, besiedelt rasch neu entstandene Gewässer, auch Pfützen

MACH MIT!

Rund 160 verschiedene Algen werden als Gemüse und Salat gegessen. Probier einmal einen Salat aus Wakame-Braunalgen, den du in asiatischen Restaurants bekommst.
Vielleicht kannst du auch einmal eine Algenfarm besuchen. Dort werden Algen angebaut, um daraus Farbe und Stabilisatoren für Nahrungsmittel wie Speiseeis oder Salatdressing und für Kosmetikprodukte wie Zahnpasta oder Duschgel zu gewinnen. Algen werden auch für Arzneimittel und Kraftstoffe verwendet.

Sushirollen werden in essbarer Meeresalge „Nori“ eingerollt.

Rotalgen

Farbstoffe färben diese Algen rot bis violett, sie betreiben ebenfalls Fotosynthese. Rotalgen sind die artenreichste Algengruppe. Sie kommen fast ausschließlich in Meeren vor. Sie gehören zu den Makroalgen. Mit Haftscheiben oder Haftfäden heften sie sich vor allem auf felsigen Untergründen fest. Verschiedene Rotalgen werden in Asien gegessen, zum Beispiel in Sushi.

Braunalgen

Durch den Gehalt an roten Farbstoffen und Blattgrün sind diese Algen braun gefärbt. Auch sie kommen fast ausschließlich in Meeren vor. Braunalgen sind derbe, lederartige Makroalgen, die sich ebenfalls auf Untergründen festheften. Durch Alginate in den Zellwänden sind Braunalgen besonders stabil und gleichzeitig flexibel – dadurch macht es ihnen nichts aus, wenn tagtäglich die Flut an die Felsen prallt und das Wasser sich so wild verhält wie im Schleudergang einer Waschmaschine.

Rotalge: Knorpeltang, Irisch Moos

Länge: 10–20 cm
Vorkommen: an felsigen Küstenabschnitten von Atlantik, Nord- und Ostsee
Auffällige Merkmale: Sie sitzen mit einer Haftscheibe auf dem Untergrund, haben einen häutig-knorpeligen, blatt- und fächerartigen, oft mehrfach gegabelten Algenkörper.
Besonderes: Daraus wird Carrageen als Stoff für Nahrung sowie für Halstabletten gewonnen.

Braunalge: Blasentang

Länge: bis zu 1 m
Vorkommen: an den felsigen, steinigen Küsten des Atlantiks, der Nord- und Ostsee
Auffällige Merkmale: mit einer Haftscheibe am Untergrund befestigt, flacher, gabelig verzweigter Algenkörper mit Mittelrippe, viele gasgefüllte Schwimmblasen
Besonderes: eine der häufigsten Braunalgen der Nordsee, wird regelmäßig an den Strand gespült

DIE ERSTEN LANDPFLANZEN

Für Pflanzen ist genügend Licht, um Fotosynthese zu betreiben, überlebenswichtig. Licht gab es auf dem unbesiedelten Land genug. Dennoch war es für die Pflanzen ein großer Schritt, als sie vor etwa 460 Millionen Jahren das Wasser verließen und das Land eroberten.

Vom Wasser aufs Land

An Land herrschen ganz andere Bedingungen als im Wasser – wenn Algen an Land gespült werden, liegen sie flach am Boden. Sie können sich nicht aufrichten und trocknen aus. Darum mussten die Pflanzen, als sie vom Wasser aus das Land besiedelten, dafür sorgen, dass sie an Land nicht austrocknen. Außerdem braucht der Pflanzenkörper feste Gewebe, die ihn stützen – nur so kann er sich über den Boden erheben und zum Licht wachsen. Die ersten Pflanzen an Land waren die Vorfahren der Moose, dann folgten die Vorfahren der Farne.

Der Königsfarn wächst an lichten Stellen feuchter Wälder.

Moose

Moosähnliche Pflanzen waren die ersten, die das Land besiedelten. Die einfach gebauten Moose bestehen nur aus kurzen Sprossen und kleinen Blättchen, über die sie das Wasser aufnehmen. Mit wurzelähnlichen Fäden halten sie sich am Boden fest. Die meisten Moose gedeihen nur an feuchten, regenreichen Stellen. Moose bilden oft flache, dichte Polster am Boden. Weil sie sich wie ein Schwamm mit Wasser vollsaugen können, sind sie im Wald ein wichtiger Wasserspeicher. Moose bilden wichtige Lebensräume wie die Moore, in denen sie den Torf bilden.

Moose vermehren sich über Sporen: Diese sind in den Sporenkapseln enthalten, die sich im Sommer an langen Stängeln wie Laternen über das Moos erheben. Auf der Erde gibt es heute über 25.000 verschiedene Arten von Moosen, bei uns in Deutschland über 1.100.

Farne

Nach den Moosen breiteten sich die Farne auf dem Land aus. Schon damals sahen sie fast so aus wie heutige Farne. Farne sind krautige Pflanzen mit großen, gefiederten Blättern. Mit ihrem festen Stützgewebe können sie in die Höhe wachsen, Baumfarne in tropisch warmen Ländern werden bis zu 18 m hoch. Die Wurzeln befestigen die Farne im Boden und nehmen Wasser und Nährstoffe auf. Um sich zu vermehren, bilden Farne keine Blüten und Samen, sondern Sporen auf der Unterseite der Blätter. Heute gibt es auf der Erde über 12.000 verschiedene Farne, die meisten kommen in den feuchtwarmen Tropen vor, bei uns sind es nur etwa 100 Arten, darunter der Königsfarn.

Moose speichern viel Wasser in ihren dichten Polstern.

Wusstest du …

… dass Moose unglaublich zäh sind? Wissenschaftler entdeckten eine Moospflanze, die über 1.500 Jahre lang im arktischen Eis eingefroren war. Sie tauten das Moos auf, das sofort weiterwuchs.

In den warmen tropischen und subtropischen Gebieten der Erde wachsen noch heute Baumfarne.

MINT – Für dich!

Farne sind Gefäßpflanzen. Sie heißen so, weil es in ihrem Pflanzenkörper Leitungsbahnen – die Gefäße – gibt, durch die Wasser und Nährstoffe geleitet werden. Das ist eine wichtige Anpassung an das Landleben. Auch Bärlappe, Schachtelhalme, Nadel- und Laubbäume, Blumen und Gräser gehören zu den Gefäßpflanzen.

Bärlappe und Schachtelhalme

Wegen ihrer kleinen, nadelartigen Blätter erinnern Bärlappe an kleine Nadelbäume – in Wirklichkeit gehören diese krautigen Pflanzen zu den ersten Landpflanzen. Vor 300 Millionen Jahren bildeten sie riesige Bäume, heute kriechen viele wie der heimische Keulen-Bärlapp am Boden entlang. Weltweit gibt es etwa 400 Arten, bei uns keine zehn. Schachtelhalme haben ihren Namen von den langen Halmen, die wie ineinander geschachtelte Stücke aussehen. Am Rand jedes dieser Stücke befindet sich ein Ring nadeliger Blätter. Auch die heutigen Schachtelhalme sind die Nachfahren dieser uralten Pflanzengruppe, die ebenfalls vor 300 Millionen Jahren bis zu 30 m hohe Bäume gebildet hat. Heute ist der bis zu 1,5 m hohe Riesen-Schachtelhalm eine der größten unter den insgesamt etwa 20 Arten.

Der Keulen-Bärlapp kriecht am Boden entlang. In den langen, gelben Ähren sitzen die Sporenbehälter, mit denen sich die Pflanze vermehrt.

Teich-Schachtelhalm

NADELBÄUME

Bäume bestehen aus einem dicken Stamm und einer verzweigten Krone aus Ästen, sie sind mit vielen starken, verzweigten Wurzeln im Boden verankert. Es gibt Nadelbäume, auch Koniferen genannt, und Laubbäume ***(➔ siehe Seite 92).***

In den Hochlagen der Gebirge bilden Nadelbäume die Nadelwälder.

Nadelblätter

Nadelbäume erkennst du an den nadelförmigen Blättern. Manche Nadelbäume wie die Zypressen haben auch schuppenförmige Blätter. Außer der Europäischen Lärche sind alle Nadelbäume das ganze Jahr über grün, denn sie werfen nicht im Herbst ihre Blätter ab. Da Nadelbäume vor allem in den Bergen und im hohen Norden vorkommen, ist das günstig: Denn dort sind die Sommer nur kurz. Würden die Nadelbäume die Blätter abwerfen, müssten sie jedes Jahr neue Blätter bilden und hätten nur kurz Zeit, um über die Fotosynthese ihre Nahrung zu produzieren. Da sie das ganze Jahr lang grüne Blätter tragen, können die Nadelbäume sogar im Winter Fotosynthese betreiben. Damit die Blätter den heftigen Winter überleben, sind sie sehr hart. Außerdem sind sie von einer Wachsschicht bedeckt, damit sie nicht so viel Wasser verdunsten – sonst würden die Bäume bei gefrorenem Boden austrocknen.

Blüten und Zapfen

Nadelbäume gehören zu den Blütenpflanzen. Im Frühjahr setzen die unscheinbaren männlichen Blüten jede Menge Blütenstaub frei, der vom Wind zu den ebenso kleinen, rötlichen weiblichen Blüten transportiert wird. Daraus entwickeln sich im Lauf des Sommers die Zapfen. Unter den harten Zapfenschuppen sitzen die zarten Samen, von denen sich auch viele Tiere wie etwa Buntspechte, Eichhörnchen und Mäuse ernähren.

Im Frühjahr entlassen die Blüten große Mengen Blütenstaub.

Wusstest du ...

... dass sich die Nadeln der Europäischen Lärche im Herbst goldgelb färben und abfallen, sodass die Äste dieses Nadelbaums im Winter kahl sind wie die der Laubbäume? Im Frühjahr treiben die Nadelblätter wieder neu aus und der Baum trägt im Sommer ein grünes Nadelkleid.

Stehender Tannenzapfen, rechts davon eine Tannenzapfenspindel

Hängender Fichtenzapfen

Tanne oder Fichte?

Um Tannen und Fichten auf einen Blick voneinander zu unterscheiden, musst du dir die Zapfen anschauen. Stehen sie wie Kerzen auf den Zweigen, so ist der Nadelbaum eine Tanne – hängen sie herab, so ist es eine Fichte. Tannenzapfen kannst du niemals am Boden finden, denn bei den Tannen lösen sich die Zapfen am Ast auf: Die Schuppen und Samen fallen einzeln zu Boden, oft bleibt nur die dünne innere Spindel des Zapfens am Ast stehen. Anders bei Fichten und Kiefern: Diese werfen ihre Zapfen als Ganzes ab.

Holz

Stamm, Äste und Zweige der Bäume und Sträucher bestehen aus Holz – daher heißen diese Gewächse auch Gehölze. Unter der Rinde liegt ein Ring aus lebenden Zellen, der Kambium heißt. Er bildet in der warmen Jahreszeit ständig neue Zellen – nach innen gibt er Holzzellen ab, nach außen die Zellen der Rinde. Diese sterben ab, sodass daraus das harte Holz und die harte, schützende Rinde werden. Weil das Holz im Innern des Baumstamms von Jahr zu Jahr dicker wird, wandert das Kambium nach außen.
Holz ist sehr hart – darum können Bäume viele hundert Jahre alt, manche sogar über 1.000 Jahre alt werden.
Holz wird auch zu vielerlei Zwecken von Menschen genutzt: für Hütten und Häuser, für Schiffe und Möbel, Musikinstrumente und Kisten.

Die Nadeln der Tanne sitzen direkt am Zweig.

Die Nadeln der Fichte sitzen auf kleinen Höckern.

Wusstest du ...

... dass das Holz mancher Nadelbäume sehr harzreich ist? Mit dem klebrigen Harz kann der Baum Wunden verschließen, etwa wenn ein Ast abgebrochen ist. Wenn das Harz im Lauf von Millionen Jahren hart wird, bildet sich daraus gelb- bis orangebrauner Bernstein. Manchmal ist darin ein Insekt eingeschlossen – es blieb damals lebend am Harz kleben und darin erhalten. Besonders viel Bernstein kannst du an der Ostsee finden.

MACH MIT!

Am gefällten Baumstamm kannst du die Aktivität des Kambiums erkennen: Weil bei uns die Bäume nur im Sommer wachsen und im Winter ruhen, entsteht jedes Jahr ein neuer dunkler und ein heller Ring. Das sind die Jahresringe. Wenn du die dunklen (oder hellen) Ringe zählst, erfährst du das Alter des Baums.

LAUBBÄUME UND -STRÄUCHER

Laubbäume sind Gehölze mit flachen, meist breiten Blättern. Diese sind grün, weil sie Blattgrün enthalten und Fotosynthese betreiben (➔ *siehe Seite* 82). Anhand der Form der Blätter kannst du die verschiedenen Baumarten voneinander unterscheiden.

Wassertransport

Das Wasser, das die Blätter für die Fotosynthese benötigen, wird von den Wurzeln aufgenommen und über die Leitungsbahnen in Stamm, Ästen und Zweigen zu den Blättern transportiert. Der Motor für diesen Transport sitzt meist auf der Unterseite der Blätter: Dort befinden sich viele Spaltöffnungen, die wie ein Mund geformt sind. Sie können sich öffnen und schließen: Wenn sie geöffnet sind, verdunsten sie Wasser – dadurch wird Wasser aus den Wurzeln nachgezogen.

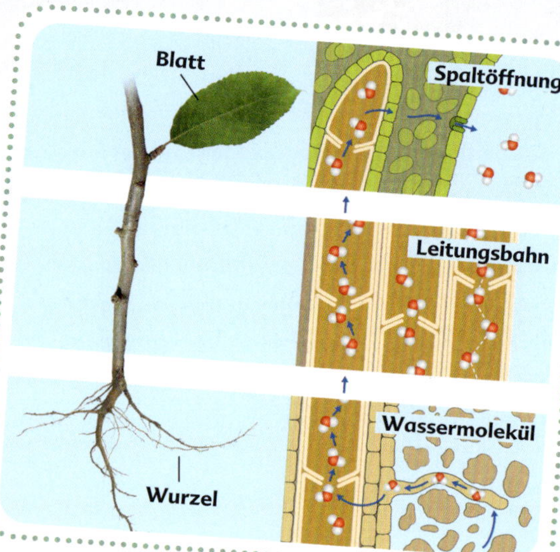

Die feinen Wurzelhaare nehmen das Wasser auf, das in der Pflanze in Leitungsbahnen zu den Blättern transportiert wird.

Spaltöffnung (Stoma) auf der Unterseite eines Blatts

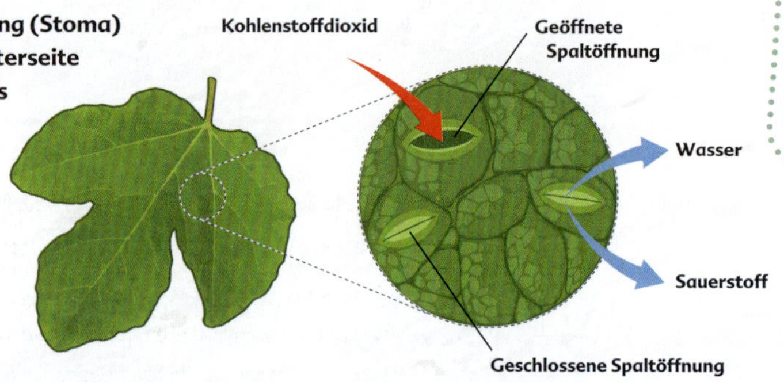

Stamm und Krone sind die oberirdischen Teile eines Laubbaums. Unter der Erde befinden sich die Wurzeln, die einen ebenso großen Raum einnehmen wie die Krone.

MINT – Für dich!

Jahreslauf der Laubblätter

Frühling: Die Laubknospen platzen auf und die Blätter entfalten sich. Sie sind schon in den Knospen fertig angelegt und müssen nur noch Wasser aufnehmen, um sich zu entfalten.

Sommer: Die Blätter betreiben Fotosynthese und ernähren den Baum.

Herbst: Die Blätter verfärben sich. Dabei werden die Inhaltsstoffe aus den Blättern in Stamm und Wurzeln transportiert, wo sie bis zum nächsten Jahr gelagert werden. Wenn das Grün aus den Blättern gezogen wird, werden die anderen Blattfarbstoffe sichtbar und die Blätter färben sich gelb, orange, braun und rot. Danach werden sie abgeworfen. So schützt sich der Laubbaum vor dem Vertrocknen, denn die Wurzeln können im gefrorenen Winterboden kein Wasser mehr nachziehen. Gleichzeitig werden neue Laubblätter in den Knospen angelegt.

Winter: Der ganze Baum ruht blattlos.

Blüten, Samen und Früchte

Alle Laubbäume vermehren sich über Samen – dazu bilden sie Blüten, die zu Früchten mit Samen heranreifen. Manche Bäume wie die Linden oder Rosskastanien haben auffällige Blüten, die von Insekten bestäubt werden. Die meisten Bäume wie Birken, Pappeln oder Eichen besitzen männliche Kätzchenblüten, die Unmengen Pollen entlassen. Der Wind transportiert den Pollen zu den meist unscheinbaren weiblichen Blüten, aus denen sich dann die Früchte entwickeln. Die Früchte der Eichen sind die Eicheln, die der Rot-Buchen Bucheckern und die der Ahorne geflügelte Nüsse. Saftige Baumfrüchte wie Äpfel, Birnen, Kirschen und Pflaumen werden nicht nur von uns Menschen, sondern auch gern von verschiedenen Tieren verspeist.

Nadel- und Laubbäume bilden wichtige Lebensräume – die Wälder. Mehr dazu erfährst du auf *Seite 104.*

Laubsträucher

Zu den Laubgehölzen gehören auch die Sträucher, denn auch ihre Stämme, Äste und Zweige sind verholzt. Von den Bäumen unterscheiden sie sich, da sie mehrere dünne Stämme besitzen – Sträucher sehen so aus, als ob die Baumkrone ohne Stamm direkt aus den Wurzeln im Erdreich wüchse. Deshalb werden Sträucher auch nicht so hoch wie Bäume.

Wichtiger Lebensraum: Hecken und Feldgehölze

Am Feld- und Waldrand, entlang der Ufer von Bächen, Flüssen, Teichen und Seen oder auch in Parks und Gärten bilden Wildsträucher einen wichtigen Lebensraum für viele heimische Tiere. Vögel finden im dichten Geäst der Sträucher geschützte Plätze für ihre Nester und in den Früchten wertvolle Nahrung, Insekten ernähren sich von den Blättern und bestäuben die Blüten.

Wusstest du …

… dass Menschen, wenn sie früher Not litten, die getrockneten Früchte des Weißdorns unter das Mehl zum Brotbacken gemischt haben?

Wildfrüchte erkennen

Farbe der Früchte	Wildstrauch	Essbar oder giftig?
SCHWARZ	Brombeere	essbar
	Faulbaum	giftig !!!
	Blutroter Hartriegel (rote Stiele!)	ungenießbar
	Kirschlorbeer	giftig !!!
	Kreuzdorn	giftig !!!
	Liguster	giftig !!!
	Schlehe, Schwarzdorn	essbar
	Schwarzer Holunder	gekocht essbar
ROT	Berberitze	essbar
	Wald-Geißblatt	giftig !!!
	Rote Heckenkirsche	giftig !!!
	Himbeere	essbar
	Kornelkirsche	essbar
	Pfaffenhütchen	giftig !!!
	Hunds-Rose	essbar
	Schneeball	giftig !!!
	Weißdorn	essbar, mehlig

Beachte: Du darfst nur Früchte verspeisen, die du genau kennst!

Schlehen gehören zu den ersten Wildsträuchern, die im Frühjahr blühen.

Häufige heimische Wildsträucher

Blutroter Hartriegel

Höhe: bis zu 5 m
Blütezeit: Mai bis Juni
Vorkommen: am Waldrand, in Hecken und Gebüschen
Auffällige Merkmale: rote Zweige, weiße Blüten, erbsengroße schwarze Früchte
Besonderes: Die roten Zweige und im Herbst rot gefärbten Blätter gaben diesem Strauch seinen Namen. Aus den stark riechenden Blüten entwickeln sich bittere Früchte.

Hunds-Rose

Höhe: bis zu 3 m
Blütezeit: Juni
Vorkommen: an Waldrändern, in Hecken und Gebüschen
Auffällige Merkmale: sehr stachelig, große hellrosa Blüten, Hagebutten
Besonderes: Dank der vielen Stacheln ist diese Wildrose ein gutes Versteck und ein Nistplatz für Vögel. Die Hagebutten enthalten viele kleine Nüsschenfrüchte, die Kerne.

Sal-Weide

Höhe: bis zu 10 m
Blütezeit: März bis Mai
Vorkommen: am Weg- und Waldrand, an Kiesgruben
Auffällige Merkmale: Viele Blütenkätzchen erscheinen vor den Blättern.
Besonderes: Für Bienen und Hummeln sind die Blütenkätzchen wichtige Nahrung im zeitigen Frühling, wenn noch nicht viel blüht.

Schwarzdorn, Schlehe

Höhe: bis zu 3 m
Blütezeit: März
Vorkommen: am Waldrand, in Hecken und Gebüschen
Auffällige Merkmale: viele lange Dornen, recht kleine Blätter, weiße Blüten, blaue Früchte
Besonderes: Auf der dornigen Schlehe leben viele Insekten und Vögel. Die kugeligen Früchte verlieren im Winter nach dem ersten Frost ihren bitteren Geschmack.

Schwarzer Holunder

Höhe: bis zu 10 m
Blütezeit: Mai bis Juni
Vorkommen: am feuchten Waldrand, in Hecken und Gebüschen
Auffällige Merkmale: weiße, duftende Blüten, schwarze Holunderbeeren
Besonderes: Früher pflanzten die Menschen an ihrem Haus und Hof Schwarzen Holunder. Sie nutzten die Blüten und Früchte und glaubten, dass er vor Unglück schützt.

Hasel

Höhe: bis zu 8 m
Blütezeit: Februar bis April
Vorkommen: am Waldrand, in Hecken und Gebüschen
Auffällige Merkmale: rundliche Blätter, lange Blütenkätzchen, Haselnüsse
Besonderes: Eichhörnchen, Siebenschläfer, Haselmaus und viele andere Tiere ernähren sich gern von den Haselnüssen, die ab September reif werden.

BLUMEN

Blumen fallen auf, weil sie bunte Blüten besitzen. Sie locken Insekten an, die den Blütenstaub (Pollen) von Blüte zu Blüte tragen. Die Blüten sehen sehr unterschiedlich aus: Manche, wie die der Sonnenblumen, sind größer als ein Teller, andere sind sehr klein.

Die Sonnenblume ist eine riesige Korbblüte: Am Rand sitzen die mit jeweils einem einzigen Blütenblatt ausgestatteten Zungenblüten, in der Mitte die blütenblattlosen Röhrenblüten.

So ist eine Blüte aufgebaut

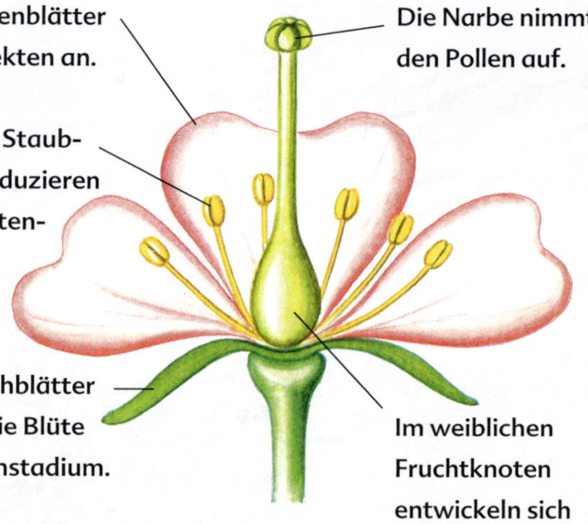

Blütenbiologie

Die Blüten erfüllen für die Blumen einen wichtigen Zweck: Sie dienen der Fortpflanzung und Vermehrung. Über Millionen Jahre hinweg haben sich Blüten und Wildbienen, Schmetterlinge, Fliegen und Käfer zusammen entwickelt und sind heute zu einem unschlagbaren Team geworden: Mit ihren Farben und Düften sowie ihrem Nektar und Pollen als Nahrung locken die Blüten diese Insekten an, damit sie mit Pollen bestäubt werden und Samen bilden können.

An der Form der Blüten kannst du erkennen, welche Bestäuber sie anlocken:

Salbei ist eine Bienenblume: Bienen kriechen in den engen Blütenschlund hinein, um an den Nektar zu gelangen. Dabei drücken sie eine Platte herunter, die den Schlund versperrt. Diese Platte drückt wie ein Hebel die Staubbeutel aus der Oberlippe heraus auf den Rücken der Biene. In der nächsten Salbeiblüte streift sie dieses Pollenpaket an der Narbe ab. Weil Bienen kein Rot sehen können, sind Bienenblumen gelb und blau.

Fingerhut ist eine Hummelblume: Die großen, schweren Hummeln können auf den stabilen Blüten landen und in den breiten Schlund hineinkrabbeln.

Kartäuser- und andere Nelken sind Schmetterlingsblumen: Nur Schmetterlinge mit ihrem sehr langen, dünnen Saugrüssel gelangen an den Nektar am Grund der tiefen, engen Blütenröhren.

Doldenblütler wie die Wilde Möhren sind Fliegenblumen: Auf den flachen Blütenschirmen krabbeln Fliegen herum und sammeln mit ihrem Rüssel Nektar und Pollen ein, der in den kleinen Blütchen angeboten wird.

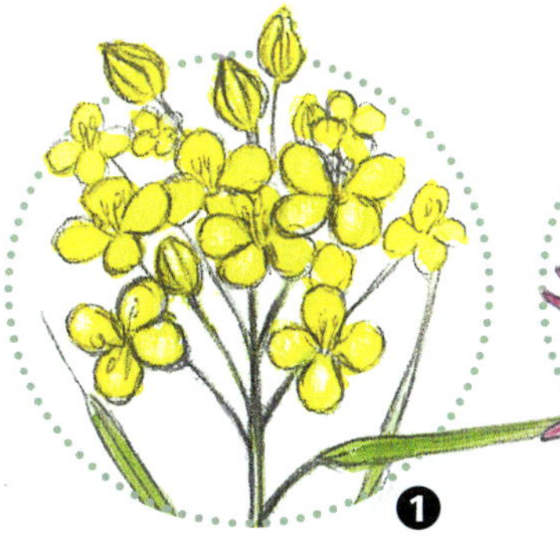
1

2

3

4

Wichtige Blumenfamilien kennenlernen

1. Einzelblüten

Die Blüten vieler Pflanzen stehen einzeln am Ende der Blütenstiele. Anhand der Anzahl der Blütenblätter und der Form werden sie zu verschiedenen Pflanzenfamilien gestellt.

❶ Kreuzblütler wie Raps, Acker-Senf und Hirtentäschel: Die Blüten bestehen aus 4 Blütenblättern, die wie ein Kreuz angeordnet sind.

❷ Nelkengewächse wie Licht- oder Kartäusernelke: Die Blüten bestehen aus 5 gleichen Blütenblättern.

❸ Liliengewächse wie Tulpen und Krokus: Die Blüten bestehen aus 2 Kreisen mit je 3 Blütenblättern.

❹ Lippenblütler wie Salbei: Die miteinander verwachsenen Blütenblätter bilden eine Ober- und eine Unterlippe aus.

❺ Schmetterlingsblütler wie Vogelwicke und Platterbse: Die Blüten bestehen aus 5 unterschiedlichen Blütenblättern. Ein Blütenblatt steht wie eine Fahne nach oben, an den beiden Seiten bilden 2 Blütenblätter die Flügel, unten bilden 2 miteinander verwachsene Blütenblätter ein Schiffchen.

2. Blütenstand

Wenn viele kleine Blüten dicht zusammenstehen, bilden sie einen Blütenstand.

❻ Doldenblütler wie Wilde Möhre, Petersilie und Schafgarbe: Viele kleine Einzelblütchen bilden einen breiten, flachen Blütenschirm.

❼ Korbblütler wie Löwenzahn und Margerite: Obwohl der Blütenstand wie eine einzige Blüte aussieht, besteht er in Wirklichkeit aus ganz vielen kleinen Einzelblüten. Bei diesen Einzelblüten gibt es zwei unterschiedliche Typen: blütenblattlose Röhrenblüten und mit einem Blütenblatt ausgestattete Zungenblüten.

5

6

7

Wichtiger Lebensraum: die Wiese

Auf Wiesen wachsen nur Blumen und Gräser – welche Arten das sind, hängt vom Boden ab. Auf sandigem, magerem Boden wachsen zum Beispiel Silberdisteln, Sand-Grasnelken und Heide-Nelken, auf feuchtem, nährstoffreichem Boden hingegen Trollblumen, Wiesenschaumkraut und Kuckucks-Lichtnelken. Wiesen sind wichtige Lebensräume von Insekten. In den Bergen oberhalb der Baumgrenze entstehen Wiesen auf natürliche Weise, in der Ebene müssen die meisten Wiesen erhalten werden – durch weidende Schafe oder andere Tiere oder durch regelmäßiges Mähen. Andernfalls würden sich dort Büsche und Bäume ausbreiten und die Wiesen würden im Lauf der Jahre zu Wald werden.

GRÄSER UND GETREIDE

Auf der ganzen Welt gibt es über 10.000 verschiedene Gräser, die alle Kontinente und Lebensräume erobert haben. Gräser scheinen uralte Pflanzen zu sein – in Wirklichkeit traten die ersten Gräser erst am Ende des Erdmittelalters auf, sodass sich nur die letzten Dinosaurier der Erdgeschichte von Gräsern ernähren konnten.

Die Rasen-Schmiele ist ein heimisches Süßgras.

Gräser

Alle Gräser bestehen aus langen Halmen, an deren Ende die unscheinbaren Blüten dicht in Ähren oder Rispen beisammenstehen. Der Wind trägt den Pollen zu den Blüten, aus denen sich die harten Samenkörner entwickeln.

Süßgräser und Sauergräser

Biologen unterteilen die Gräser in zwei Gruppen – Süßgräser und Sauergräser. Diese Einteilung hat nichts mit dem tatsächlichen Geschmack süß oder sauer der Gräser zu tun: Vielmehr werden Süßgräser von Mensch und Tier verspeist, Sauergräser hingegen nicht.

Bei den Süßgräsern ist der lange Halm durch Knoten unterteilt. Zu dieser Gruppen gehören die meisten heimischen Gräser wie Knäuelgras, Fuchsschwanzgras, Rispengras, Pfeifengras und Rohrkolben. Auch die über 1.000 verschiedenen Bambusarten sind Süßgräser, die bis zu 15 m hoch werden können.

Bei den Sauergräsern ist der lange Halm nicht durch Knoten unterteilt. Zu dieser Gruppe gehören die Binsen, die Zypergräser und die Wollgräser. Viele Sauergräser bevorzugen feuchtere oder schattige Standorte.

In den Bambuswäldern Chinas leben Pandabären, die sich nur von diesen Gräsern ernähren.

Auf feuchten, moorigen Wiesen wächst das Wollgras, das zu den Sauergräsern gehört.

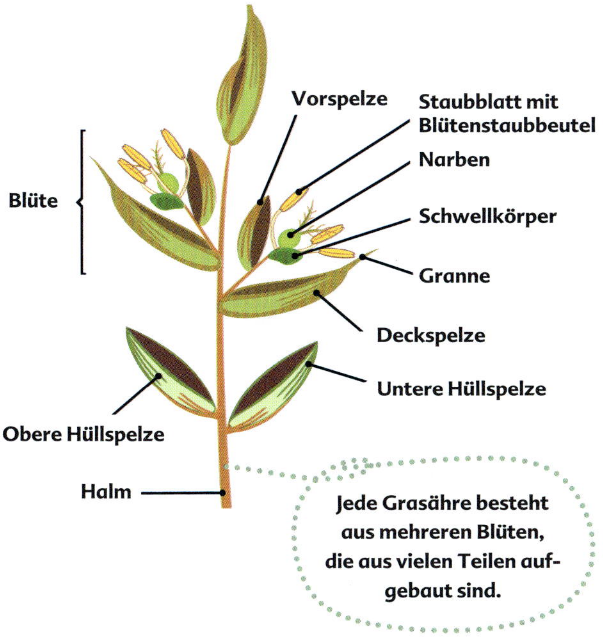

Wichtige Lebensräume: Savanne, Prärie, Grasland

Gräser bilden auf der Erde weitläufige Lebensräume, in denen vor allem große grasfressende Säugetiere wie Zebras, Gnus, Büffel, Lamas und Pferde leben: Das sind die Savannen in Afrika, die Prärien in Nordamerika, die Pampas in Südamerika und die Steppen in Asien. In Graslandschaften wachsen Gräser bis zum Horizont. Gräsern macht es anders als Blumen nichts aus, wenn sie abgefressen werden: Ihre Wachstumszonen liegen dicht am Boden, sodass Gräser nach dem Abfressen – oder dem Abmähen von Rasenflächen – sofort weiterwachsen können.

Unser Getreide

In Vorderasien entdeckten die Menschen vor über 9.000 Jahren, dass man die Körner verschiedener Süßgräser essen kann. Sie bauten Wildgräser an. So züchteten sie verschiedene stärkehaltige Getreide wie Weizen, Dinkel, Roggen, Hafer und Gerste, die heute wichtige Grundnahrungsmittel sind. Der Mais ist ein Getreide, das mit den spanischen Amerikaeroberern zu uns nach Europa gekommen ist, Reis und Zuckerrohr stammen aus Asien.

Weizen: hat Ähren ohne Grannen (lange Borsten); das wichtigste Getreide auf der Erde, liefert Mehl für Brot, Kuchen, Pizzateig und Nudeln

Dinkel: nah mit dem Weizen verwandt; liefert Mehl für Brot und Brötchen

Roggen: hat Ähren mit bis zu 8 cm langen Grannen; eines der ältesten Getreide, liefert Mehl für Brot

Gerste: hat Ähren mit bis zu 15 cm langen Grannen; eines der ältesten Getreide, dient als Viehfutter und zum Bierbrauen (Malz)

Hafer: Rispen; liefert Haferflocken, dient als Pferdefutter

Verschiedene Getreide

MACH MIT!

Katzen und Hunde mögen gern die zarten grünen Halme von Hafer, Gerste und Weizen, die du in einem Blumentopf anbauen kannst. Füll den Blumentopf mit Blumenerde, säe die Körner dieser Gräser aus, stell den Topf auf eine helle Fensterbank und halte die Erde leicht feucht. Bald siehst du die ersten grünen Halme. Wenn sie etwa 10–15 cm hoch sind, darfst du sie deinen Tieren anbieten.

NUTZPFLANZEN

Die Menschen nutzen viele Pflanzen als Nahrung, zum Würzen und Heilen, als Futterpflanzen für Tiere, als Energiepflanzen oder als Fasern für Kleidung und Gewebe.

Nahrungspflanzen

Getreide (*siehe Seite 99*), Kartoffeln und andere Wurzeln liefern lebenswichtige Kohlenhydrate. Linsen, Bohnen und Kichererbsen versorgen uns mit pflanzlichen Eiweißen und Raps, Sonnenblumen und Oliven mit pflanzlichen Ölen. Zur ausgewogenen Ernährung gehören Obst, Gemüse und Salate die wichtige Vitamine und Ballaststoffe liefern, Kräuter und Gewürze wie Pfeffer, Knoblauch oder Chili würzen unsere Speisen und unterstützen die Verdauung.

Heilpflanzen

Viele Pflanzen enthalten heilkräftige Substanzen, die den menschlichen Körper gesund erhalten und die Heilungskräfte unterstützen. Pfefferminztee lindert Bauchweh, Lindenblütentee lässt dich bei einer Erkältung schneller genesen und ein fein geriebener Apfel hilft bei Durchfall und Erbrechen.

Kartoffel

Höhe: bis zu 1 m
Blütezeit: Juni
Vorkommen: ursprünglich aus Südamerika, heute weltweit angebaut
Auffällige Merkmale: krautige Pflanze mit gefiederten Blättern, weiße Blüten aus 5 Blütenblättern mit markanten gelben Staubblättern
Besonderes: Es gibt rund 5.000 verschiedene Kartoffelsorten. Neben den Wurzeln verlaufen auch viele Sprosse unter der Erde – nur deren Enden verdicken sich zu Kartoffeln, in denen die Stärke gelagert wird.

Ringelblume

Höhe: bis zu 70 cm
Blütezeit: Juli bis August
Vorkommen: ursprünglich vermutlich in den Ländern rund ums Mittelmeer, heute angebaut an sonnigen Plätzen
Auffällige Merkmale: große gelbe bis orange Blütenkörbchen
Besonderes: Die Blüten enthalten verschiedene Substanzen, die Wunden heilen und Entzündungen hemmen. Aus den Blüten wird darum die heilwirksame Ringelblumensalbe hergestellt.

MACH MIT!

Um Heilsalbe selbst herzustellen brauchst du: 50 g getrocknete Ringelblumenblüten und 170 g Melkfett
Erwärm langsam das Fett in einem Topf und rühr die Blüten unter. Nimm den Topf vom Herd, lass die Blüten-Fett-Mischung abkühlen und zugedeckt 3 Tage lang ziehen. Danach wird sie noch mal auf dem Herd erwärmt, gieß dann die flüssige Mischung durch ein Tuch, sodass die Blüten im Tuch hängen bleiben und die Ringelblumensalbe in ein Gefäß fließt. Abkühlen lassen. Hält sich im Kühlschrank ein paar Wochen.
Streich die Ringelblumensalbe auf wunde oder gerötete Hautstellen.

Nahrung für Nutztiere

Kühe, Schafe und andere Nutztiere fressen nicht nur die frischen Gräser und Kräuter auf Wiesen und Weiden, sondern erhalten auch im Winter pflanzliche Nahrung als Heu oder fermentiertes Silofutter.

Luzerne

Höhe: bis zu 80 cm
Blütezeit: Juni bis September
Vorkommen: ursprünglich in den Steppen Vorderasiens, heute in Mitteleuropa angebaut
Auffällige Merkmale: 3-zählige Laubblätter, kleine bläuliche bis violette Schmetterlingsblüten, braune Hülsenfrüchte
Besonderes: Die älteste Futterpflanze, die angebaut wird. Sie enthält viel Eiweiß und Mineralstoffe und kann mehrmals im Jahr geschnitten werden. Wird auch Alfalfa genannt.

Energiepflanzen

Aus Mais, Raps und anderen Energiepflanzen werden Treibstoffe wie Bio-Diesel, Ethanol und andere Bio-Kraftstoffe hergestellt.

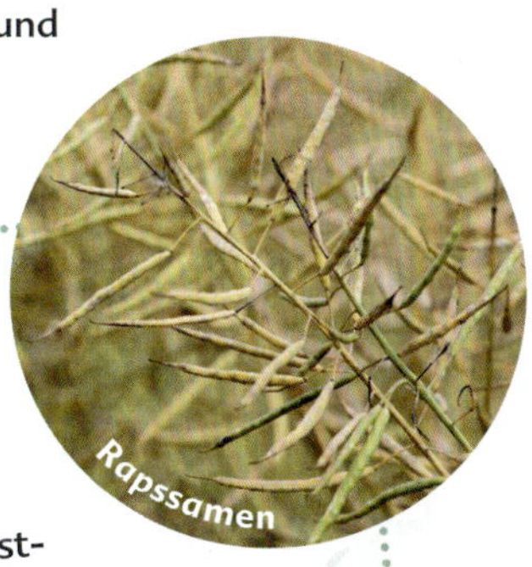

Raps

Höhe: bis zu 1,5 m
Blütezeit: Mai bis Juli
Vorkommen: ursprünglich im östlichen Mittelmeerraum, heute vor allem in Europa, China, Kanada und Indien auf großen Feldern angebaut
Auffällige Merkmale: gelbe Blüten mit 4 Blütenblättern, bis zu 10 cm lange grüne Schotenfrüchte mit zahlreichen Samen
Besonderes: Die Samen enthalten sehr viel Öl, das gepresst und als Rapsöl verkauft wird. Dieses Öl wird als Speiseöl, Futtermittel und für Kraftstoffe genutzt.

Kleidung, Möbel und andere Dinge

Baumwolle, Lein, Hanf, Nessel und viele andere Pflanzen enthalten lange Fasern, aus denen verschiedene Gewebe für Kleidung, Decken, Kissen, Teppiche und andere Gegenstände hergestellt werden. Nadel- und Laubbäume liefern ebenso wie Bambus Holz für unterschiedliche Zwecke wie Gebäude, Treppen, Türen, Möbel, Schiffe oder Papier. Auch Harze, Wachse, Lacke und Farbstoffe werden aus verschiedenen Pflanzen gewonnen.

Baumwolle

Höhe: bis zu 6 m hoch
Vorkommen: heute in tropisch und subtropisch warmen Ländern angebaut
Auffällige Merkmale: buschiger Wuchs, große gelbliche Blüten, aus denen sich eine Kapselfrucht entwickelt
Besonderes: Sehr alte Kulturpflanze, die schon seit Langem sowohl in Amerika als auch in Asien und Afrika genutzt wird. Wenn die Kapselfrucht reif ist, springt sie auf – dann quillt die Baumwolle als weiße Watte mit den darin enthaltenen Samenkörnern heraus.

Wenn im Frühling die Rapsfelder blühen, leuchten sie weithin.

PFLANZEN-SPEZIALISTEN

Auf der Erde gibt es sehr unterschiedliche Lebensbedingungen – es gibt sehr trockene und sehr nasse Standorte, andere sind sehr heiß oder sehr kalt, sehr salzig oder sehr sauer. Doch an all die verschiedenen Lebensräume haben sich bestimmte Pflanzen mit passenden Strategien angepasst, sodass sie dort gut leben können.

Licht-Spezialisten

Alle Pflanzen brauchen genügend Licht, um in den grünen Blättern Fotosynthese zu betreiben.

Pflanzen, die an schattigen Plätzen wie etwa im Wald wachsen, haben größere Blätter als Pflanzen an hellen und sonnigen Standorten. In Buchenwäldern bedecken im Frühjahr blühende Buschwindröschen, Lerchensporn und andere Blumen wie ein bunter Teppich den Boden, weil es im Sommer, nachdem sich die Blätter der Bäume entfaltet haben, dort zu dunkel ist.

Bäume können dank ihrer harten Stämme aus Holz weit über die Büsche hinaus hoch zum Licht wachsen.

Um dem Licht näher zu kommen, haben Pflanzen verschiedene Strategien entwickelt:

Kletterpflanzen wie der Efeu klettern an Stämmen und Ästen, aber auch an Mauern und Wänden hoch zum Licht. Dank seiner Haftwurzeln kann der Efeu bis zu 30 m hoch emporklettern. Wie auch andere Lianen nutzt er dabei den Baum nur als Stütze.

Andere Pflanzen wie die Bromelien haben entdeckt, dass sie auf den Ästen in den Baumkronen wachsen können. Dort sind sie dem Licht näher. Auch die grünen Misteln wachsen bei uns in den Kronen verschiedener Laubbäume.

Tillandsien wachsen wie alle Bromelien auf den Bäumen. Sie nutzen die Äste als Unterlage, um näher am Licht zu sein.

Wasser-Spezialisten

Ohne Wasser können keine Pflanzen gedeihen, denn sie brauchen dieses Element für die Produktion ihrer Nahrung, der Zuckerverbindungen.

Im Mittelmeerraum und anderen Gebieten, in denen es immer wieder trockene Zeiten gibt, sind die Blätter der Pflanzen hart, ledrig oder von dicken Wachsschichten überzogen – dadurch kann nicht so viel Wasser an ihnen verdunsten. Auch dichte Haarüberzüge setzen die Verdunstung herab.

In Wüstengebieten regnet es oft jahrelang nicht. Dort speichern Pflanzen wie Kakteen oder Wolfsmilchgewächse (Christusdorn) Wasser in ihrem dicken Pflanzenkörper.

An den Ufern von Flüssen, Seen und anderen Gewässern wiederum ist der Boden oft mit Wasser durchtränkt, sodass die Wurzeln der Pflanzen ständig im Wasser stehen. Das vertragen nicht viele Landpflanzen, aber Erlen und Weiden macht diese Staunässe nichts aus. Auch Mangrovenbäume wachsen an den Küsten tropischer Meere – ihre Wurzeln sind bei Flut gänzlich von Wasser bedeckt. Damit sie auch dann noch Luft aufnehmen können, ragen Luftwurzeln wie Schnorchel aus dem Wasser heraus.

Bis zu 20 m hoch werden die Saguaro-Kakteen im Südwesten der USA und in Mexiko.

MACH MIT!

Wicken, Platterbsen, Stangenbohnen und andere Rankpflanzen umklammern mit ihren rankenden Blattenden Halme, Stängel und Zäune, um hoch zum Licht zu wachsen. Wenn du das beobachten möchtest, steck im April ein paar Samen von Wicken in die Erde an einem Zaun oder in einen Blumentopf und halte sie feucht. Sobald die ersten Pflänzchen erscheinen, steck ein paar Zweige oder ein Rankgerüst in die Erde, an denen die Pflanze emporranken kann. Beobachte, wie sich an den Enden der gefiederten Blätter lange Ranken bilden und wie sie sich um die Stützen schlingen.

Moor- und Salzpflanzen

Die sauren Böden der Moore sind sehr stickstoffsalzarm – ohne Stickstoffsalze können Pflanzen aber nicht wachsen. Um an die lebensnotwendigen Stickstoffverbindungen zu gelangen, haben die fleischfressenden Pflanzen eine hervorragende Strategie entwickelt: Der Sonnentau hat klebrige Sekrete, die Kannenpflanzen haben "Behälter", die mit einer Flüssigkeit gefüllt sind und die Venusfliegenfalle hat Klappblätter – damit erbeuten diese Pflanzen Insekten und zersetzen deren Körper. So können sie die in den Eiweißen der Beutetiere enthaltenen Stickstoffe aufnehmen.
Auf den salzigen Böden an der Nordseeküste bilden Strandflieder, Strandaster und andere Blumen den Lebensraum Salzwiese. Diese Pflanzen können hohe Salzmengen im Boden vertragen, ohne abzusterben, wie dies die meisten anderen Pflanzen tun. Um das überschüssige Salz auszuscheiden, besitzen diese Salzpflanzen besondere Salzdrüsen.

Der Sonnentau gehört zu den fleischfressenden Pflanzen: Seine Blätter sind mit langen, klebrigen Tentakeln besetzt.

Wusstest du …

… dass der Queller das salzhaltige Meerwasser unbedingt zum Leben braucht? Er gedeiht auch dort an der Küste, wo er viele Stunden täglich bei Flut unter Wasser steht.

Der Queller wächst auf salzigen Wattböden, wo keine andere Pflanze mehr gedeihen kann.

WÄLDER

Ohne Bäume gäbe es keine Wälder auf der Erde. Einst war Deutschland fast ganz von Wäldern bedeckt, heute ist es etwa ein Drittel der Landesfläche. Rot-Buche, Stiel-Eiche, Berg- und Spitz-Ahorn sind in unseren Wäldern die häufigsten Laubbäume.

Bevor im Frühjahr die Rot-Buchen austreiben, blühen am hellen Waldboden Busch-Windröschen und andere Blumen.

Im Mischwald wachsen verschiedene Laub- und Nadelbäume.

Stabile Ökosysteme

Natürliche Wälder sind sehr stabile Ökosysteme, denn die Pflanzen und Tiere sind miteinander auf vielfältige Weise über viele Nahrungsnetze verbunden. Hat ein Waldbrand oder Sturm einen Teil des Walds zerstört, so kehrt er wieder von allein in den ursprünglichen Zustand zurück.

Aufbau in Stockwerken

Wälder sind Lebensräume aus sehr vielen Bäumen, die zusammen mit den anderen Pflanzen verschiedene Stockwerke bilden. Das unterste besteht aus den Moosen, Pilzen und dem Falllaub am Boden. Darauf folgt die Krautschicht mit den Blumen, Gräsern und anderen krautigen Pflanzen. Sträucher bilden das nächste Stockwerk im Wald und die Baumkronen, zu denen die Baumstämme hinaufführen, bilden das oberste Stockwerk. Im Wald leben viele Tiere in allen Stockwerken, denn sie finden dort reichlich Nahrung, Brut- und Nistplätze sowie Verstecke.

Heimische Wälder bei uns

Wenn es in Mitteleuropa keine Menschen gäbe, wäre fast die gesamte Fläche von Wäldern bedeckt. In den Ebenen bestehen die Wälder vor allem aus verschiedenen Laubbäumen wie Rot-Buchen und Eichen, in den Bergen kommen vor allem Nadelwälder aus Fichten und Kiefern vor. Entlang der Flüsse ist der Boden das ganze Jahr über nass. Dort gedeihen die Auwälder aus Eschen, Erlen, Weiden und Pappeln, denen die Nässe nichts ausmacht.

Bergwald

Je höher du in den Bergen bist, desto länger sind die Winter und desto kürzer die Sommer. Oberhalb der Waldgrenze ist der Sommer zu kurz, als dass dort noch viele Bäume wachsen und Wälder bilden können. Dort wachsen nur vereinzelte Nadelbäume, die meist durch starke Winde verkrüppelt sind. Die Baumgrenze liegt noch höher – oberhalb dieser Grenze sind die Lebensbedingungen zu rau und es können gar keine Bäume mehr gedeihen.

Die Waldgrenze ist deutlich erkennbar, bis dorthin breiten sich in den Gebirgen die Bergwälder aus.

Am Rand des tropischen Regenwalds fällt genügend Licht bis zum Boden für dichtes Pflanzenwachstum.

Wälder der Erde

Von den Polen zum Äquator hin gibt es verschiedene Waldtypen:
Hoch oben im Norden gibt es immergrüne Nadelwälder, die große Flächen in Nordamerika, Nordeuropa und Russland bedecken. Man nennt diese Gebiete Taiga.
Nach Süden hin schließen sich die sommergrünen Laub-Mischwälder an – unsere Wälder befinden sich in dieser Zone.
Weiter südlich, etwa in der Mittelmeerregion, gedeihen subtropische Hartlaubwälder aus immergrünen Laubbäumen mit recht harten Blättern.
Nahe dem Äquator erstrecken sich die tropischen Regenwälder, in denen es das ganze Jahr über heiß und die Luft feucht ist. Die hohen Bäume stehen so dicht, dass kaum Licht auf den Waldboden fällt. Tropische Regenwälder sind die artenreichsten Lebensräume der Erde.

Urwald und Forst

Bei uns sind fast alle Waldflächen Kulturwälder oder Forste, die von Menschen angelegt sind und bewirtschaftet werden. Förster und Forstarbeiter legen fest, welche Baumarten darin wachsen und welche Bäume erhalten oder gefällt werden. Nur ganz wenige Flächen sind bei uns noch von Urwäldern bedeckt – um sie zu erleben, musst du Nationalparks wie Kellerwald-Edersee, Bayerischer Wald oder Hainich besuchen. In einem urwüchsigen Wald stehen uralte Buchen- und Eichenbäume, die von dichten Büschen umgeben sind.

Der Förster markiert, welche Bäume erhalten und welche gefällt werden sollen.

Heimischer Urwald im Nationalpark Bayerischer Wald

LEBENSRÄUME DER ERDE

Neben den Wäldern gibt es noch viele andere Lebensräume auf der Erde. In jedem Lebensraum herrschen ganz bestimmte Lebensbedingungen, an die sich die darin lebenden Pflanzen und Tiere angepasst haben. Frösche beispielsweise kommen nur in schattigen und feuchten Wäldern und Feuchtgebieten vor – sie würden in trocken-heißen Wüsten zugrunde gehen.

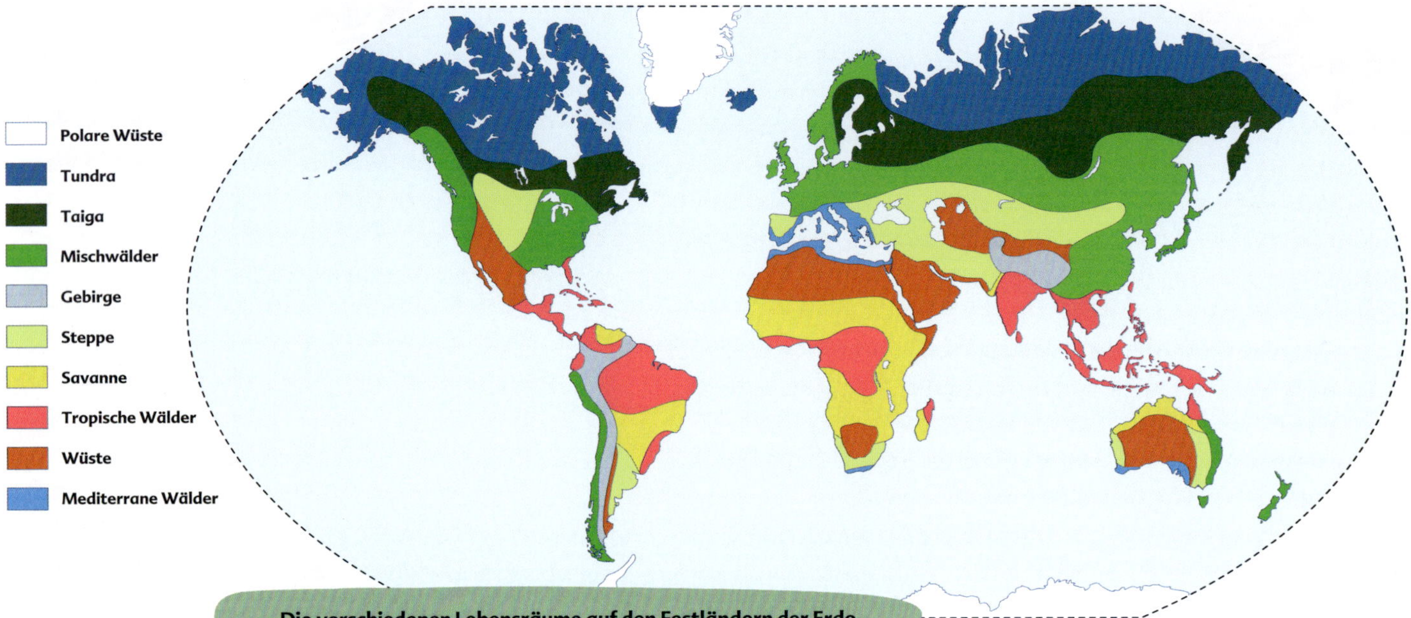

Die verschiedenen Lebensräume auf den Festländern der Erde

Polargebiete

Der Nordpol liegt inmitten des Nordpolarmeers, das von Festländern umgeben ist – dieses kalte Gebiet ist die Arktis. An den Polen herrscht ein halbes Jahr lang Nacht und ein halbes Jahr lang Tag. Vor allem im kalten Winter ist das Nordpolarmeer von Eis bedeckt. In dem kalten Wasser leben sehr viele Fisch- und Krebsschwärme, die von großen Walen, Robben und anderen Meerestieren erbeutet werden. Das Packeis ist auch das Reich der Eisbären.

Der Südpol hingegen liegt mitten auf einem Kontinent, der Antarktis, der mit einer kilometerdicken Eisschicht bedeckt ist. Auch dort sind die Lebensbedingungen sehr hart, an die sich Pinguine, Robben und Seevögel angepasst haben. Sie besiedeln den Rand dieses südlichen Kontinents.

Zwischen dem eisigen Meer und den riesigen immergrünen Nadelwäldern der Taiga erstreckt sich die baumlose Tundra. Dort wachsen nur niedrige Pflanzen, die höchstens 10 cm hoch werden. Der Boden ist das ganze Jahr über tiefgefroren, im Sommer taut nur die oberste Schicht auf.

Graslandschaften

Savannen, Steppen und Prärien sind von Gräsern bedeckt. Nur wenige Bäume ragen zwischen den Gräsern empor. Graslandschaften breiten sich dort aus, wo es für Wälder zu trocken und für Wüsten zu nass ist.

Die Tundra ist eine Kältesteppe: Auf dem das ganze Jahr über gefrorenen Boden wachsen Flechten, Moose, Gräser und Zwergsträucher.

Einzelne Bäume ragen über dem Grasland der afrikanischen Savanne auf und spenden Löwen und anderen Tieren etwas Schatten.

Tropische Gebiete

In tropischen Gebieten wie den Savannen Afrikas wechseln sich Regen- und Trockenzeiten ab – wenn nach vielen regenlosen Monaten endlich Regen fällt, verwandelt sich das trockene Grasland in eine üppig grüne, blühende Landschaft. Savannen, Steppen und Prärien bieten Tieren reichlich Nahrung. Darum leben dort große Herden von Bisons, Zebras, Gnus, Antilopen und anderen Pflanzenfressern.

Wüsten

In Gebieten, in denen es kaum regnet, breiten sich Wüsten aus. Die afrikanische Sahara ist die größte Wüste der Erde. Tagsüber ist es in vielen Wüsten sehr heiß, nachts kann es sehr stark abkühlen. Weil es so trocken ist, können Pflanzen nur rund um Wasserstellen gedeihen – das sind die Oasen. Es gibt auch nicht so viele Tiere, die mit den harten Lebensbedingungen der Wüste zurechtkommen: Die meisten Wüstentiere verstecken sich tagsüber im Boden oder zwischen Felsen.

Sümpfe und Feuchtwiesen

Wo das ganze Jahr über der Boden feucht ist, breiten sich Sümpfe und Feuchtwiesen aus. Dort gedeihen Pflanzen, denen der ständig nasse Boden nichts ausmacht. Diese Feuchtgebiete sind wichtige Lebensräume für viele Vögel, Frösche und Insekten.

Moore sind Feuchtgebiete. Darin wachsen besondere Moorpflanzen, die mit dem meist sauren Boden gut zurechtkommen.

Still- und Fließgewässer

In Weihern, Teichen und Seen gibt es kaum Strömung und das Wasser steht das ganze Jahr über still. Während Weiher und Seen natürliche Stillgewässer sind, sind Teiche künstlich von Menschenhand angelegt.

Bäche und Flüsse sind Fließgewässer. Der Bach entspringt in den Bergen, sein kühles Wasser fließt schnell bergab. In dem sauerstoffreichen Wasser leben Forellen und andere Wassertiere, denen die starke Strömung nichts ausmacht. Auf seinem Weg zum Meer wird das Wasser immer langsamer. Es bildet breite, tiefe Flüsse mit trübem, sauerstoffarmem Wasser.

Marine Lebensräume

Das offene Meer ist der größte Lebensraum der Erde. Im Wasser treibt Plankton aus Algen, Krebsen und anderen kleinen Wassertieren, von denen sich unzählige Fische ernähren. In Tiefen unterhalb von 1.000 m herrscht absolute Dunkelheit und hoher Druck. Auch dort leben Fische, Krebse, Tintenfische und andere Meerestiere, die sich vor allem von den Nahrungsteilchen ernähren, die von der Wasseroberfläche nach unten sinken.

An der Nordseeküste breitet sich das Wattenmeer aus. Dieser flache Meeresbereich fällt zweimal am Tag trocken: Während der Ebbe sind die schlickigen Wattflächen nicht von Wasser bedeckt – dann waten unzählige Watvögel über den weichen Boden und suchen darin mit ihren Schnäbeln Muscheln, Krebse, Würmer und andere Meerestiere als Nahrung.

In den tropisch warmen Meeren am Äquator bilden Korallentiere riesige Riffe. In den felsenähnlichen Korallenriffen leben unglaublich viele Tiere – bunte Fische, Krebstiere, Schwämme, Muscheln und Meeresschnecken.

KAPITEL 6:

DIE BELEBTE NATUR

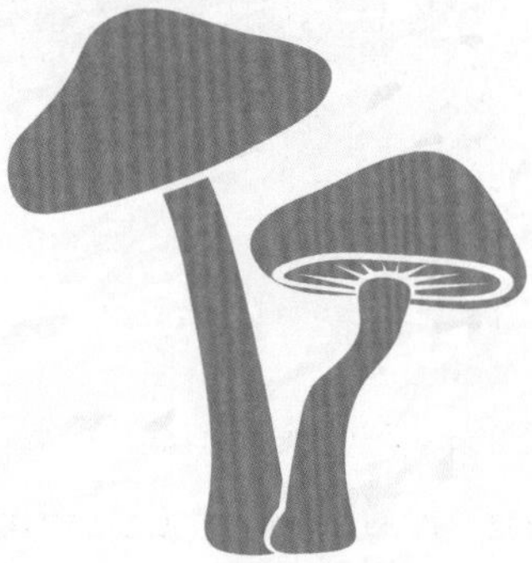

PILZE

HIER ERFÄHRST DU ALLES ÜBER:

- HUTPILZE
- HEXENRINGE
- MYKORRHIZEN
- HEFEN
- FLECHTEN

Weltweit sind über 100.000 verschiedene Pilzarten bekannt, bei uns gibt es rund 5.000 Pilzarten, deren Fruchtkörper man mit bloßem Auge erkennen kann. Oft werden Pilze zu den Pflanzen gezählt – doch das ist falsch. Und so bilden die Pilze wie die Pflanzen und die Tiere ein eigenes Reich von Lebewesen: das Reich der Pilze. Pilze gab es schon lange vor den Pflanzen und Tieren auf der Erde. Der älteste, versteinert erhalten gebliebene Pilz ist über 850 Millionen Jahre alt. Gern wird der aus einem Hut und Stiel bestehende Körper als Pilz bezeichnet. Dabei sind diese Teile nur der Fruchtkörper der Pilze, ähnlich den Äpfeln am Baum. Der eigentliche Pilz besteht aus einem weitverzweigten Wurzelgeflecht im Boden. Manche Pilze wie Champignon, Steinpilz und Fliegenpilz bilden Hüte, andere dagegen kugelrunde, dachartige oder teppichartig flache Fruchtkörper.

DAS SIND PILZE

Pilze sind keine Pflanzen. Von ihnen unterscheiden sich die Pilze dadurch, dass sie kein Blattgrün (Chlorophyll) besitzen. Und von den Tieren unterscheiden sie sich durch das Fehlen von Beweglichkeit.

Die weißen Fäden im Boden sind das Wurzelgeflecht dieser Champignons.

Aussehen

Stiel und Hut, was man Pilz nennt, ist in Wirklichkeit nur der Fruchtkörper. Der eigentliche Pilz lebt als weitverzweigtes Wurzelgeflecht (Myzel) im Boden oder im Holz. Dieses Myzel besteht aus langen Fäden. Es kann sehr alt und sehr groß werden. In den USA wurde 1992 das Myzel eines einzigen Hallimasch-Pilzes gefunden, das rund 1.500 Jahre alt war und eine Fläche von 15 Hektar einnahm – das ist größer als 20 Fußballfelder. Um sich zu vermehren, bildet das Myzel die Fruchtkörper so wie Apfelbäume ihre Äpfel. Der Fruchtkörper der bekannten Hutpilze besteht aus einem Stiel und einem Hut. Auf der Unterseite des Huts befinden sich bei den Röhrenpilzen Röhren, bei den Lamellenpilzen Lamellen, bei manchen Pilzen auch Leisten oder Stacheln.

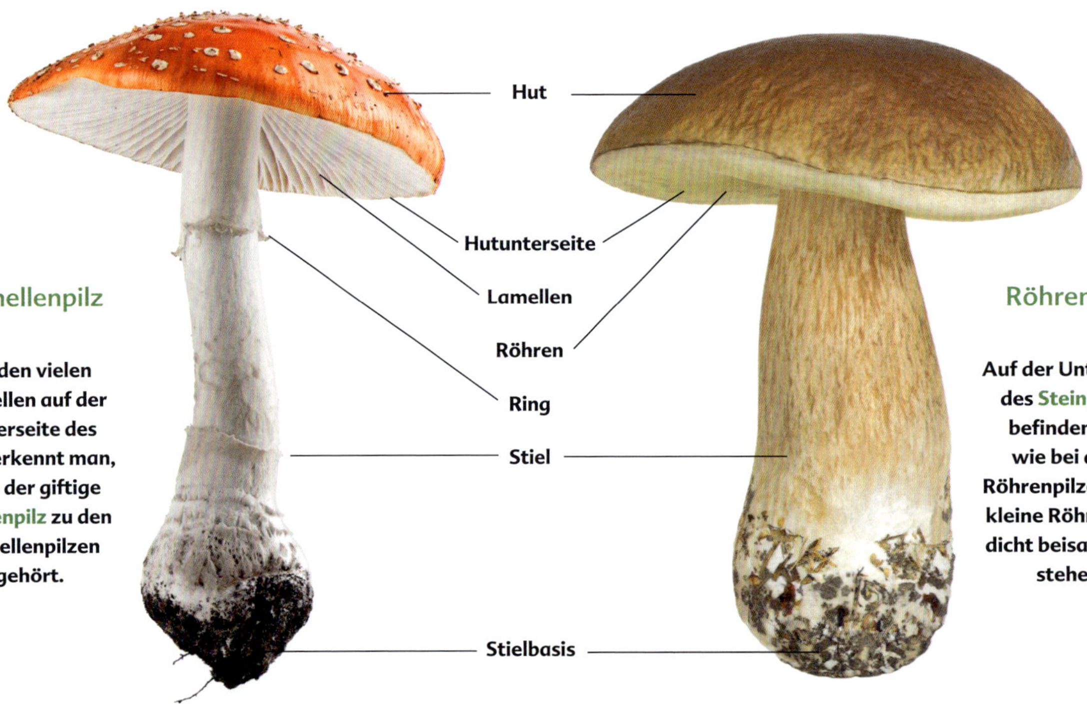

Lamellenpilz

An den vielen Lamellen auf der Unterseite des Huts erkennt man, dass der giftige Fliegenpilz zu den Lamellenpilzen gehört.

Röhrenpilz

Auf der Unterseite des Steinpilzes befinden sich wie bei allen Röhrenpilzen viele kleine Röhren, die dicht beisammenstehen.

Bei den Hutpilzen gibt es zwei große Gruppen – die Lamellenpilze und die Röhrenpilze. In beiden Gruppen gibt es giftige und essbare Pilze, die meisten sind für uns Menschen ungenießbar.

Vermehrung

In den Lamellen und Röhren auf der Unterseite des Huts werden riesige Mengen an staubfeinen Sporen gebildet. Wenn sie reif sind, werden die Sporen vom Wind verweht. Landen sie auf dem Boden oder einer anderen geeigneten Stelle, so keimen sie aus und bilden das Myzel eines neuen Pilzes.

Wenn die Sporen des heimischen Schopf-Tintlings reif sind, zerlaufen sie mit dem Hut in einer schwarzen, tintenähnlichen Flüssigkeit.

Verschiedene Baumpilze besiedeln totes Holz. Ihre Hüte wachsen wie Dachziegel versetzt über- und nebeneinander auf dem liegenden Stamm.

Ernährung

Ohne Blattgrün können Pilze keine Fotosynthese betreiben und daher anders als die Pflanzen auch keine Zuckerverbindungen selbst herstellen.

Viele Pilzarten besiedeln abgestorbene Stämme, Äste und Zweige, Falllaub und andere organische Materie. Ihr Myzel durchdringt das abgestorbene Gewebe und zersetzt es. Diese Pilze spielen eine wichtige Rolle in der Natur, denn sie bauen Abgestorbenes ab und führen die darin enthaltenen Nährstoffe wieder dem Boden zu, sodass die Pflanzenwurzeln diese aufnehmen können.

Es gibt auch Pilzarten wie den Hallimasch, der lebende Bäume befällt. Wenn er massenhaft auftritt, kann er großen Schaden anrichten.

Wusstest du ...

... dass manche Pilze im Ring wachsen? Biologen nennen diesen Hexen- oder Feenring, denn früher dachten die Menschen, er wäre durch Zauberei entstanden. Heute wissen wir, wie diese Ringe gebildet werden: In der Mitte des Rings ist eine Pilzspore gekeimt. Von dort hat sich ihr Myzel gleichmäßig rundum im Boden ausgebreitet, sodass es einen Kreis bildet. Jedes Jahr bilden sich am äußeren Rand dieses Kreises die Fruchtkörper, die im Ring stehen. Weil das Myzel jedes Jahr weiterwächst, werden die Ringe jährlich größer. Meist haben Hexenringe einen Durchmesser zwischen 50 cm und ein paar Metern. Die größten Hexenringe haben Durchmesser von bis zu 150 m und sind mehrere hundert Jahre alt.

Lebensgemeinschaft mit Bäumen

Viele Pilze bilden mit Bäumen eine enge Lebensgemeinschaft. Dabei umspinnen sich das Myzel der Pilze und die feinen Wurzeln der Bäume so eng, dass sie untereinander Flüssigkeiten austauschen können: Das Pilzgeflecht unterstützt den Baum bei der Aufnahme von Wasser aus dem Boden und stärkt seine Abwehrkräfte. Dafür bekommt der Pilz Zuckerverbindungen vom Baum. Diese sogenannte Mykorrhiza ist lebenswichtig für beide Partner. Bäume mit einem Mykorrhizapilz sind gesünder als solche, die keinen haben – doch der Bestand der empfindlichen Mykorrhizapilze nimmt ab.

Bäume und ihre Mykorrhizapilze, die im Wurzelbereich wachsen:

Gemeine Fichte: Fliegenpilz, Perlpilz, Fichten-Steinpilz
Stiel-Eiche: Grüner Knollenblätterpilz, Pantherpilz, Eichhase
Rot-Buche: Sommer-Steinpilz, Herbsttrompete
Gemeine Esche: Gemeine Morchel
Hänge-Birke: Gemeiner Birkenpilz, Fliegenpilz

Essbare und giftige Hutpilze

Bei uns gibt es ungefähr 5.000 verschiedene Großpilze, die du erkennen kannst. Die meisten sind ungenießbar, doch einige gehören zu den beliebten Speisepilzen. Viele essbare Pilze haben giftige Doppelgänger, die sich kaum von ihnen unterscheiden. Um Pilze zu sammeln, muss man sich darum sehr gut auskennen.

Der gefährlichste Pilz bei uns ist der Grüne Knollenblätterpilz – schon ein Pilz ist tödlich giftig. Weil dieser Giftpilz mit dem essbaren Wiesen-Champignon und anderen Pilzen verwechselt werden kann, wird er immer wieder von Pilzsammlern gegessen. Das Gift führt zu Übelkeit und Erbrechen – nach einem Tag scheint die Vergiftung überwunden. Doch unbemerkt zerstört das Gift die Leber und führt oft zum Tod.

Essbare Pilze

Fichten-Steinpilz

Hutdurchmesser: 10–20 cm
Auftreten: Juli bis November
Vorkommen: in Fichtenwäldern, unter Rot-Buchen
Auffällige Merkmale: hell- bis dunkelbrauner Hut, zunächst weiße, später hellgrüne Röhren auf der Unterseite
Besonderes: Einer der besten und bekanntesten Speisepilze; der nah verwandte Sommer-Steinpilz erscheint von Mai bis Oktober unter Buchen und Eichen.

Echter Pfifferling

Hutdurchmesser: 3–10 cm
Auftreten: Juli bis November
Vorkommen: in Kiefern- und Fichtenwäldern, oft in dichten Gruppen tief im Moos
Auffällige Merkmale: dottergelb, flacher bis trichterförmiger Hut mit dicken, mehrfach gegabelten Hautfalten (Leisten) auf der Unterseite
Besonderes: Einer der besten und bekanntesten Speisepilze; kam zu seinem Namen (Pfefferling) wegen seines pfeffrig-scharfen Geschmacks. Heißt auch Eierschwammerl wegen seiner dottergelben Farbe.

Wiesen-Champignon, Wiesen-Egerling

Hutdurchmesser: 5–10 cm
Auftreten: Mai bis November
Vorkommen: auf wenig gedüngten Wiesen und Weiden
Auffällige Merkmale: halbkugeliger weißer Hut mit zunächst fleischrosa, später schokoladenbraunen Lamellen
Besonderes: weit verbreiteter und häufiger Pilz, heißt auch Wiesen-Egerling, beliebter Speisepilz, wird auch angebaut

Schopf-Tintling

Hutdurchmesser: 4–10 cm
Auftreten: Juli bis Oktober
Vorkommen: an Waldwegen, auf Wiesen, auf Rasenflächen, an Straßen- und Wegrändern, in Gärten, auf Kompostplätzen
Auffällige Merkmale: walzenförmig-glockiger, heller, bis zu 25 cm hoher Hut, dessen glatter Rand sich bald von unten aufrollt und in schwarzer, tintenähnlicher Flüssigkeit zerfließt.
Besonderes: Junge Schopf-Tintlinge mit weißen Lamellen sind essbar, sobald sie sich über Rosa nach Schwarz verfärben, sind sie ungenießbar; mit der Tinte wurde früher geschrieben.

Giftige Pilze

Fliegenpilz

Hutdurchmesser: bis zu 20 cm
Auftreten: Juli bis November
Vorkommen: in Wäldern unter Fichten und Birken
Auffällige Merkmale: roter Hut mit weißen Flocken, weißer Stiel mit weißem, hängendem Ring
Besonderes: Dieser giftige Pilz bekam seinen Namen, weil die Menschen früher Fliegenpilzstücke in Milch schnitten, um mit dieser giftigen Milch Fliegen zu töten. Achtung: Der Regen kann die weißen Flocken abspülen.

Kartoffelbovist

Hutdurchmesser: 5–15 cm
Auftreten: Juli bis Dezember
Vorkommen: vor allem in Nadelwäldern, vereinzelt auch in Laubwäldern
Auffällige Merkmale: knollig-kugeliger, harter Fruchtkörper mit grob gefelderter Oberfläche ähnlich einer Kartoffel
Besonderes: Im Innern des Fruchtkörpers reifen die Sporen heran. Wenn sie reif sind, platzt der Fruchtkörper oben auf und Sporen fliegen in einer dichten Wolke heraus.

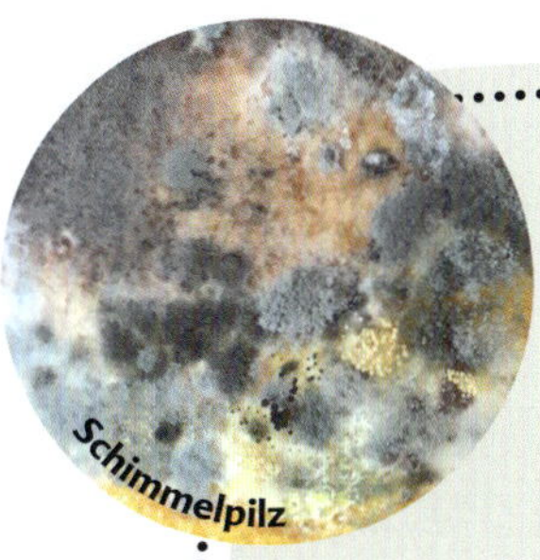

Schimmelpilz

Wusstest du ...

... dass auch die Hefepilze, die aus Mehl leckeren Pizzateig machen, die Schimmelpilze oder pflanzliche Krankheitserreger wie Echter und Falscher Mehltau zu den Pilzen gehören? Sogar der Fußpilz ist eine Pilzart.

Flechte = Pilz + Alge

Flechten sind ganz besondere Lebewesen, denn jede Flechte besteht aus einer festen Partnerschaft von einem Pilz und einer Alge. Die Alge betreibt Fotosynthese und versorgt die Flechte mit Zuckerverbindungen, der Pilz schützt die Alge vor Austrocknung. Flechten bilden krustige Beläge auf Rinden, Steinen, Dächern und vielen anderen Oberflächen, sie können auch wie Blätter aufliegen oder kleine strauchähnliche Körper bilden, die auf Ästen sitzen oder herabhängen. Weltweit gibt es über 25.000 verschiedene Flechtenarten.

Auf diesem Ast haben sich verschiedene bunte Flechten angesiedelt.

KAPITEL 7:

DIE BELEBTE NATUR

TIERE

HIER ERFÄHRST DU ALLES ÜBER:

- RÄUBER UND BEUTE
- TIERE DER URZEIT
- TIERE UND DER MENSCH
- WIRBELTIERE
- WIRBELLOSE

Auf der Erde leben heute über 2 Millionen verschiedene Tierarten, die alle Lebensräume auf dem Festland und in den Meeren besiedeln. Tiere sind sehr vielfältig in ihrem Aussehen und ihrer Lebensweise, deutlich vielfältiger als Pflanzen und Pilze. Biologen teilen die Tiere in zwei große Gruppen ein. Da sind zum einen die Wirbeltiere, zu denen Fische, Lurche, Kriechtiere, Vögel und Säugetiere gehören. Die weitaus artenreichere Gruppe bilden die Wirbellosen, zu denen so unterschiedliche Lebewesen wie die Schwämme, Quallen, Korallen und Würmer, die Seesterne und Seeigel, die Muscheln, Schnecken und Tintenfische sowie die Krebse, Spinnen und Insekten zählen.

DAS SIND TIERE

Ob Wirbellose wie Schwämme, Quallen, Korallen und Würmer, die Seesterne und Seeigel, die Muscheln, Schnecken und Tintenfische, die Krebse, Spinnen und Insekten oder Wirbeltiere wie die Fische, Lurche, Kriechtiere, Vögel und Säugetiere – Tiere sind sehr vielfältig in ihrem Aussehen und ihrer Lebensweise.

Delfine sind Säugetiere, die vom Landleben zurück zum Meeresleben übergegangen sind. Sie besitzen Lungen und müssen zum Atmen stets an die Wasseroberfläche kommen.

Haie gehören zu den ältesten marinen Tieren der Erde. Hinter den Spalten seitlich am Kopf sitzen die Kiemen, die dem durch sie hindurchströmenden Wasser Sauerstoff entnehmen.

Muskeln, Nerven, Atmung

Von Pflanzen und Pilzen unterscheiden sich die Tiere, da sie Muskeln und ein gut ausgebildetes Nervensystem besitzen. Dadurch können sich die Tiere fortbewegen, sie zeigen Verhaltensweisen und lernen aus den eigenen Erfahrungen. Natürlich gibt es auch Ausnahmen – so leben etwa im Meer Tiere wie die Muscheln, Seepocken und Korallen, die sich von der freien Lebensweise verabschiedet haben und sesshaft geworden sind. Auch das Lernvermögen von einfach gebauten Tieren wie Quallen oder Schwämmen ist nur schwach ausgeprägt.

Tiere brauchen Sauerstoff zum Leben, den sie beim Atmen über Lungen, Schleimhäute oder die Haut aus der Luft oder über Kiemen aus dem Wasser aufnehmen.

Wusstest du …

… dass es Tiere gibt, die zu unglaublichen Bewegungsleistungen fähig sind? Sie können wie die Streifengänse über das höchste Gebirge der Erde, den Himalaja, fliegen, wie der Gepard über 100 Stundenkilometer schnell laufen oder wie die intelligenten Menschenaffen und Rabenvögel knifflige Aufgaben lösen.

Wirbellose und Wirbeltiere

Die Biologen teilen die Tiere in zwei große Gruppen ein: die Wirbellosen und die Wirbeltiere. Fast alle Tiere sind Wirbellose – von den Wirbeltieren gibt es „nur" ca. 70.000 verschiedene Arten. Von 100 Tierarten sind 97 Wirbellose und nur 3 Wirbeltiere.

Alle Wirbeltiere sind miteinander verwandt. Vor über 550 Millionen Jahren lebte ihr Vorfahre, der das erste Tier auf der Erde mit einer Wirbelsäule war. Dieser sah vermutlich so aus wie heutige Lanzettfischchen. Wirbeltiere sind Knorpelfische, Knochenfische, Lurche (Amphibien), Kriechtiere (Reptilien), Vögel und Säugetiere *(➔ siehe ab Seite 126)*. Alle Wirbeltiere besitzen eine Wirbelsäule, die als stützendes Rückgrat im Körperinnern verläuft.

Alle übrigen Tiere gehören zu den Wirbellosen, die keine Wirbelsäule besitzen *(➔ siehe ab Seite 132)*. Das ist auch ihr einziges gemeinsames Merkmal. Alle Wirbellosen besitzen kein inneres Knochenskelett, sondern stützen ihren Körper auf unterschiedliche Weisen, manche besitzen eine harte Schale wie die Muscheln und Schnecken, andere einen harten Außenpanzer wie die Krebse, Spinnen und Insekten. Die Wirbellosen sind nicht miteinander verwandt, sondern haben viele verschiedene Vorfahren, aus denen sich die heutigen Arten entwickelt haben.

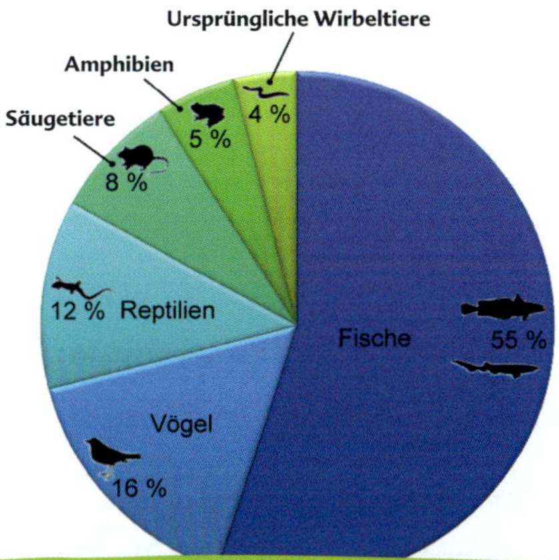

Über die Hälfte der Wirbeltierarten, nämlich 56 %, sind Fische. Die anderen Gruppen stellen weitaus weniger Arten.

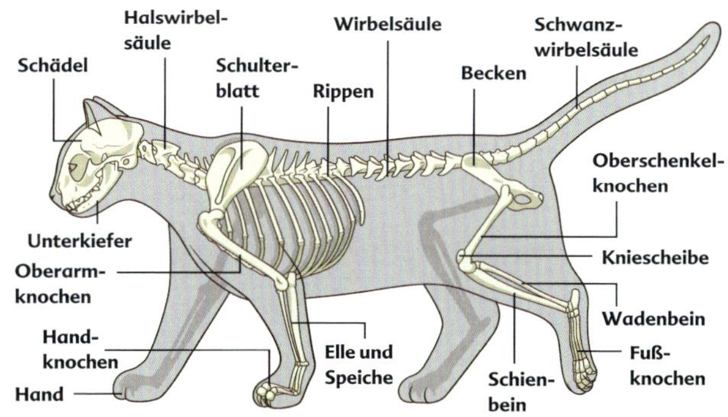

Die Wirbelsäule ist das gemeinsame Merkmal aller Wirbeltiere – hier das Skelett mit Wirbelsäule einer Katze.

Wechselwarme und gleichwarme Tiere

Fast alle Tiere der Erde sind wechselwarm – sie können die Temperatur ihres Körpers nicht selbst regeln. Darum sind sie immer ungefähr genauso warm oder kühl wie ihre Umgebung. Manche wechselwarmen Tiere wie die Eidechsen heizen ihren Körper in der Sonne auf. Dann können sie sich schneller bewegen und schneller reagieren. Wechselwarme Tiere werden auch Kaltblüter genannt.
Nur die Vögel, die Säugetiere sowie einige Haie (wie etwa der Weiße Hai) können ihren Körper durch die Muskeln aufheizen. Egal wie kalt oder heiß es rund um sie herum ist, der Körper der gleichwarmen Tiere hat immer ungefähr dieselbe Körpertemperatur. Bei den Säugetieren ist der Körper ungefähr so warm wie unserer, also etwa 37 Grad Celsius, bei den Vögeln liegt die Körpertemperatur bei über 41 Grad Celsius. Gleichwarme Tiere werden auch Warmblüter genannt.

Zauneidechsen wärmen ihren Körper in der Sonne auf, da sie ihn nicht selbst aufheizen können.

Ernährung

Tiere können im Gegensatz zu den Pflanzen ihre Nahrung nicht selbst herstellen. Tiere ernähren sich als Pflanzenfresser von Pflanzen, als Fleischfresser von anderen Tieren oder als Aasfresser und Zersetzer von Abfällen wie Kot, abgestorbenen Pflanzen oder toten Tieren.

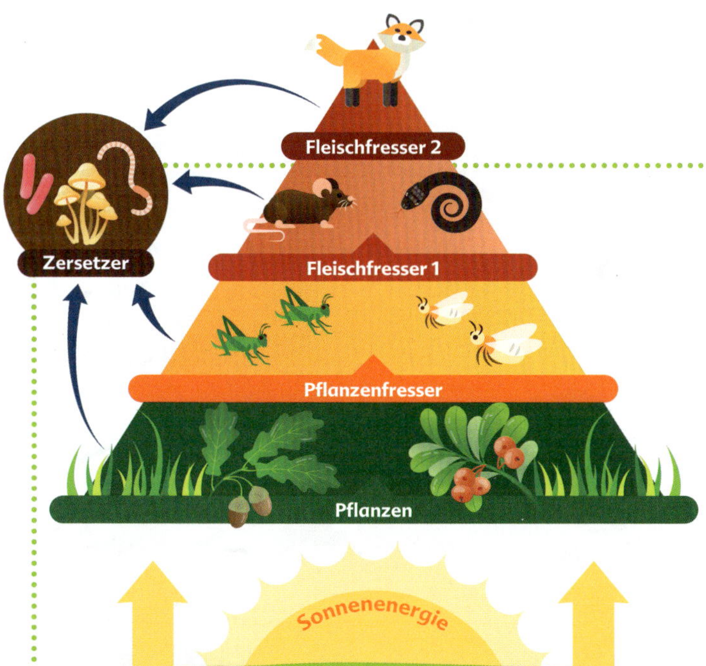

Pflanzen stellen die Nahrungsbasis der Tiere dar, an der Spitze dieser Nahrungspyramide stehen nur wenige Topräuber.

Der Nahrungskreislauf

Pflanzen –> Pflanzenfresser –> Fleischfresser 1 –> Fleischfresser 2 –> Aasfresser und Zersetzer

Pflanzen wie die Gräser produzieren ihre Nahrung selbst durch Fotosynthese.
Pflanzenfresser wie die Heuschrecken ernähren sich von Pflanzen.
Fleischfresser wie Igel und Spitzmäuse ernähren sich von Pflanzenfressern.
Fleischfresser wie die Schlange oder der Adler erbeuten andere Fleischfresser.
Der Kot und die toten Körper aller Tiere werden von Aasfressern gefressen, Zersetzer führen die darin enthaltenen Nährstoffe wieder dem Boden zu und machen sie für die Pflanzen verfügbar.

WIE SICH TIERE VERHALTEN

Von den Pflanzen unterscheiden sich die Tiere auch dadurch, dass sie ein Verhalten zeigen. Damit ist gemeint, was ein Tier tut und wie es das tut. Zum Verhalten gehören Fressen und Putzen ebenso wie das Jagen im Rudel, das Bauen von Nestern oder das Werben um einen Partner.

Weißstörche ziehen im Herbst nach Afrika und im Frühjahr wieder zurück zu uns. Die Route, die sie dabei fliegen, ist ihnen angeboren.

Angeboren oder erlernt

Bei sehr einfach gebauten Tieren wie Würmern oder Quallen ist das Verhalten zum größten Teil angeboren, bei sehr weit entwickelten Tieren wie Vögeln oder Säugetieren ändert sich das Verhalten durch Lernen und Erfahrungen. Im Lauf ihres Lebens werden diese Tiere immer geschickter.

Junge Eichhörnchen müssen erst lernen, wie sie die harte Schale einer Nuss mit den Zähnen öffnen.

Viele Verhaltensweisen sind den Tieren angeboren: Vögel wissen instinktiv, wie sie ein Nest bauen, und Nachtfalter lassen sich instinktiv fallen, wenn sie die Echoortungsrufe von Fledermäusen hören. Doch auch angeborenes Verhalten ändert sich: Je öfter ein Vogel ein Nest gebaut hat, umso geschickter stellt er sich an.

Die meisten Wirbellosen reagieren nur auf innere Reize wie Hunger oder äußere Reize wie Tageslicht und zeigen dabei stets dasselbe Verhalten – nur die intelligenten Kraken (Oktopus) lernen dazu: Sie beobachten genau ihre Beute und passen ihre Jagdstrategie ständig an.

Für die Wirbeltiere hingegen ist das Lernen wichtig: Vor allem die Vögel und Säugetiere lernen in ihrer Kindheit viel von den Eltern. Eichhörnchen lernen, wie sie Nüsse knacken, und Wölfe, wie sie im Rudel jagen.

Allein leben oder in der Gruppe

Viele Tiere wie Spinnen, Käfer oder Schlangen verbringen ihr ganzes Leben allein, nur zur Paarung treffen sie auf einen Artgenossen. Für andere Tiere wie Wölfe, Krähen, Fische oder Hummeln ist das Zusammenleben mit anderen Artgenossen ganz wichtig: Sie bilden Rudel, Herden, Schwärme und Staaten. Damit diese Tiere gut zusammenleben können, müssen sie sich untereinander verständigen: Vögel und Wale kommunizieren durch Gesänge und Rufe, viele Säugetiere zusätzlich über Düfte.

Die Streifen der Zebras sind ein wirksamer Schutz vor blutsaugenden Bremsen und Fliegen sowie vor ihrem ärgsten Feind, dem Löwen.

An der Körperhaltung kannst du leicht erkennen, ob ein Hund ängstlich, aggressiv oder neugierig ist oder ob er spielen will.

Wusstest du ...

... dass nicht nur wir Menschen, sondern auch Tiere eine innere Uhr haben? Damit können sie ihr Leben an den täglichen Tag-Nacht-Rhythmus anpassen.

Am Tag aktiv: Tagpfauenauge

Nachts munter: Nachtfalter wie diese Hausmutter

Aktivität und Ruhe

Bienen und Tagfalter fliegen tagsüber, wenn es hell ist, während Nachtfalter, Eulen und Fledermäuse nachts aktiv sind. Wann ein Tier aktiv ist und wann es ruht, hängt vor allem mit seiner Nahrung zusammen. Während tagsüber die Blüten für die bestäubenden Insekten geöffnet sind, sind nachts wichtige Beutetiere wie Stechmücken oder Mäuse unterwegs. Die Watvögel im Wattenmeer an der Nordsee haben ihre Wach- und Ruhezeiten sogar an Ebbe und Flut angepasst: Während der Flut ruhen sie und bei Ebbe, wenn die Wattflächen nicht von Wasser bedeckt sind, gehen sie auf Nahrungssuche.

Auch die Jahreszeiten beeinflussen das Verhalten der Tiere: Wenn nach der Wintersonnenwende die Tage deutlich länger werden, fangen Meisen und andere Vögel an zu singen – für sie beginnt die Brutzeit, in der sie einen Partner finden, Eier brüten und Küken großziehen. Wenn im Herbst die Tage kürzer werden, ist das für die Zugvögel das Signal, nach Süden zu ziehen, und für Eichhörnchen und Eichelhäher, Eicheln und Nüsse im Boden als Vorrat für den Winter zu vergraben.

Körpersprache

Da Hunde von Wölfen abstammen, haben sie auch deren Körpersprache geerbt. Um einen Hund zu verstehen, musst du vor allem auf die Körperhaltung, die Ohren und den Schwanz (Rute) achten.

Räuber und Beute

Viele Tiere erbeuten andere Tiere, um satt zu werden: Eulen beispielsweise erbeuten Mäuse. Würden die Eulen alle Mäuse wegfangen, so hätten sie bald nichts mehr zu fressen. Würde es keine Räuber geben, so könnten sich die Mäuse zwar ungehindert vermehren – bald wären es aber so viele Mäuse, dass sie alle pflanzliche Nahrung aufgefressen hätten und auch an Stress zugrunde gehen würden. Beides ist zum Nachteil von Räubern und Beute. Darum gibt es eine natürliche Beziehung zwischen Räubern und Beutetieren. Bei Schleiereulen hat man festgestellt, dass sie zweimal im Jahr brüten, wenn es viele Mäuse gibt. Dann werden die Eulenküken alle satt. Gibt es in einem Jahr ganz wenige Mäuse, so brütet die Schleiereule gar nicht.

Auch der Fuchs gehört wie Schleiereule und Mäusebussard zu den Mäusejägern.

WIE NEUE ARTEN ENTSTEHEN

Die Tiere und Pflanzen, die heute auf der Erde leben, waren nicht immer da. Vielmehr haben sie sich aus Vorfahren entwickelt, die anders aussahen. Biologen nennen dies Evolution.

Im westlichen Europa existiert eine völlig schwarze Unterart der Aaskrähe, die Rabenkrähe genannt wird.

Im östlichen Europa hingegen ist die Aaskrähe grau-schwarz gefärbt – diese Unterart heißt Nebelkrähe.

Evolution

Die Lebensbedingungen auf der Erde ändern sich fortlaufend: Mal war es viel kälter als heute, mal viel wärmer, mal feuchter und mal trockener. Diese Veränderungen geschehen zwar sehr langsam, aber über tausende von Jahren kann sich die Umwelt komplett verändern. Darum mussten die Vorfahren der Tiere und Pflanzen immer wieder ihr Aussehen und Verhalten verändern, um sich an die Lebensbedingungen anzupassen. So sind im Lauf der Erdgeschichte immer wieder sehr viele Tier- und Pflanzenarten ausgestorben und neue haben sich entwickelt, die dann die Lebensräume im Meer, an Land und in der Luft besiedelt haben.

So entstehen neue Arten

Durch die Evolution entstehen neue Arten. Weil das sehr langsam geschieht, können Forscher die Entstehung neuer Arten nur sehr schwer beobachten. Sie beginnt damit, dass die Tiere einer Art in verschiedenen Gebieten unterschiedlich aussehen. So sind die Aaskrähen im westlichen Deutschland ganz schwarz („Rabenkrähen“) und im östlichen Deutschland grau-schwarz („Nebelkrähen“). Neue Arten entstehen auch auf Inseln, wenn die dort lebenden Tiere keinen Kontakt mehr zu Tieren derselben Art auf anderen Inseln oder auf dem Festland haben. Wenn dann spätere Forscher nach ein paar hundert Jahren nachschauen, sehen die isolierten Tiere auf der Insel anders aus und verhalten sich anders als die auf dem Festland.

Sind ähnlich aussehende Tiere miteinander verwandt?

Nur weil Tiere sehr ähnlich aussehen, müssen sie nicht miteinander verwandt sein. Delfine und Haie beispielsweise sind schnelle Schwimmer im Meer. Sie haben einen sehr ähnlichen, spindelförmigen Körper, eine aufrechte Rückenflosse, 2 Brustflossen und eine Schwanzflosse, denn diese Körperform eignet sich am besten für diese Lebensweise. Dennoch gehören sie zu völlig verschiedenen Tiergruppen: Haie sind Knorpelfische, Delfine hingegen Säugetiere. Biologen nennen solche Ähnlichkeiten zwischen nicht verwandten Tieren Konvergenz.

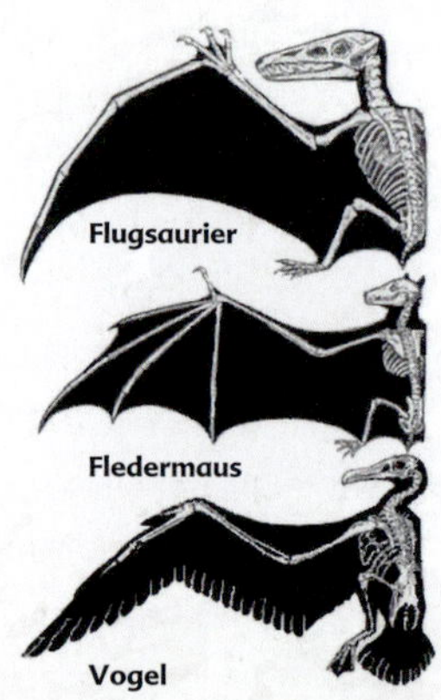

Konvergenz bei Flügeln

Symbiose im Korallenriff: Clownfische fächeln den Seeanemonen nahrungsreiches Wasser zu und schrecken Fressfeinde ab, dafür schützen die Seeanemonen die Fische mit ihren giftigen Nesselzellen.

Parasitische Milben haben den Mistkäfer befallen.

Symbiose und Parasiten

Im Lauf der Evolution haben sich bei den Tieren auch dauerhafte Partnerschaften gebildet: Wenn beide Partner davon profitieren, nennt man das eine Symbiose. In Afrika befreien Madenhacker-Vögel Kaffernbüffel, Nashörner und andere große Säugetiere von Zecken und anderen Hautparasiten, von denen sich die Vögel ernähren. Bienen, Schmetterlinge und andere bestäubende Insekten leben in Symbiose mit den Blüten: Diese liefern den Insekten Pollen- und Nektarnahrung, dafür werden sie bestäubt (*siehe auch Seite 96*). Bei manchen Partnerschaften hat die eine Art Vorteile, die andere aber Nachteile: Das ist bei Parasiten der Fall. Bandwürmer, die im Darm von Säugetieren leben, ernähren sich von dem Speisebrei, während die betroffenen Tiere (Wirte genannt) dabei geschwächt werden.

Wusstest du ...

... was eine Art ist? Alle Tiere (oder Pflanzen) einer Art haben dieselben Merkmale und bekommen zusammen fruchtbare Nachkommen.

MINT – Für dich!

So haben sich die Pferde entwickelt

Viele fossile Funde zeigen, wie im Lauf von ungefähr 50 Millionen Jahren aus nur hasengroßen Pferdevorfahren die heutigen Pferde wurden.

1. Vor ungefähr 50 Millionen Jahren: Das nur 20 cm hohe Eohippus lebt im dichten Wald, es läuft vorne auf vier Zehen, hinten auf nur drei Zehen und ernährt sich von weichen Blättern, Blüten und Früchten.
2. Vor ungefähr 25 Millionen Jahren: Das schafgroße Mesohippus lebt immer noch in den Wäldern, seine Füße haben sich verändert, denn die mittlere der drei Zehen ist viel länger als die beiden äußeren geworden und trägt einen Huf.
3. Vor 15 Millionen Jahren: Im trockener werdenden Klima gehen die Wälder zurück und Grassteppen breiten sich aus. Dort leben die eselgroßen Merychippus, die nun harte Gräser fressen. Die mittlere Zehe ist noch länger geworden und trägt einen kräftigen Huf, mit dem diese Tiere auf dem harten Untergrund schnell laufen können. Die beiden äußeren Zehen sind klein.
4. Vor 5 Millionen Jahren: In den weiten Prärien leben einzehige Pliohippus, die so groß sind wie heutige Przewalski-Pferde.
5. Heute durchstreifen die Nachfahren von Pliohippus die Savannen und Halbwüsten Afrikas und Asiens: Wildpferde, Esel und Zebras.

TIERE DER URZEIT

Die Erde sah nicht immer so aus wie heute. Wichtige Großereignisse wie Zusammenstöße von Kontinenten oder Klimaveränderungen haben zu großen Veränderungen in der Tier- und Pflanzenwelt geführt. So haben früher ganz andere Tiere und Pflanzen auf der Erde gelebt als heute.

Erdgeschichte

Anhand der fossilen (versteinerten) Überreste der Urzeittiere wird die Erdgeschichte in verschiedene Perioden eingeteilt. Am Ende jeder Periode sind massenhaft Tiere und Pflanzen ausgestorben, am Anfang jeder Periode haben sich viele neue Pflanzen- und Tierarten entwickelt.

Fossilien

Fossilien sind die versteinerten Reste früherer Lebewesen. „Fossil“ ist ein lateinisches Wort, dass auf Deutsch ausgegraben oder versteinert bedeutet. Ohne Fossilien wüssten wir nicht, welche Tiere und Pflanzen früher auf der Erde gelebt haben und wie sie sich entwickelt haben.
Wie Fossilien entstehen, erfährst du auf ➲ *Seite 52.*

Erdzeitalter	Periode	Beginnt vor
Erdfrühzeit	Präkambrium	etwa 3,8 Mrd. Jahren
Erdaltertum	Kambrium	etwa 545 Mio. Jahren
	Ordovizium	etwa 495 Mio. Jahren
	Silur	etwa 443 Mio. Jahren
	Devon	etwa 417 Mio. Jahren
	Karbon	etwa 354 Mio. Jahren
	Perm	etwa 290 Mio. Jahren
Erdmittelalter	Trias	etwa 248 Mio. Jahren
	Jura	etwa 205 Mio. Jahren
	Kreide	etwa 142 Mio. Jahren
Erdneuzeit	Paläogen	etwa 65 Mio. Jahren
	Neogen	etwa 23 Mio. Jahren
	Quartär	etwa 2,5 Mio. Jahren

Verschiedene Urzeittiere

Im Devon lebte:

Ichthyostega (Amphibium)

Länge: bis zu 1 m
Auftreten: vor über 370 Millionen Jahren
Vorkommen: heutiges Grönland
Auffällige Merkmale: 20 cm langer, massiver Schädel
Besonderes: Das erste Wirbeltier an Land, es sah aus wie ein krokodilgroßer Molch.

Ichthyostega

Im Karbon lebte:

Meganeura (Insekt, Libelle)

Länge: 50 cm
Flügelspannweite: 70 cm
Auftreten: vor über 300 Millionen Jahren
Vorkommen: Europa
Besonderes: Das größte Insekt, das jemals gelebt hat.

Im Erdmittelalter gab es noch keine Delfine – damals nahmen die Fischsaurier deren Rolle als Fischjäger im Meer ein.

Größenvergleich mit einer heutigen Giraffe: Brachiosaurus gehört zu den größten Tieren, die jemals an Land gelebt haben.

Wichtige Ereignisse in der Tierwelt
Vielzellige Weichtiere entwickeln sich in den Meeren.
Gepanzerte Wirbellose entwickeln sich in den Meeren.
Erste Krebse und erste kieferlose Fische in den Meeren
Erste kiefertragende Fische in den Meeren; erste Landpflanzen
„Zeitalter der Fische": große Vielfalt an Fischen in den Meeren; erste Amphibien, Tausendfüßer und Insekten an Land
Im Meer große Vielfalt an Ammoniten (Verwandte der Tintenfische), an Land erste Wälder mit großer Vielfalt an Amphibien und Insekten
Erste Reptilien an Land; am Ende dieser Periode sterben an Land und in den Meeren 75–90 % aller Tierarten aus.
Reptilien erobern alle Lebensräume der Erde: Flugsaurier, Meeressaurier und erste Dinosaurier; die ersten Säugetiere und Vögel entwickeln sich.  Urvogel Archaeopteryx
„Zeitalter der Dinosaurier": an Land große Vielfalt an Pflanzen und fleischfressenden Sauriern
„Zeitalter der Dinosaurier" dauert an, Blütenpflanzen entwickeln sich in großer Vielfalt und mit ihnen die Insekten. Am Ende: An Land und in den Meeren sterben 75–90 % aller Tierarten aus. 
Säugetiere entwickeln sich und erobern alle Lebensräume, ebenso Vögel und Insekten.
Säugetiere, Vögel und Insekten entwickeln sich zur heutigen Vielfalt.
Eiszeitalter: Der Mensch entwickelt sich aus Primatenvorfahren.

Im Jura lebten:

Ichthyosaurus (Fischsaurier)

Länge: bis zu 3,3 m

Auftreten: vor über 190 Millionen Jahren

Vorkommen: Europa

Besonderes: Der bekannteste Fischsaurier sieht wie ein Delfin aus. Er war ein Meerestier, das keine Eier legte, sondern lebende Junge gebar.

Brachiosaurus (Dinosaurier, Sauropode)

Länge: bis zu 27 m

Auftreten: vor über 145 Millionen Jahren

Vorkommen: Nordamerika

Besonderes: Eines der größten Landtiere, die jemals gelebt haben. Dieser Pflanzenfresser könnte bis zu 44 Tonnen gewogen haben.

In der Kreide lebten:

Tyrannosaurus (Dinosaurier, Theropode)

Länge: bis zu 13 m

Auftreten: vor über 66 Millionen Jahren

Vorkommen: Nordamerika

Besonderes: Einer der größten fleischfressenden Landtiere, die jemals gelebt haben. Er wog bis zu 9 Tonnen.

Tyrannosaurus ist der bekannteste Fleischfresser unter den Dinosauriern.

Pteranodon (Flugsaurier)

Flügelspannweite: bis zu 9 m

Auftreten: vor über 72 Millionen Jahren

Vorkommen: Nordamerika

Besonderes: Er gehört zu den größten Flugsauriern, die wahrscheinlich wie Albatrosse im Seewind gesegelt sind. Er ist ein Fischfresser.

TIERE UND DER MENSCH

Bis vor etwa 15.000 Jahren gab es auf der Erde nur Wildtiere. Rehe, Kaninchen und andere wurden von den Menschen gejagt. Doch dann begannen die Menschen, Getreide und andere Pflanzen selbst anzubauen. Sie erkannten, dass es nützlich ist, auch Tiere zu halten. Von da an gab es neben den Wildtieren auch Haustiere. Doch der Mensch veränderte noch auf andere Weise durch sein Wirtschaften und Siedeln das Leben vieler Tiere.

Das Wildschwein ist die Wildform unseres Hausschweins.

Hausschweine wurden vom Menschen als Nutztiere gezüchtet.

Heim- und Nutztiere

Als die Menschen sich dort ansiedelten, wo sie Ackerbau betrieben, begannen sie auch, einzelne Wildtiere in ihre Obhut zu nehmen: Während Rehe und Hirsche nicht zahm werden können, züchteten die Menschen aus anderen Wildtieren zahme Nutztiere: Aus Wildschweinen wurden Hausschweine, die Fleisch liefern, aus wilden Rindern Milchkühe und aus wilden Hühnern Haushühner, die Eier legen. Auch Schafe, Ziegen und Pferde wurden gezüchtet. Haustiere, die den Menschen nützen, heißen Nutztiere – Haustiere, die den Menschen begleiten und bei ihm zu Hause leben, heißen Heimtiere.

Auf der ganzen Welt existieren vermutlich über 800 verschiedene Rassen von kleinen bis sehr großen Hunden, von denen aber nur knapp 350 Rassen vom kynologischen Dachverband FCI als solche anerkannt sind.

Der Hund

Das älteste Haustier ist der Hund. Manche Biologen sind der Meinung, dass sich schon vor 100.000 Jahren einzelne Wölfe den steinzeitlichen Menschen angeschlossen haben – vielleicht, weil sie keinen Partner gefunden haben, mit dem sie ein neues Rudel gründen konnten. Damals waren auch die Menschen noch Nomaden und zogen auf der Suche nach Nahrung und Jagdgründen umher. Die Wölfe wurden zahm, begleiteten die Menschen auf ihren Wanderungen und beschützten sie bei Nacht. So begannen die Menschen, aus diesen Wolfsvorfahren Hunde zu züchten. Unterschiedliche Hunderassen entstanden, die für bestimmte Aufgaben geeignet waren – zum Aufstöbern von Wild, zum Hüten von Schafen oder zum Ziehen von Schlitten.

Wo sich Menschen immer mehr durch Siedlungen, Industriegebiete, Straßen und Bahntrassen ausbreiten, wird der Lebensraum für die heimischen Pflanzen und Tiere immer kleiner.

Wusstest du ...

... dass weltweit jede vierte Säugetierart vom Aussterben bedroht ist? Bei den anderen Tiergruppen ist die Situation auch nicht besser. Wir wissen dies, da die IUCN (International Union for the Conversation of Nature and Nature Resources) jedes Jahr aus den Informationen von über 10.000 Wissenschaftlern aus allen Ländern der Erde eine Rote Liste gefährdeter Arten erstellt. Darin werden alle bekannten Tierarten der Erde aufgeführt und regelmäßig dokumentiert, ob sie ausgestorben, vom Aussterben bedroht oder gefährdet sind.

Tiere in Gefahr

Bis vor ungefähr 200 Jahren haben die Menschen nur wenige Teile der Wälder, Flüsse und Seen für sich in Anspruch genommen und es gab überall genügend Wildnis für alle Tiere. Mit der Industrialisierung, der Erfindung von Motoren und Düngemitteln und vor allem durch die starke Zunahme der menschlichen Bevölkerung (*siehe auch Seite 153*) wurde der Platz für die Tiere immer weniger. Sie verloren ihre angestammten Lebensräume durch den Bau von Straßen, Siedlungen und Industrieanlagen oder durch die Vergiftung von Gewässern. Sie verloren ihre Nahrungsquellen durch die Vernichtung von Wildpflanzen und Insekten durch das Roden und den Einsatz von giftigen Pflanzenschutzmitteln, und sie wurden in viel zu großen Mengen gejagt oder gefischt. Auch der Klimawandel macht sich bemerkbar, etwa wenn Vogelarten wie der Bienenfresser aus dem Süden Europas zu uns wandern.

Heute ist die Situation der Tiere (und Pflanzen) sehr schlecht und viele Arten stehen aus vielerlei Gründen vor dem Aussterben. Die Erde droht durch das Tun der Menschen ihre enorme Vielfalt an Tier- und Pflanzenarten zu verlieren: In Deutschland beispielsweise sind innerhalb der letzten 50 Jahre 60 % der Vögel verschwunden, innerhalb der letzten 20 Jahre sogar 80 % der Insekten. Darum setzen sich Menschen und Organisationen für den Natur- und Artenschutz ein.

MACH MIT!

Zweimal im Jahr findet die Aktion „Eine Stunde für unsere Vögel“ statt. Dabei beobachtest du eine Stunde lang die Vögel und notierst genau, welche du gesehen hast. Dann meldest du dein Ergebnis dem NABU. Mehr Informationen unter www.stundedergartenvoegel.de und www.stundederwintervoegel.de

SÄUGETIERE

Auf der Erde leben über 6.400 verschiedene Arten von Säugetieren. Diese Tiergruppe heißt so, weil die neugeborenen Jungen zuerst von der Mutter mit Muttermilch gesäugt werden.

Merkmale

Säugetiere gehören zu den Wirbeltieren. Als gemeinsame Merkmale haben alle Säugetiere ein Fell aus Haaren, atmen mit den Lungen und besitzen eine gleichmäßig hohe Körpertemperatur (Warmblüter). Die meisten Säugetiere leben an Land, die Wale (Bartenwale und Zahnwale wie Delfine), Robben und Seekühe haben das Meer erobert und die Fledermäuse den Luftraum.

Wie ihr Name verrät, ist die erste Nahrung aller jungen Säugetiere Muttermilch, die sie saugend oder leckend aufnehmen.

Evolution der Säugetiere

Die Vorfahren der Säugetiere sind die Therapsiden. Das ist eine Gruppe von säugetierähnlichen Reptilien, die am Ende des Erdaltertums gelebt haben. Im Erdmittelalter gab es schon recht viele Säugetiere: Die meisten waren höchstens so groß wie Ratten, nachtaktiv und sahen so ähnlich wie Spitzmäuse aus. Mit dem Aussterben der Dino-, Flug- und Meeressaurier gab es auf der Erde genügend Platz in den verschiedenen Lebensräumen für die Säugetiere, die sich zur heutigen Vielfalt entwickeln konnten. Auch der Mensch gehört zu den Säugetieren.

Die Säugetiere werden in 3 Gruppen eingeteilt: Am ursprünglichsten sind die Eier legenden Säugetiere (Kloakentiere), die wie die Beuteltiere in Australien leben. Am höchsten entwickelt sind die Echten Säugetiere (Plazentatiere).

Wusstest du, ...

... dass alle Säugetiere besondere Ohren haben? Im Mittelohr besitzen sie stets 3 Gehörknöchelchen – Hammer, Amboss und Steigbügel. Diese leiten die Schallwellen vom Trommelfell an das Innenohr weiter.

Vielfalt afrikanischer Säugetiere

Junge Beuteltiere wachsen zunächst im Schutz des mütterlichen Beutels heran.

MACH MIT!

Schau dir das Gebiss verschiedener Säugetiere an, zum Beispiel das von deinem Hund oder deiner Katze. Das Gebiss besteht aus verschiedenen Zahntypen: den Schneidezähnen, den Eckzähnen und zwei Typen von Backenzähnen. Zuerst bildet sich bei vielen jungen Säugetieren das Milchgebiss mit den Milchzähnen. Beim Zahnwechsel fallen sie aus und es bildet sich nun das bleibende Gebiss. Es besteht aus bis zu 44 Zähnen. Nur die Zahnwale besitzen mehr Zähne, während die Ameisenbären und Schuppentiere zahnlos geworden sind.

Eier legende Säugetiere

Dazu gehören nur das Schnabeltier und zwei Arten von Ameisenigel. Sie gebären keine lebenden Jungen, sondern legen Eier und brüten sie in einem Erdnest aus wie Vögel. Die geschlüpften Jungtiere sind winzig klein, nackt und hilflos und werden mit Muttermilch versorgt.

Beuteltiere

Von den Echten Säugetieren unterscheiden sich die Beuteltiere durch den Beutel am Bauch der Mutter, in dem die winzigen neugeborenen Jungen heranwachsen. Es gibt über 320 verschiedene Arten von Beuteltieren, zu denen Koala und Känguru gehören. Fast alle Beuteltiere leben in Australien. Weil es dort ursprünglich keine Echten Säugetiere gab, haben die Beuteltiere alle Lebensräume an Land besetzt – darum sehen viele Beuteltiere so ähnlich wie Mäuse, Hasen oder Marder aus (Konvergenz, ➲ *siehe Seite 120*). Einige wenige Beuteltiere wie das Opossum leben auch in Amerika.

Echte Säugetiere

Die Echten oder Höheren Säugetiere leben auf der ganzen Erde, sowohl an Land als auch im Wasser. Im Lauf der letzten 50 Millionen Jahren haben sie eine große Vielfalt an Arten entwickelt, die Biologen in rund 20 verschiedene Gruppen einteilen. Zu den eher kleinen Insektenfressern gehören Igel, Maulwurf und Spitzmaus, während Mäuse, Ratten, Eichhörnchen und Biber zu den Nagetieren zählen. Füchse, Wölfe und Bären gehören zu den Raubtieren. Rehe, Hirsche und Rinder sind Paarhufer, Pferde und Nashörner Unpaarhufer. Weitere Gruppen sind die Primaten (Affen), Wale, Fledertiere, Hasenartige und Rüsseltiere: Das größte und schwerste Landtier der Erde ist der Afrikanische Steppenelefant, dessen Bullen über 6.000 kg (6 Tonnen) wiegen können. Auch viele Nutz- und Haustiere der Menschen sind Säugetiere, etwa Hund, Katze, Pferd und Rind.

Das Schnabeltier gehört zu den urtümlichen Säugetieren, denn es legt wie seine Vorfahren noch Eier.

Für Säugetiere spielt der fein ausgebildete Hörsinn eine große Rolle, darum besitzen viele Säugetiere auffällige Ohrmuscheln.

VÖGEL

Von den Vögeln, einer weiteren Gruppe innerhalb der Wirbeltiere, sind fast 11.000 verschiedene Arten bekannt. Sie besiedeln alle Kontinente der Erde, mit den Pinguinen sogar die eiskalte Antarktis.

Federn wärmen nicht nur den Körper, sondern ermöglichen es den Vögeln, zu fliegen. Weil sie sich abnutzen, werden sie einmal im Jahr während der Mauser nach und nach durch neue ersetzt.

Alle Vögel besitzen Federn, einen Schnabel und ihre Vorderextremitäten sind zu Flügeln umgewandelt. Bis auf wenige Ausnahmen (große Laufvögel wie Strauß, Emu, Kasuar sowie Pinguine) können alle Vögel fliegen. Daher sind Vögel extrem leicht gebaut, ihre Knochen sind hohl.

Vögel wie diese Amsel legen Eier und brüten sie viele Tage und Wochen lang mit ihrer Körperwärme aus.

Brüten

Vögel legen Eier und brüten sie mit ihrer Körperwärme aus. Zum Schutz der empfindlichen Eier bauen die meisten Vögel ein Nest. Nach dem Schlüpfen versorgen die Vogeleltern ihre Küken mit Nahrung. Dabei unterscheidet man die Nesthocker von den Nestflüchtern. Die meisten Küken sind Nesthocker – sie schlüpfen nackt und hilflos und müssen von den Eltern gewärmt und versorgt werden. Die Küken von Hühnern, Gänsen und Enten hingegen verlassen als Nestflüchter sofort nach dem Schlüpfen ihr Nest und ziehen mit den Eltern umher. Viele Vögel verständigen sich untereinander durch Rufe. Sie warnen sich gegenseitig vor Gefahr oder halten Kontakt zu den Küken oder Artgenossen.

Verschiedene Schnäbel

Da Vögel ihre Nahrung vor allem mit dem Schnabel erbeuten, ist deren Form sehr verschieden: Greifvögel und Eulen zerteilen mit ihrem Hakenschnabel ihre Beute, Enten holen Wasserpflanzen und Kleintiere mit dem breiten

Am Schnabel erkennt man, wovon sich ein Vogel ernährt: Grauschnäpper und Zaunkönig erbeuten mit ihrem dünnen Schnabel Insekten und andere Kleintiere. Grünfink und Spatz öffnen mit ihrem kräftigen Schnabel auch harte Samenschalen. Die Amsel mag am liebsten weiche Kost wie Regenwürmer. Ihr Schnabel ist lang und spitz.

Schnabel aus dem Wasser. Reiher und Eisvögel erbeuten mit dem langen, dolchartigen Schnabel Fische, und Watvögel wie die Uferschnepfe stochern damit im weichen Boden nach Würmern.

Wusstest du ...

... dass der kleinste Vogel der Welt weniger wiegt als ein Gummibärchen? Die Bienenelfe (Hummelkolibri) kann wie alle Kolibris in der Luft stehen wie ein Hubschrauber. Der größte Vogel ist der Afrikanische Strauß mit einem Gewicht von bis zu 110 kg. Er ist viel zu schwer zum Fliegen.

Gruppen

Auch die Vögel werden in verschiedene Gruppen eingeteilt: Es gibt Gänse, Schwäne, Enten, Schreitvögel wie den Weißstorch, Greifvögel und Eulen, Watvögel und Möwen, Tauben, Spechte, Papageien, Kolibris und Singvögel, die ungefähr die Hälfte der Vogelarten ausmachen.

Meisen, Grasmücken, Finken und Drosseln wie die Amsel gehören zu den Singvögeln. Diese Vögel können schöne Lieder singen, da sie in der Kehle ein besonderes Singorgan tragen. Das ist die Syrinx. Sie besteht aus mehreren Stimmbändern, mit deren Hilfe die Vögel viele Töne erzeugen und sogar zweistimmig singen können. Die Gesänge sind so verschieden, dass man daran sogar die verschiedenen Arten voneinander unterscheiden kann, ohne den Vogel zu sehen. Singvögel singen nur in der Brutzeit. Mit den Gesängen markieren die Männchen das Revier rund um das Nest und locken Weibchen an.

Zugvögel – Standvögel

Vögel wie Meisen, Spatzen, Eulen oder Enten bleiben das ganze Jahr über im selben Gebiet – das sind die Standvögel. Da sie sich vor allem von Pflanzlichem ernähren, finden sie auch im Winter genügend Nahrung. Anders die Zugvögel, die sich meist von Insekten ernähren – sie wandern im Jahreslauf zwischen ihrem Brutgebiet und dem Überwinterungsgebiet hin und her, um stets genügend Beute zu finden. Dabei legen die Zugvögel unterschiedlich weite Strecken zurück: Kurzstreckenzieher wie Mönchsgrasmücken, Kraniche und Rotmilane verbringen den Winter am Mittelmeer. Mittelstreckenzieher wie Störche oder Nachtigallen ziehen im Herbst ins zentrale Afrika, während Langstreckenzieher wie Kuckuck, Mauersegler und Schwalben sogar bis nach Südafrika fliegen. Der Rekordhalter unter den Zugvögeln ist die Küstenseeschwalbe. Sie fliegt jedes Jahr zweimal von Pol zu Pol und legt dabei 30.000 km zurück!

Mit Gesängen markieren viele Vögel während der Brutzeit ihr Revier und locken einen Partner an. Der Star gehört zu den besonders begabten Sängern.

KRIECHTIERE, LURCHE UND FISCHE

Neben den Säugetieren und Vögeln gehören auch die Kriechtiere, Lurche und Fische zu den Wirbeltieren. Das gemeinsame Merkmal aller Wirbeltiere ist die Wirbelsäule.

Kriechtiere = Reptilien

Auf der ganzen Erde gibt es rund 11.000 verschiedene Arten von Kriechtieren. Ihre trockene Haut ist von harten Hornschilden (Schuppen) bedeckt. Alle Kriechtiere legen trockenschalige Eier an Land und atmen durch Lungen. Weil sie ihre Körpertemperatur als wechselwarme Tiere nicht selbst regeln können, ist ihr Körper stets so warm wie die Umgebung. Viele Reptilien kommen daher vor allem in ganzjährig warmen bis heißen Gebieten wie Wüsten vor oder sie nehmen gern ein Sonnenbad, um sich aufzuwärmen. Die bei uns lebenden Kriechtiere – Eidechsen, Blindschleichen und Schlangen – legen im Winter eine Ruhepause ein, in der sie mit starrem Körper an einem geschützten Platz verharren. Heutzutage leben noch 4 Gruppen von Reptilien auf der Erde: die Schildkröten, die Brückenechsen, die Krokodile und die Schuppenkriechtiere, zu denen die Echsen und Schlangen gehören.

Evolution

Kriechtiere spielen in der Evolution der Wirbeltiere eine wichtige Rolle. Die frühesten Reptilien lebten schon am Ende des Erdaltertums vor über 315 Millionen Jahren. Im Erdmittelalter beherrschten die Reptilien alle Lebensräume – die Dinosaurier das Land, die Meeressaurier das Meer und die Flugsaurier die Luft. Auch die Vorfahren von Vögeln und Säugetieren waren Reptilien. All diese verschiedenen Reptiliengruppen sind ausgestorben.

Vielfalt an Reptilien

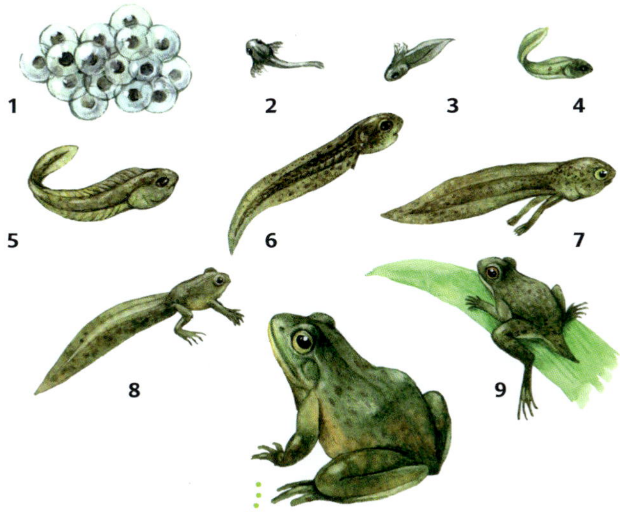

Lurche machen eine besondere Entwicklung durch, bei der sich die Larven zu erwachsenen Lurchen verwandeln. Diese Verwandlung heißt Metamorphose: Im Wasser schlüpfen aus den Eiern (1) schwanztragende Larven, die Kaulquappen heißen (2–8). Sie sind vollständig an das Leben im Wasser angepasst. Jungfrosch (9).

Lurche = Amphibien

Auf der ganzen Erde leben rund 7.000 verschiedene Amphibienarten. Unter den an Land lebenden Wirbeltieren sind die Amphibien die ursprünglichste Gruppe. Da ihre dünne, drüsenreiche Haut feucht ist und die gelartigen Eier (Laich) im Wasser abgelegt werden müssen, entfernen sich auch die erwachsenen Lurche nicht weit von Bächen, Flüssen, Teichen, Seen und anderen Süßgewässern. Amphibien besitzen zwar Lungen, vielfach atmen sie aber über die Haut oder den Mundboden. Als wechselwarme Tiere haben Lurche stets dieselbe Körpertemperatur wie ihre Umgebung.
Lurche werden in die Schwanzlurche und die schwanzlosen Froschlurche eingeteilt. Zu den Schwanzlurchen gehören die Molche und Salamander, zu den Froschlurchen die Frösche, Kröten und Unken.

Wusstest du ...

... dass der mexikanische Axolotl auch als erwachsenes Tier so aussieht wie eine Larve? Dadurch ist er ein besonderer Lurch, der sein ganzes Leben im Wasser verbringt.

Fische

Weit über 30.000 verschiedene Arten von Fischen sind bekannt und vermutlich leben in den Meeren und Süßgewässern der Erde noch sehr viel mehr Arten, die wir noch nicht kennen. Fische sind reine Wassertiere. Sie atmen über Kiemen, die den Sauerstoff aus dem Wasser entnehmen können. Mithilfe der Flossen an Brust, Rücken, After und Schwanz bewegen sie sich im Wasser fort. Fast alle Fische legen eine große Zahl von Eiern ins Wasser, nur unter den Haien gibt es auch lebend gebärende Arten wie den Weißen Hai.
Fische haben keinen gemeinsamen Vorfahren, sondern stammen von verschiedenen Vorfahren ab. Sie werden in mehrere Verwandtschaftsgruppen eingeteilt:

- Zu den **Knorpelfischen** gehören die Galea (rund 310 verschiedene Hai-Arten wie Weißer Hai, Hammer-, Bullen- und Tigerhai) und die Squalea (etwa 800 Arten von rochenähnlichen Haien und Rochen). Das Skelett der Knorpelfische besteht aus weichem Knorpel, im Gebiss tragen sie harte Zähne in mehreren Reihen: Bricht ein Zahn ab oder fällt aus, wird er sofort durch einen neuen ersetzt (Revolvergebiss). Knorpelfische sind reine Meeresbewohner.
- Die **Knochenfische** sind die größte Gruppe unter den Wirbeltieren. Sie besiedeln alle Gewässer der Erde: Sie kommen ebenso in den tiefsten Gräben der Weltmeere und kältesten Polarmeeren vor wie in heißen Quellen. Knochenfische besitzen ein knöchernes Skelett und eine mit Schuppen bedeckte Haut. Bekannte Knochenfische sind Hering, Thunfisch, Makrele, Lachs, Hecht, Karpfen und Forelle.

Das kieferlose Neunauge ist ein sehr urtümlicher Fisch.

Rochen besitzen wie Haie ein knorpeliges Skelett.

Karpfen haben ein knöchernes Skelett.

INSEKTEN

Von den Insekten sind über eine Million verschiedener Arten auf der Erde bekannt und Biologen schätzen, dass es noch über 6 Millionen weitere Insektenarten gibt, die wir noch nicht kennen. Neun von zehn Tieren auf der Erde sind Insekten. Damit stellen die Insekten die arten- und individuenreichste Tiergruppe dar.

Insekten kannst du leicht erkennen. Ihr Körper besteht immer aus 3 Teilen: dem Kopf mit Augen, Mundwerkzeugen und Fühlern, der Brust mit 6 Beinen und dem Hinterleib mit den inneren Organen. An der Brust sitzen auch die 4 Flügel, nur Fliegen und Mücken haben bloß 2 Flügel. Insekten besitzen ein hartes Außenskelett, den Chitinpanzer.

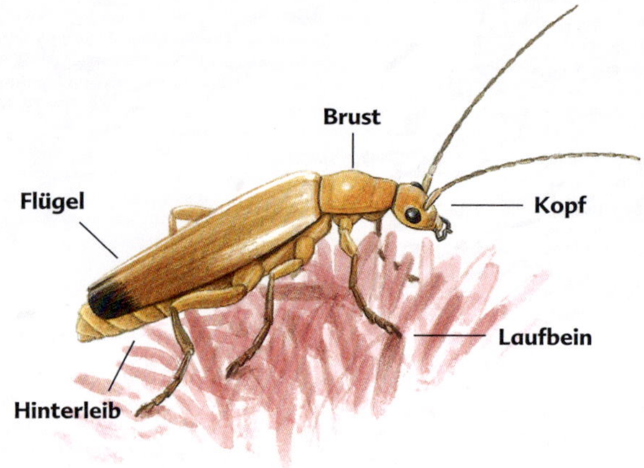

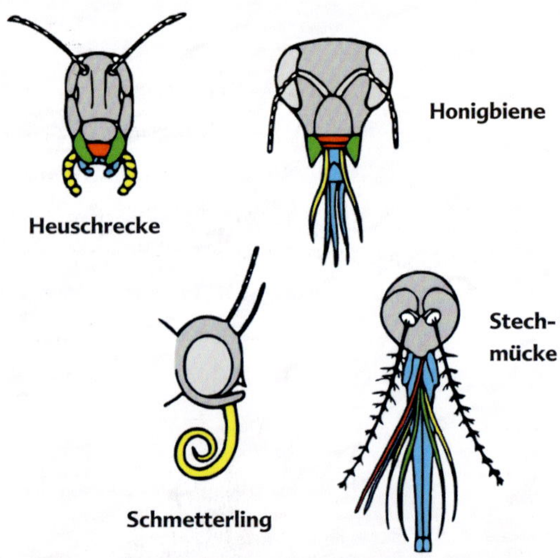

Insekten besitzen weder Zähne noch einen Schnabel, sondern Mundwerkzeuge. Diese bestehen aus mehreren Teilen. Die Mundwerkzeuge verschiedener Insekten sehen unterschiedlich aus:
Heuschrecken und Käfer beißen mit den Mundwerkzeugen ihre Nahrung ab und kauen sie.
Bienen lecken und saugen flüssige Nahrung auf.
Stechmücken und Wanzen stechen mit ihren Mundwerkzeugen zu und saugen die Nahrung auf.
Schmetterlinge haben einen langen Saugrüssel, Bienen und Wespen einen kurzen.
Schau dir mit einer Lupe oder Becherlupe die Mundwerkzeuge verschiedener Insekten an.

Metamorphose

Alle Insekten durchlaufen eine ähnliche Entwicklung, bei der sie sich von der Larve zum fertigen Insekt verwandeln. Diese Verwandlung heißt Metamorphose. Aus den winzigen Eiern schlüpfen die Larven. Sie fressen viel und werden immer größer. Da ihre Haut nicht mitwachsen kann, müssen sie sich immer wieder häuten. Hat die Larve ihre endgültige Größe erreicht, häutet sie sich noch einmal und wird zum erwachsenen Insekt.
Schmetterlinge, Käfer, Fliegen, Mücken, Ameisen, Bienen und Wespen haben eine etwas kompliziertere Entwicklung. Ihre Larven sehen auch ganz anders aus als die erwachsenen Tiere und werden Raupen, Engerlinge oder Maden genannt. Bei diesen Insektengruppen häutet sich die Larve im letzten Stadium nicht direkt zum erwachsenen Insekt, sondern legt als Puppe eine Ruhepause ein. In der Puppenhülle wird der Larvenkörper aufgelöst und zum Körper des erwachsenen Insekts umgebaut. Ist dieser fertig, schlüpft das Insekt.

Entwicklung eines Schwalbenschwanzes

Insektengruppen

Die Insekten werden in verschiedene Gruppen eingeteilt, die miteinander verwandt sind.

Urtümliche Insekten: Springschwänze, Silberfischchen und Schaben sehen noch so aus wie die ersten Insekten, die vor über 400 Millionen Jahren gelebt haben.

Silberfischchen

Libellen: Mit ihren 2 Flügelpaaren, die sie unabhängig voneinander bewegen, sind Libellen rasante Luftjäger, die sogar in der Luft stehen bleiben können. Die Larven leben im Wasser.

Blaugrüne Mosaikjungfer

Heuschrecken: Mit langen Sprungbeinen machen diese Insekten weite Sprünge. Sie zirpen, wenn sie die Flügel aneinander oder an den Hinterbeinen reiben.

Grashüpfer

Wanzen: An dem starren Stechrüssel, der beim Ruhen flach an den Bauch angelegt wird, und den Flügeln, die nicht den ganzen Hinterleib bedecken, erkennst du die Wanzen.

Grüne Stinkwanze

Käfer: An den Mundwerkzeugen zum Beißen und den harten Flügeldecken erkennst du die Käfer.

Siebenpunkt-Marienkäfer

Schmetterlinge: Mit den großen, bunt beschuppten Flügeln flattern Schmetterlinge umher.

Tagpfauenauge

Wusstest du …

… dass der größte Käfer bei uns 8 cm lang ist und Hirschkäfer heißt? Die größten Käfer der Erde sind die 17 cm langen Herkuleskäfer und Riesenbockkäfer.

Zweiflügler: Fliegen und Mücken besitzen nur 2 Flügel. Bei uns heimisch sind etwa Stubenfliege und Stechmücke.

Stubenfliege

Hautflügler: Die 4 häutigen Flügel von Bienen und Wespen sind so eng miteinander verbunden, dass sie wie zwei Flügel aussehen. Auch die Ameisen gehören in diese Gruppe, denn zum Hochzeitsflug tragen sie auch Flügel.

Erdhummel

Wusstest du …

… dass in den letzten 20 Jahren bei uns die meisten Insekten verschwunden sind? Früher gab es noch fünfmal so viele Insekten wie heute. Die Gründe für das Aussterben liegen vor allen Dingen an der Art und Weise, wie bei uns auf den Feldern angebaut wird. Dort werden giftige Pflanzenschutzmittel eingesetzt und alle Wildpflanzen entfernt – das alles tötet Insekten!

KREBSE UND SPINNENTIERE

Zusammen mit den Insekten (➔ *siehe Seite 132*) und den Tausendfüßern bilden die Krebse und Spinnentiere eine Gruppe, die Gliederfüßer. Ihr Körper ist von einem harten Chitinpanzer umgeben und besitzt lange, gegliederte Beine. Um zu wachsen, müssen sich alle Gliederfüßer häuten.

Merkmale

Der Körper von Krebsen und Spinnentieren sieht meist zweigeteilt aus, denn Kopf und Brust sind häufig zu einem Kopfbruststück, dem Vorderteil, verschmolzen. Am Kopf sitzen 2 Paar Fühler (Antennen) und Mundwerkzeuge. Die im Wasser lebenden Krebse atmen durch Kiemen, die an Land lebenden Spinnen und Tausendfüßer durch Tracheen. Während es bei den Spinnentieren keine Larven gibt, entwickeln sich die Krebse über mehrere Larvenstadien. Die Larven sind zunächst sehr klein und schweben frei im Wasser. Wenn sie größer geworden sind, sinken sie auf den Gewässergrund und vollenden ihre Entwicklung zum fertigen Krebs. Auch dieser häutet sich immer wieder und nimmt an Größe zu.

Krebse

Weltweit sind über 52.000 verschiedene Krebsarten bekannt. Zu den Krebsen gehören Wasserflöhe, Seepocken, Garnelen, Krabben, Langusten, Einsiedlerkrebse und Hummer. Die meisten leben im Meer, viele in Bächen, Flüssen, Teichen, Seen und anderen Süßgewässern der Kontinente. Die Asseln haben sogar das Wasser verlassen und sind zum Landleben übergegangen – dennoch atmen sie durch Kiemen an den Beinen.
Krebse haben sehr viele Beine: Bei vielen Arten wie etwa Hummern oder Krabben sind die vordersten Beine zu großen Scheren umgewandelt, mit denen sie Nahrung greifen oder die sie zur Verteidigung einsetzen. Die Beine am Brustteil sind Laufbeine, die Beine am Hinterleib dienen der Atmung. Krabben kannst du von den anderen Krebsen dadurch unterscheiden, dass der Körper scheinbar nur aus dem verwachsenen Kopfbrustteil besteht. Schaust du eine Krabbe von unten an, erkennst du aber, dass sie ihren Hinterleib unter diesem trägt.

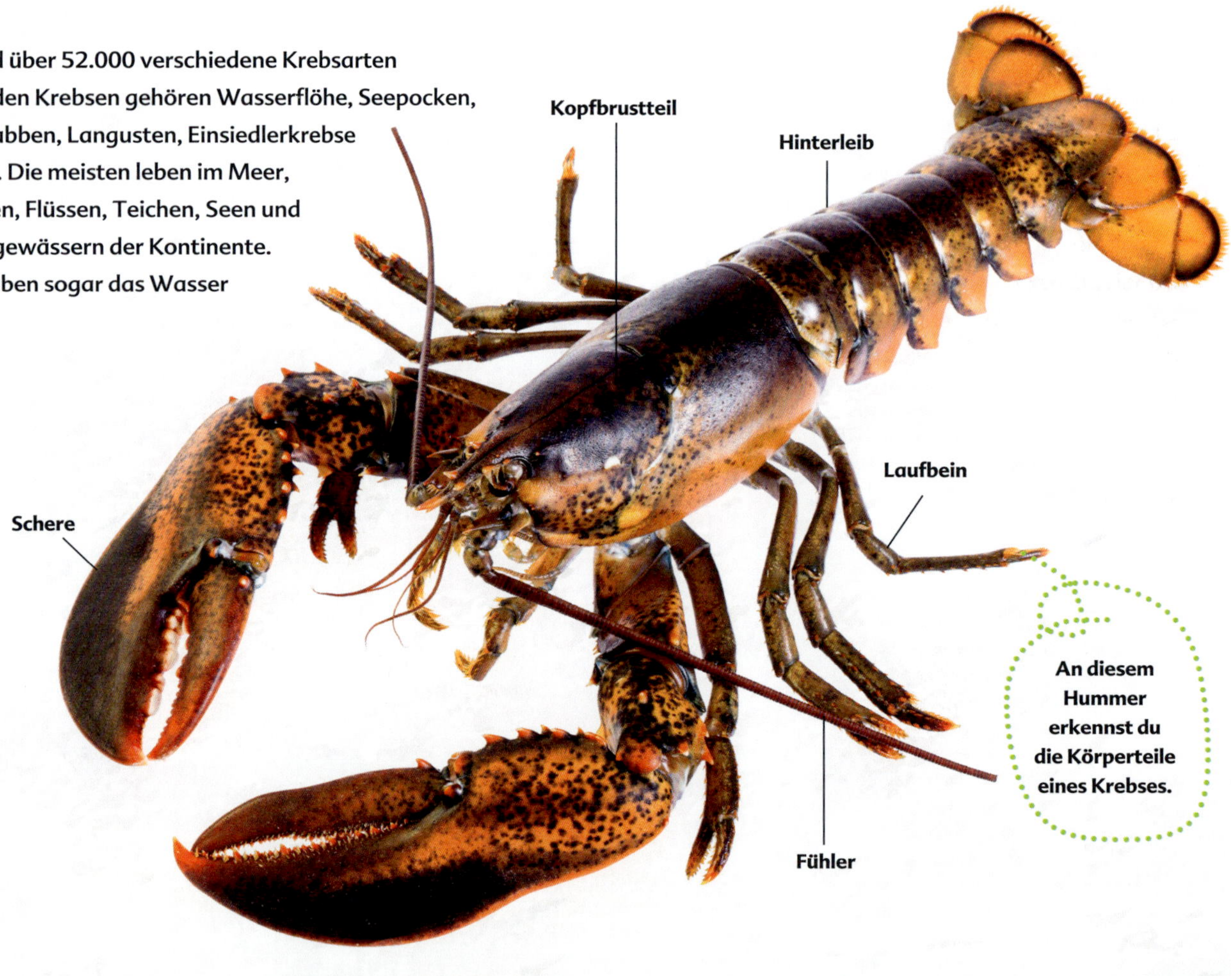

An diesem Hummer erkennst du die Körperteile eines Krebses.

Wenn Krebse und Spinnen wachsen, wird ihr harter Panzer zu klein. Dann häuten sie sich.

Ein Blick auf die Unterseite verrät dir, ob eine Krabbe ein Weibchen (links) oder Männchen (rechts) ist.

Wusstest du …

… dass die Japanische Riesenkrabbe der größte Krebs der Erde ist? Ihr rundlicher Körper ist 37 cm lang und wenn sie ihre extrem langen, dünnen Beine ausstreckt, misst sie bis zu 3,7 m. Die nur 1 mm großen Wasserflöhe gehören dagegen zu den kleinsten Krebsen.

Spinnentiere

Rund 100.000 verschiedene Arten von Spinnentieren besiedeln die Kontinente, nur wenige leben im Wasser wie die heimische Wasserspinne. Zu dieser großen Gruppe gehören neben den Webspinnen auch die Milben, Zecken, Skorpione und Weberknechte. Von den sechsbeinigen Insekten kannst du die Spinnentiere dadurch unterscheiden, dass sie stets 8 Laufbeine besitzen.

Alle Spinnen sind Jäger, die vor allem Insekten und andere kleine Tiere erbeuten. Sie lähmen die Beute mit einem giftigen Biss ihrer Giftklauen am Kopf. Dabei spritzen sie auch Verdauungssekrete in den Körper der Beute, die das Innere auflösen. Da Spinnen außer den Giftklauen keine Mundwerkzeuge besitzen, saugen sie das verflüssigte Innere ihrer Beute mit der kleinen Mundöffnung auf.

Auch die achtbeinige Zecke ist ein Spinnentier.

Die Webspinnen

Am Hinterleib der Webspinnen befinden sich Spinnwarzen, mit deren Hilfe die Tiere hauchdünne Spinnfäden herstellen können. Die Spinnen nutzen diese Fäden zum Beutefang – manche wie die Kreuzspinnen bauen Radnetze daraus oder wie die Zitterspinne unordentliche Netze, andere wie die Vogelspinnen bauen trichterförmige Netze mit Stolperfäden oder werfen den Spinnfaden wie die Lassospinne nach Beute aus. Wolfs- und Springspinnen hingegen springen ihre Beute an, Krabbenspinnen lauern gut durch die gelbe oder weiße Körperfarbe getarnt auf Blüten auf Bienen, Wespen und andere Blütenbestäuber.

Spinnen können verschiedene Arten von Spinnfäden herstellen, beispielsweise stabile Fäden für das Grundgerüst des Netzes, elastische klebrige Fäden für die Fangspirale, feine Seide zum Einspinnen von Beute oder zähe Seide für den Eikokon.

Am Ende des Hinterleibs sitzen die Spinnwarzen, mit deren Hilfe die Webspinnen verschiedene Spinnfäden weben können.

MUSCHELN, SCHNECKEN UND KOPFFÜSSER

Dass diese 3 Weichtiergruppen nah miteinander verwandt sind, sieht man nicht auf den ersten Blick: Tintenfische und Kraken besiedeln nur die Meere, Muscheln Meere und Süßgewässer und Schnecken leben nicht nur im Wasser, sondern auch an Land.

Der Körper der Weichtiere besteht aus 4 Teilen – Kopf, Fuß, Eingeweidesack und Mantel. Der Kopf der Schnecken und Kopffüßer besitzt Augen und Fühler, bei den Muscheln ist vom Kopf nur der Mund übrig geblieben.
Auf der Bauchseite befindet sich der Fuß, auf dem Schnecken sich kriechend fortbewegen und der es Muscheln ermöglicht, sich im weichen Boden einzugraben oder sich mittels Byssusfäden an Felsen und anderen harten Untergründen festzuhalten. Bei Kopffüßern wurde der Fuß zu den Armen und dem Trichter umgebildet.
Der auf der Rückenseite liegende Eingeweidesack enthält die inneren Organe wie Magen und Darm.
Der Mantel bildet die Schale, die bei den Schnecken aus einem gewundenen Gehäuse und bei den Muscheln aus 2 Schalenhälften besteht. Bei den Tintenfischen und Kraken liegt ein Rest dieser Schale als Schulp im Innern des Körpers.

Mit dem langen Sipho leiten Muscheln einen Wasserstrom durch ihren Körper, aus dem sie feine Schwebteilchen als Nahrung herausfiltern.

Muscheln

Heutzutage gibt es rund 10.000 verschiedene Arten von Muscheln auf der Erde. Die meisten Muscheln leben in den Meeren. Ihr weicher Körper ist von einer zweiteiligen harten Kalkschale umgeben, die die Muscheln mit Muskelkraft fest verschließen können. Im leicht geöffneten Zustand fließt ständig ein Wasserstrom durch die Muscheln, aus dem sie mit ihren Kiemen kleine Algen und andere Schwebteilchen herausfiltrieren.
Bei den meisten Muscheln gibt es Männchen und Weibchen. Zu ganz bestimmten Zeiten entlassen die Muscheln gleichzeitig riesige Mengen an Eiern und Spermien ins Wasser, damit sich diese befruchten. Aus den befruchteten Eiern schlüpfen frei schwimmende Larven, die sich zu Jungmuscheln entwickeln und zu Boden sinken.

Perlen

Das Innere der Schalen einiger Muscheln ist von Perlmutt bedeckt, das in Regenbogenfarben glänzt. Wird der Mantel dieser Muscheln verletzt, bildet das Perlmutt an dieser Stelle eine Kugel – die Perle.

Schnecken

Innerhalb der Weichtiere sind die Schnecken die arten- und formenreichste Gruppe. In den Meeren werden bis zu 240.000 verschiedene Arten vermutet, an Land gibt es über 25.000 Arten und bei uns sind es rund 260 verschiedene Landschneckenarten. Neben den gehäusetragenden Schnecken gibt es sowohl in den Meeren als auch an Land gehäuselose Nacktschnecken. Im Mund der Schnecken liegt die Radula – das ist eine mit feinen Zähnen besetzte Platte, mit der die Schnecken ihre Nahrung abraspeln. Während die im Wasser lebenden Schnecken mit Kiemen atmen, haben die Landschnecken Lungen entwickelt.

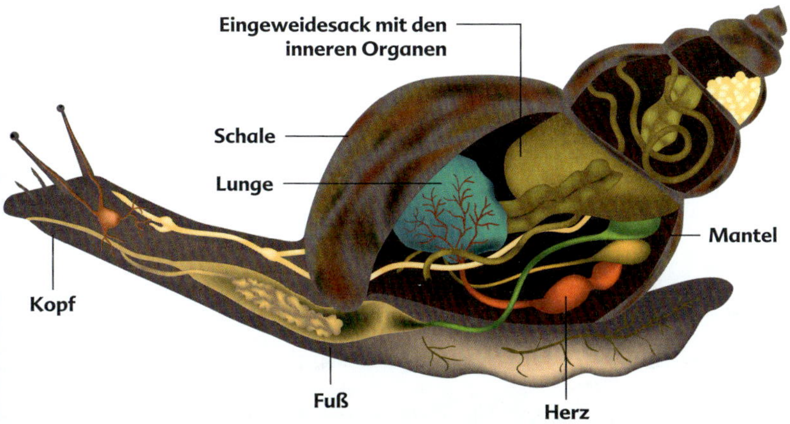

So sieht der Körper einer Schnecke aus: Geschützt im Schneckengehäuse sitzen die lebenswichtigen inneren Organe.

Der Krake wird auch Oktopus genannt. Um sich zu tarnen, kann er die Färbung seiner Haut der Untergrundfarbe anpassen.

Schnecken sind Zwitter, das bedeutet, dass jedes Tier gleichzeitig Männchen und Weibchen ist. Bei der Paarung begatten sich beide Partner gegenseitig und beide legen danach auch Eier ab.

Kopffüßer

Weil Tintenfische und Kraken um den Mund herum lange, mit Saugnäpfen besetzte Fangarme besitzen, werden sie Kopffüßer genannt. Von den achtarmigen Kraken werden die zehnarmigen Tintenfische unterschieden, zu denen die Sepien und Kalmare gehören. Alle Kopffüßer leben räuberisch und erbeuten kleinere Meerestiere. Wie bei den Schnecken sitzt im Mund eine Radula. Bei Gefahr stoßen Kopffüßer eine dunkle Flüssigkeit aus, die wie Tinte aussieht und ihnen die Flucht ermöglicht.
In den Meeren sind rund 1.000 verschiedene Kopffüßerarten bekannt. Im Erdmittelalter gab es in den Meeren über 30.000 verschiedene Arten, die als Ammoniten ein gewundenes, bis zu 2 m großen Gehäuse besaßen. Heute ist das größte wirbellose Tier ein Kopffüßer: der bis zu 13 m lange Riesenkalmar.

Im Erdmittelalter lebten bis zu wagenradgroße Ammoniten in den Meeren, die so ähnlich aussahen wie der heutige Nautilus.

MACH MIT!

Wenn du wissen willst, wie eine Nacktschnecke atmet, dann beobachte sie genau: An der Körperseite öffnet und schließt sich rhythmisch eine Öffnung – das ist das Atemloch.

STACHELHÄUTER, SCHWÄMME UND NESSELTIERE

Auf dieser Seite lernst du 3 völlig verschiedene Gruppen von Meerestieren kennen, die nicht miteinander verwandt sind.

Auf der Unterseite der Seesterne sitzt im Zentrum der Mund, der gleichzeitig auch die unverdaulichen Reste ausspeit.

Lange Stacheln bedecken den Panzer der Seeigel, die ihn vor Feinden wie den Seesternen schützen.

Stachelhäuter

Seesterne, Seeigel und Seewalzen bilden die Gruppe der Stachelhäuter, von denen über 6.300 verschiedene Arten in den Meeren leben. Ihren Namen verdankt diese Gruppe den Stacheln, die die Körperoberfläche der meisten Tiere besetzen. Sie sind ungewöhnliche Tiere, weil sie keinen Kopf besitzen. Stachelhäuter bewegen sich am Meeresboden mithilfe von unzähligen kleinen Saugfüßchen fort. Bei den Seesternen und Seeigeln befindet sich der Mund auf der Bauchseite.

- **Die Seesterne** besitzen 5 oder mehr Arme, die sternförmig angeordnet sind. Ihr harter Panzer besteht aus kleinen Kalkplättchen, die beweglich miteinander verbunden sind. Seesterne sind Räuber, die sich vor allem von Muscheln, Schnecken und Seeigeln ernähren. Sie stülpen ihren Magen über das erbeutete Tier und verdauen es außerhalb ihres Körpers.
- Der Körper **der Seeigel** ist halbkugelig und von großen Kalkplatten bedeckt, aus denen lange, bewegliche Stacheln herausragen. Im Mund sitzt ein kompliziert gebauter Kauapparat mit 5 Zähnen, mit denen die Seeigel festgewachsene Algen von Felsen und anderen harten Untergründen abschaben.
- **Die Seewalzen** oder **Seegurken** liegen mit ihrem walzenförmigen Körper am Meeresboden. Wenn sie mit ihren Saugfüßchen über den Untergrund kriechen, nehmen sie mit dem Mund Algen und andere kleine Teilchen auf.

Nesseltiere

Quallen, Seeanemonen und Korallen sind Nesseltiere, die nur in den Meeren vorkommen. Auch sie sind sehr einfach gebaut. Ihr gallertiger Körper besteht nur aus einer Innen- und Außenhaut – auch sie haben keinen Kopf und keine Organe. Die langen Fangarme rund um den Mund sind dicht mit giftigen Nesselzellen besetzt, mit denen die Nesseltiere Garnelen, Fische und andere Beutetiere töten und verzehren. Die Quallen besitzen einen Schirm, mit dem sie sich frei durchs Wasser bewegen und mit der Strömung treiben lassen. Die Seeanemonen, wegen ihres Aussehens auch Blumentiere genannt, und Korallen hingegen sind am Untergrund festgewachsen.

An den langen Tentakeln der Quallen sitzen giftige Nesselzellen.

Steinkorallen bilden in den äquatornahen, tropisch warmen Meeren riesige Riffe.

Lederkorallen bestehen aus vielen Korallentierchen.

Wusstest du ...

... dass Korallen Tiere sind? Tatsächlich sind sie mit den Quallen und Seeanemonen verwandt. Korallen kommen nur in lichtdurchströmten, sehr warmen Meeren vor. Dort bauen sie mithilfe ihrer kalkigen Skelette riesige Korallenriffe, so etwa das rund 2.300 km lange Great Barrier Reef vor Australien. In Korallenriffen lebt eine ungeheuer große Vielfalt an Fischen, Schwämmen, Krebsen, Würmern und anderen Meerestieren. Wenn durch den Klimawandel die Wassertemperatur steigt, sterben die Korallen ab.

Schwämme

Die über 7.500 verschiedenen Arten von Schwämmen sind die am einfachsten gebauten Tiere. Sie besitzen weder innere Organe wie Magen, Darm und Herz noch Nerven, Muskeln, Augen, Ohren oder Nasen. Ihr festgewachsener Körper besteht aus verschiedenen Zellen. Schwämme können wie Klumpen, Becher, Bäume oder Sträucher aussehen oder am Untergrund eine Kruste bilden. Damit der Körper nicht zusammenfällt, wird er von einer festen Stützstruktur aus Kalk, Kieselsäure oder Horn gehalten. Das Wasser strömt durch eine oder mehrere Öffnungen in den Schwamm hinein und durch eine Öffnung wieder heraus. Im Schwamm gibt es besondere Zellen, die aus dem Wasser kleine Schwebteilchen (Plankton) filtrieren.

Schwämme sind die am einfachsten gebauten Tiere.

MACH MIT!

Besorg dir einen natürlichen Badeschwamm. Leg ihn ins Wasser, bis er sich vollgesogen hat. Drückst du das Wasser dann in einen Becher aus, kannst du messen, wie viel Wasser er aufnehmen kann.

WÜRMER

Viele Tiere haben einen wurmförmigen Körper, obwohl sie nicht miteinander verwandt sind. Bekannte Gruppen von Würmern sind die Plattwürmer, zu denen auch die Bandwürmer gehören, sowie die Ringelwürmer.

Plattwürmer

Diese Gruppe sind einfach gebaute Würmer mit einem festen Körper. Sie haben keine inneren Organe, kein Herz und keinen Blutkreislauf. Sie atmen über die Haut. Während die etwa 3.000 verschiedenen Arten von Strudelwürmern frei im Meer und Süßwasser leben, sind die Band- und Saugwürmer Parasiten.

Mit ihrem flachen Körper kriechen Strudelwürmer über Wasserpflanzen und andere Untergründe im Wasser, wo sie sich von kleinen Einzellern und Algen ernähren.

Parasitische Würmer

Bandwürmer sind so dünn wie ein Faden, können aber bis zu 30 m lang werden. Sie leben im Darm von verschiedenen Wirbeltieren und vom Menschen und ernähren sich vom Speisebrei. Die Eier der Bandwürmer gelangen mit dem Kot nach außen und können von anderen Tieren aufgenommen werden. Weltweit gibt es über 3.500 verschiedene Arten. Die zylinderförmigen Saugwürmer leben auch als Parasiten im Körperinnern von Tieren. Manche unter den über 8.000 verschiedenen Arten können beim Menschen gefährliche Krankheiten hervorrufen.

Bandwürmer leben im Darm von Tieren. Ihre Eier werden mit dem Kot des Wirts ausgeschieden und gelangen so in einen anderen Körper.

Borstenwürmer, die zu den Ringelwürmern gehören, siedeln im Wasser. Rund um ihre Mundöffnung befindet sich ein Kranz feiner Tentakeln, mit denen sie kleinste Algen und Plankton aus dem Wasser filtrieren.

Ringelwürmer

Der wurmförmige Körper der Ringelwürmer besteht aus vielen gleichen Segmenten (Ringeln). In jedem Segment gibt es Nerven und Ausscheidungsorgane, der Darm zieht sich durch den langen Körper hindurch. Die Körperwand besteht aus Ring- und Längsmuskeln, mit deren Hilfe sich die Würmer fortbewegen.

Im Meer leben über 8.000 verschiedene Arten von borstenreichen Borstenwürmern, im Süßwasser und Boden kommen rund 3.500 verschiedene Arten von Wenigborstern wie dem Tubifex sowie rund 300 Arten von borstenlosen Egeln wie dem Blutegel vor.

Die bekanntesten Ringelwürmer sind die Regenwürmer, von denen es auf der Erde fast 7.000 Arten gibt. Sie leben im Boden und ernähren sich von verrottenden Pflanzenresten, Blättern und Erde. Dabei durchmischen sie den Boden und ihr humusreicher Kot macht ihn fruchtbar. Regenwürmer besitzen Lichtsinneszellen, mit denen sie wahrnehmen können, ob es hell oder dunkel ist.

Gemeiner Regenwurm

Länge: bis zu 35 cm
Auftreten: das ganze Jahr über
Vorkommen: im Boden von Wiesen, Gärten
Auffällige Merkmale: rosafarbene, glänzende, geringelte Haut
Besonderes: Regenwürmer sind Zwitter. Bei der Paarung legen sie sich mit dem Gürtel (Clitellum genannt) aneinander und befruchten sich gegenseitig.
Regenwürmer heißen so, weil sie bei Regen an die Oberfläche des Bodens kommen. Das Prasseln der Regentropfen auf die Erdoberfläche ähnelt für die Regenwürmer den Geräuschen ihres ärgsten Feindes, dem Maulwurf. Durch Flucht aus dem Boden versuchen sie ihm zu entkommen. An der Erdoberfläche droht nun eine andere Gefahr – das Sonnenlicht. Damit die zarte Haut der Regenwürmer nicht vom Sonnenlicht verbrannt wird, solltest du sie unter Laub am Boden setzen.

Zwei Regenwürmer paaren sich und befruchten sich dabei gegenseitig.

MACH MIT!

Lass einen Regenwurm über ein Blatt Papier kriechen. Wenn du ganz leise bist, hörst du ein zartes Rascheln – es stammt von den kurzen Borsten auf der Haut des Wurms, die beim Kriechen übers Papier streifen.

KAPITEL 8:

DIE BELEBTE NATUR

DER MENSCH

HIER ERFÄHRST DU ALLES ÜBER:

- URMENSCHEN
- SKELETT UND MUSKELN
- DIE SINNE
- DIE GEBURT
- VÖLKER DER ERDE

Seit etwa 300.000 Jahren lebt der Mensch Homo sapiens auf der Erde – zunächst in einer altertümlichen, dann in der heutigen modernen Form . Das ist viel kürzer als die meisten anderen Tierarten. Kein anderes Lebewesen hat die Erde so stark verändert und nach seinen Vorstellungen geformt wie der Mensch. Die Fähigkeit dazu verdankt der Mensch seinem großen Gehirn, das ihm ein hervorragendes Anpassungsvermögen an verschiedenste Umgebungen ermöglicht, sowie der ausdrucksvollen Kommunikation mit anderen Menschen.

DAS IST DER MENSCH

Der Ursprung der Menschen liegt in Afrika. Dort haben sich über mehrere Millionen Jahre hinweg mehrfach Menschenvorfahren entwickelt, von denen alle ausgestorben sind. Nur der moderne Mensch ist übrig geblieben – das sind wir.

Die ersten Vorfahren

Die Entwicklung zum Menschen ist so komplex, dass jede neue Entdeckung mehr Fragen aufwirft als beantwortet. Es gibt keine gerade Entwicklungslinie von den Vorfahren zu uns, sondern es gab sehr viele Abzweigungen, von denen viele noch unbekannt sind und von denen eine zu uns führt. Vor über 6 Millionen Jahren lebten in Afrika die ersten menschlichen Vorfahren dort, wo der tropische Regenwald in Baumsavanne übergeht. Sie heißen Australopithecus, auf Deutsch: Südaffen. Sie waren so groß wie Schimpansen (etwa 1,2 m), wogen 30–50 kg, liefen am Boden auf zwei kurzen Beinen und aßen alles, was sie fanden – Blätter und Früchte, Wurzeln und Samen, Insekten und Vogeleier, Echsen und kleine Vögel. Zum Schlafen zogen sie sich in die Baumkronen zurück.

Auf dem Weg zum Urmenschen

Vor über 2,5 Millionen Jahren wurde das Klima in Afrika trockener. Dadurch wurden auch die Samen, Blätter und andere pflanzliche Nahrung härter. Auf diese Veränderung reagierten die Vorfahren der Menschen auf verschiedene Weisen: Einige, wie die „Nussknackermenschen", bekamen ein kräftiges Gebiss, um die harte Kost kauen zu können – andere begannen, Steine als Werkzeuge zu benutzen, um die harten Samen aufzuklopfen. Aus diesen menschlichen Vorfahren entwickelte sich Homo habilis, der Urmensch. Beim Einsetzen der Steine brachen hin und wieder einzelne Steinsplitter ab. Homo habilis erkannte, dass er damit die zähe Haut von erbeuteten Echsen aufschneiden oder das Fleisch von der Haut abschaben konnte. Homo habilis begann vor 2,5 Millionen Jahren, Werkzeuge aus Steinen anzufertigen.

Der Frühmensch

Vor 2 Millionen Jahren tauchte in Afrika ein neuer Typ unter den Menschenvorfahren auf: Homo erectus. Er sah uns heutigen Menschen schon recht ähnlich, besaß aber einen flachen Schädel mit markanten Wülsten über den Augen. Er wurde 1,65 m groß, war zäh, kräftig und ausdauernd. Er zog als Jäger und Sammler weite Strecken übers Land. Überall, wo er auftauchte, fanden Forscher seine Erfindung: den Faustkeil – ein vielseitiges Werkzeug.

Der Neandertaler

Seit rund 200.000 Jahren hat der Neandertaler in Europa und im Nahen Osten gelebt. Neandertaler waren kräftige, ausdauernde Jäger, die dem harten Leben der Eiszeit trotzen konnten. Sie machten mit Wurfspeeren und Holzlanzen Jagd auf das Großwild der Eiszeit, auf Mammuts, Wollnashörner, Wisente und Rentiere.

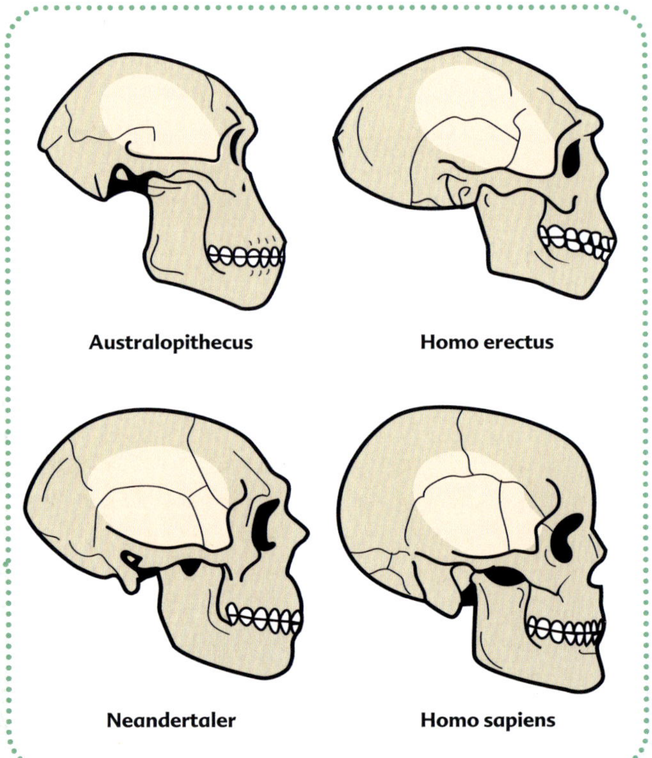

Mit dem größer werdenden Gehirn hat sich der Schädel von den ersten Vorfahren bis zu uns verändert.

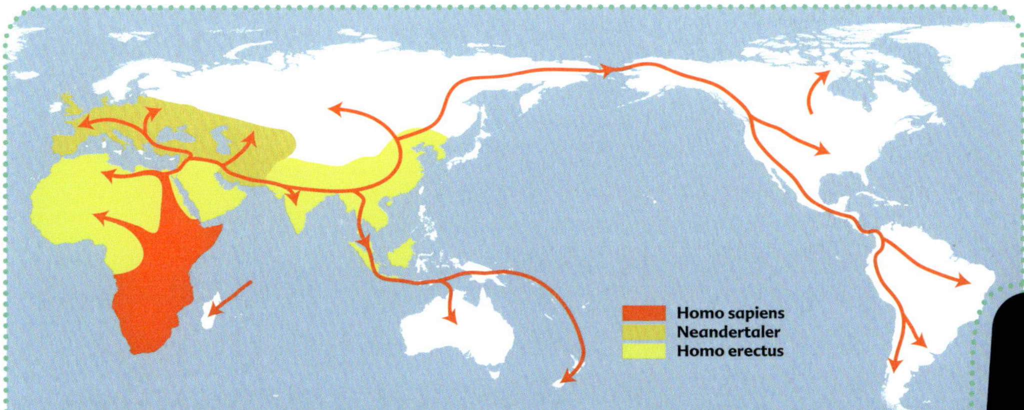

Ausbreitung auf der Erde:
Homo erectus und der moderne Mensch haben sich in Afrika entwickelt. Auf seiner Wanderung kam Homo erectus bis nach China, Homo sapiens besiedelte die ganze Welt. Der Neandertaler kam nur in Europa und in Vorderasien vor.

Homo erectus hat den Umgang mit dem Feuer gelernt.

Vor über 35.000 Jahren haben Menschen diesen aufrechtstehender Löwenmensch aus dem Elfenbein der Mammuts gefertigt. Es ist das älteste bekannte Kunstwerk.

Neandertaler und moderne Menschen haben viele Jahrtausende lang zusammengelebt, nachweislich gibt es auch gemeinsame Nachkommen, sodass ein Teil des Erbguts der Neandertaler noch heute in Menschen existiert. Während die Neandertaler zeitlebens Jäger blieben, waren die zierlicher gebauten modernen Menschen auch Händler. Dies belegen etwa Feuersteine, die über große Entfernungen gehandelt wurden. Vor etwa 30.000 Jahren lebten die letzten Neandertaler. Warum sie ausgestorben sind, wissen wir nicht genau.

Homo sapiens, der moderne Mensch

Vor über 120.000 Jahren lebten in Afrika die ersten modernen Menschen, Homo sapiens. Sie sahen uns sehr ähnlich und unterschieden sich von den anderen Menschenvorfahren: Sie waren die ersten, die Handel mit Feuersteinen und Steinwerkzeugen, mit Perlen, Ocker, Bernstein und anderen Gütern betrieben: Nun bestanden die Werkzeuge nicht mehr nur aus Steinen aus der nahen Umgebung. Vermutlich wurden sie gegen Kleidung und Nahrung getauscht. Homo sapiens verließ, wie zuvor schon Homo erectus, Afrika und besiedelte von dort aus Asien, Australien, Europa und sogar Amerika. Wir gehören ebenso zum Homo sapiens.

Das Ende der Steinzeit

Vor 11.000 Jahren begannen die Menschen im Vorderen Orient damit, Getreide und andere Pflanzen anzubauen. Sie wurden zu Bauern. 1.000 Jahre später hielten die Bauern die ersten Haustiere, Schafe und Ziegen, und weitere 1.000 Jahre später fertigten dort die Menschen Geschirr aus Ton an. Chinesische Keramikgefäße sind mit rund 20.000 Jahren noch älter.
Vor 10.000 Jahren gab es auch die ersten Kupferschmiede und bald hatten die Steinwerkzeuge ausgedient – die neuen Werkzeuge wurden zunächst aus Kupfer geschmiedet, dann aus härterer Bronze (einer Legierung aus Kupfer und Zinn) und schließlich aus Eisen.

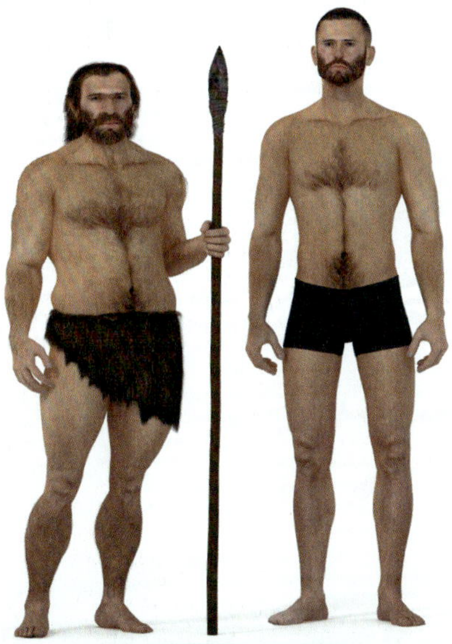

Im Vergleich: Neandertaler und moderner Mensch Homo sapiens

SO FUNKTIONIERT UNSER KÖRPER

Von den Tieren unterscheidet sich der Mensch vor allem durch den aufrechten Gang und das große Gehirn (*→ siehe Seite 184*). Auf dieser Seite bekommst du einen Überblick über das faszinierende Innenleben deines Körpers.

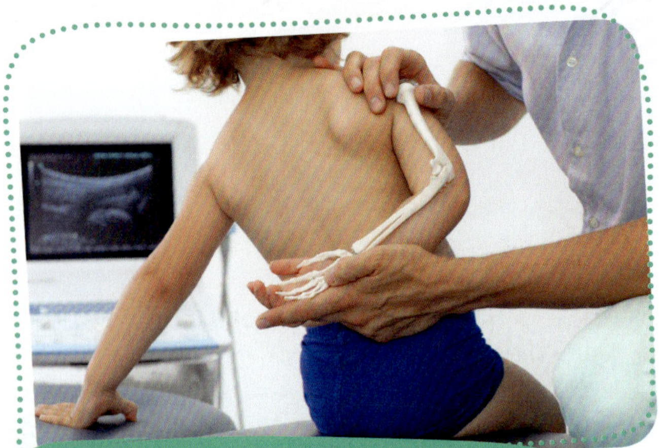

Die Gelenke verbinden zwei oder mehrere Knochen miteinander, damit sie beweglich sind.

Skelett

Das Skelett aus harten Knochen hält den Körper aufrecht. An ihm sind die Muskeln, Bänder und Sehnen befestigt. Damit du dich bewegen kannst, besteht der Körper aus 206–212 Knochen, die gelenkig miteinander verbunden sind. Außerdem schützt das Skelett wichtige Organe – der Schädel dein Gehirn und der Brustkorb Herz, Lungen und Nieren. Das Skelett macht 10–15 % deines Körpergewichts aus.

Wusstest du …

… dass Säuglinge über 300 Knochen besitzen? Weil viele von ihnen, etwa die Schädelknochen, im Lauf der ersten Lebensjahre zusammenwachsen, nimmt die Anzahl der Knochen in der Kindheit ab. Knochen sind nicht „tot" – sie werden durchblutet, wachsen und erneuern sich fortlaufend bis zum Tod.

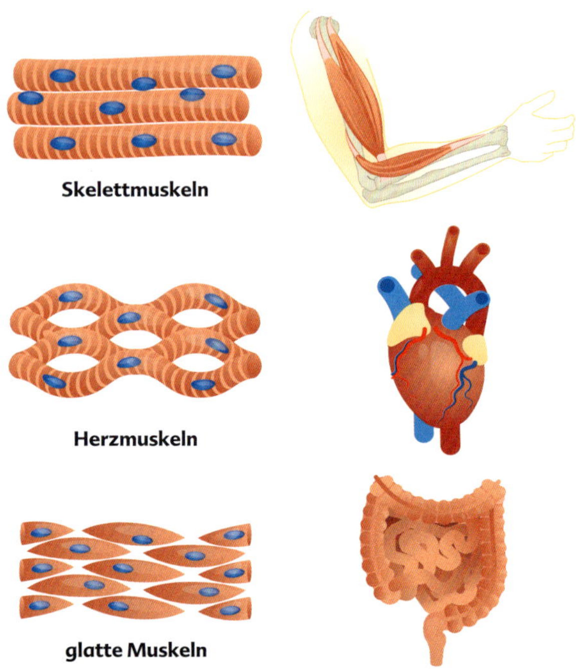

Im Körper gibt es verschiedene Muskeltypen: Die Skelettmuskeln bewegen die Knochen so, wie du es willst. Die Herzmuskeln sorgen dafür, dass dein Herz unentwegt schlägt. Die glatten Muskeln bewegen deinen Darm, wenn er Nahrung verdaut.

Muskeln

Die rund 650 verschiedenen Muskeln können sich zusammenziehen und wieder auseinanderdehnen. Dadurch kannst du dich und deine Körperteile nicht nur bewegen, sondern du kannst atmen, verdauen und dein Blut wird durch den Körper gepumpt. Die Muskeln machen etwa 30–40 % deines Körpergewichts aus.

Nerven

Die Nerven sind die elektrischen Leitungen, die den ganzen Körper durchziehen. Die Nerven sammeln Informationen von der Haut, den Augen, den Ohren und anderen Sinnesorganen, außerdem von Magen, Darm, Muskeln und anderen Körperteilen und schicken sie zum Gehirn und durch den ganzen Körper. Der Hauptnerv ist das Rückenmark, das innerhalb der Wirbelkörper der Wirbelsäule verläuft.

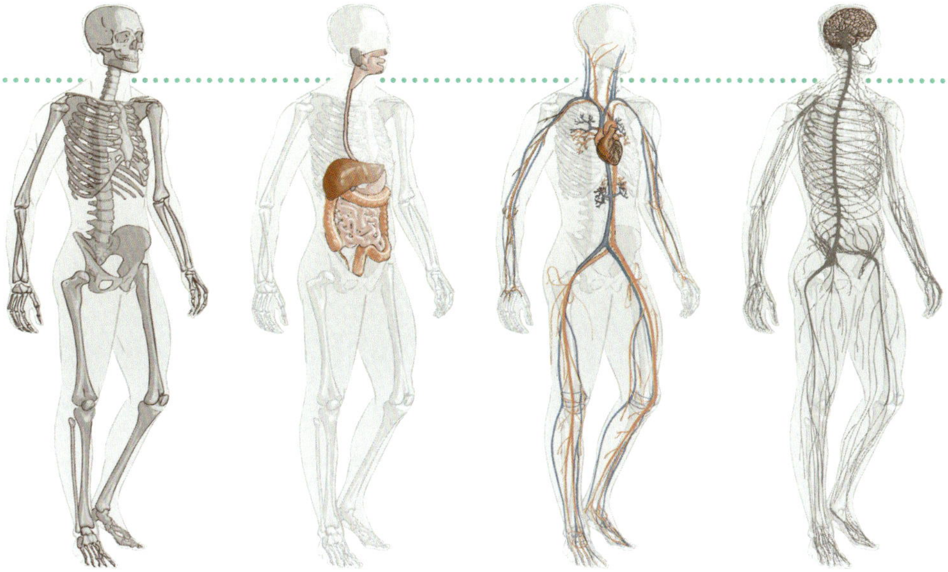

Systeme des menschlichen Körpers

Das Skelett sorgt für Stabilität und dient als Ansatzfläche für die Muskeln. Das Verdauungssystem verdaut die Nahrung, es liefert Energie und Nährstoffe. Im Blutkreislauf erreicht das Blut alle Körperteile und versorgt sie mit Sauerstoff und Nährstoffen. Das Nervensystem leitet Reize weiter und koordiniert alle Funktionen des Körpers.

Die inneren Organe

Lungen: Ohne nachzudenken, atmest du ungefähr 15-mal in der Minute ein und aus. Beim Einatmen strömt frische Luft in die Lungen, beim Ausatmen strömt verbrauchte Luft aus den Lungen. In den Lungen wird der Sauerstoff aus der Luft an kleine Blutgefäße abgegeben, gleichzeitig gelangt Kohlenstoffdioxid aus den Blutgefäßen in die Lungen.

Blutkreislauf und Herz: Dein Herz schlägt ungefähr 70-mal pro Minute. Mit jedem Herzschlag wird das Blut durch die Blutgefäße (Adern) gepumpt. In den Arterien gelangen der Sauerstoff und lebensnotwendige Nährstoffe zu den Muskeln und anderen Organen, in den Venen wird das sauerstoffarme, mit Kohlenstoffdioxid angereicherte Blut zu Herz und Lungen zurücktransportiert.

Speiseröhre, Magen und Darm: Dein Verdauungssystem ist ungefähr 8 m lang und durchzieht deinen Körper vom Mund bis zum After. Darin wird die Nahrung verdaut, im Darm helfen dabei etwa 40 Billionen Darmbakterien. Im Mund zerkleinern die Zähne beim Kauen die Nahrung, durch die Speiseröhre gelangt sie in den Magen. Darin wird die Nahrung zu einem Brei geknetet und mit Verdauungssäften durchmischt. Das dauert mehrere Stunden. Danach gelangt der Nahrungsbrei in den 6 m langen Dünndarm, über dessen Wänden die lebensnotwendigen Nährstoffe in Blutgefäße abgegeben werden. Im Dickdarm wird den unverdaulichen Nahrungsresten das Wasser entzogen – dann scheidest du den Kot am After aus.

Nieren: Rechts und links der Wirbelsäule sitzen zwei Nieren, die täglich von etwa 1.800 Liter Blut durchflossen werden. Dabei filtern sie alle Abfallstoffe aus dem Blut und entsorgen sie mit dem Urin. Der Urin fließt durch die Harnleiter zur Blase und von dort über die Harnröhre zum Harnausgang. Damit die Nieren gut funktionieren, musst du genügend Wasser trinken.

Da wir Menschen aufrecht gehen, haben wir die Hände frei und können sie für ganz viele Dinge nutzen, zum Beispiel, um Himbeeren zu pflücken.

MACH MIT!

Deinen Herzschlag kannst du wahrnehmen, indem du deinen Puls misst. Leg dazu Zeige- und Mittelfinger auf deinen Hals zwischen Luftröhre und dem großen Halsmuskel, drück dabei sanft. Lass eine Stoppuhr laufen und zähl 60 Sekunden lang die Pulsschläge. Dann weißt du, wie oft dein Herz in der Minute geschlagen hat. Das Herz neugeborener Kinder schlägt 120- bis 140-mal in der Minute, das von Kindergartenkindern etwa 100-mal pro Minute und von Erwachsenen 70- bis 80-mal in der Minute. Wenn du Sport machst, geht der Pulsschlag hoch.

DAS GEHIRN UND DIE SINNE

Das Gehirn ist das Kontroll- und Leistungszentrum unseres Körpers, quasi unser Bordcomputer. Die Sinnesorgane liefern uns die nötigen Informationen aus der Umwelt.

So lernte der Mensch das Denken

Das Gehirn von Australopithecus war kaum größer als das eines Schimpansen. Im Lauf der Entwicklung vom Urmensch zum heutigen Menschen wurde das Gehirn nicht nur sehr viel größer, sondern auch der Aufbau änderte sich. Das Stammhirn und das Mittelhirn, die für automatisch ablaufende Körpervorgänge wie Atmen, Verdauen sowie für Reflexe wie Schlucken und Husten zuständig sind, sind in unserem Gehirn nicht größer als in dem Gehirn eines Schimpansen. Aber unsere Großhirnrinde wuchs beträchtlich – sie nimmt heute rund 80 % unserer Gehirnmasse ein. Wie ein Computer nimmt das Großhirn die Informationen von den Augen, Ohren und anderen Sinneszellen auf, die die Nervenbahnen herantransportieren. Innerhalb von Millisekunden wählt das Großhirn aus der Flut der Informationen aus, welche aufgrund von Erfahrungen wichtig sind, und steuert die entsprechende Körpertätigkeit, etwa eine rasche Flucht vor drohender Gefahr. So steuert das Großhirn unser Verhalten und unsere Gefühle – im Großhirn sitzen unser Bewusstsein, unser Wille, unsere Intelligenz, unser Gedächtnis, unser Sprachverständnis sowie Denk- und Lernfähigkeiten. Auch das Kleinhirn ist recht groß, denn es koordiniert unsere Bewegungen, auch die Bewegungen unserer feinfühligen Hände, etwa beim Klavierspielen. Das Gehirn besteht aus über 85 Milliarden Nervenzellen, die komplex miteinander verbunden sind.

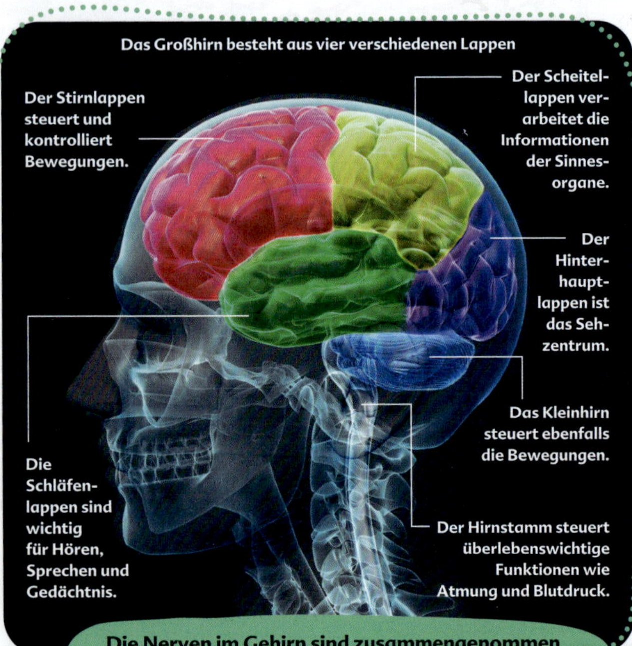

Die Nerven im Gehirn sind zusammengenommen über 5,8 Millionen Kilometer lang – du könntest sie 145-mal um den Äquator wickeln.

Sinnesorgane

Sehen

Der Sehsinn ist unser wichtigster Sinn. Dringt ein Lichtstrahl in unser Auge, fällt er durch die Hornhaut und über eine Öffnung in der Iris, die Pupille, durch die Linse. Die Linse musst du dir vorstellen wie eine Lupe – sie leitet den Lichtstrahl durch den Augapfel auf die Netzhaut, den hintersten Teil des Auges. Die Netzhaut besteht aus zwei verschiedenen Typen von lichtempfindlichen Sinneszellen: Die Zapfen nehmen Farben wahr, wenn es hell genug ist. Die Stäbchen können auch bei schwachem Licht sehen, nehmen aber nur Weiß, Grautöne und Schwarz wahr. Zapfen und Stäbchen nehmen ein Bild wahr und wandeln es in Nervensignale um, die über den Sehnerv ans Gehirn geleitet werden.

Wusstest du …

… dass die menschliche Netzhaut pro Sekunde 25 Bilder wahrnehmen kann? Ein Film mit bewegten Bildern entsteht schon, wenn das Auge 16–18 Bilder pro Sekunde wahrnimmt. Das schaffst du auch mit einem Daumenkino.

Riechen

Der Geruchssinn funktioniert sofort nach der Geburt, denn neugeborene Kinder erkennen ihre Mutter am Geruch. Im Innern der Nase befindet sich die Riechschleimhaut mit den Riechzellen. Diese Zellen besitzen ganz viele Riechhärchen, die Duftstoffe wahrnehmen und in Nervensignale umwandeln, die ans Gehirn weitergeleitet werden.

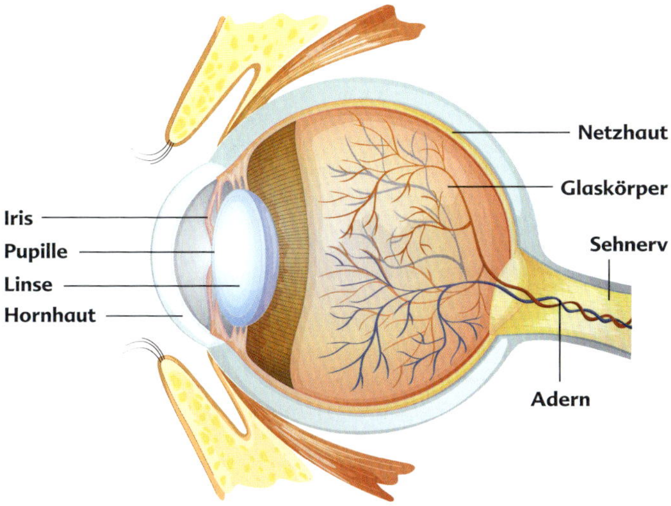

Aufbau des Auges: Der Lichtstrahl fällt durch Hornhaut, Pupille, Linse und Glaskörper auf die Netzhaut.

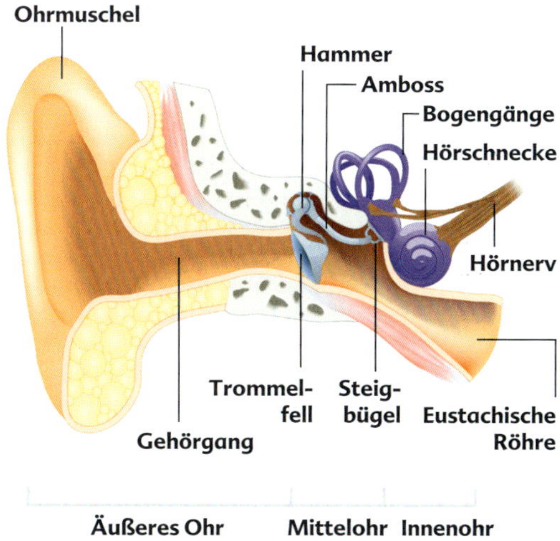

Aufbau des Ohrs: Töne, Laute und andere Geräusche gelangen über den Gehörgang auf das Trommelfell und werden von dort über die 3 Gehörknöchelchen an das Innenohr weitergeleitet.

Schmecken

Der Geschmackssinn ist eng mit dem Geruchssinn verknüpft – darum können wir nichts schmecken, wenn unsere Nase wegen eines Schnupfens nichts riechen kann. Rund 10.000 Geschmackssinneszellen, die Papillen, sitzen auf der Zunge. Damit nehmen wir 5 Hauptgeschmacksrichtungen wahr: süß, salzig, sauer, bitter und herzhaft. Die Papillen wandeln diese Geschmackseindrücke in Nervensignale um, die über den Gesichtsnerv zum Gehirn geleitet werden.

Tasten

Schon im Mutterleib kann ein Embryo mit seinen Händen tasten. Vor allem die Haut der Fingerkuppen, Lippen und der Zungenspitze ist dicht mit Tastrezeptoren besetzt. Diese nehmen die Oberfläche, Beschaffenheit und Form eines Gegenstands wahr, zudem Schwingungen und Druckveränderungen, Wärme oder Kälte und Schmerz und wandeln diese Sinneseindrücke in Nervensignale um, die ans Gehirn weitergeleitet werden.

Hören

Der Hörsinn sitzt im Ohr. Die Ohrmuschel bündelt die ankommenden Schallwellen und leitet sie in den Gehörgang. Am Ende des Gehörgangs treffen die Schallwellen auf eine Membran, das Trommelfell, und bringen diese zum Schwingen wie ein Schlegel eine Trommel. Hinter dem Trommelfell sitzen die 3 Gehörknöchelchen (Hammer, Amboss und Steigbügel), die die Schwingungen des Trommelfells aufnehmen und an das Innenohr weiterleiten. Das Innenohr sieht wie ein Schneckengehäuse aus. Die Innenwände sind mit haarigen Hörzellen ausgekleidet, die die Schwingungen in Nervensignale umwandeln und über den Hörnerv zum Gehirn weiterleiten. In den Bogengängen sitzt der Gleichgewichtssinn: Sinneszellen erkennen, wenn sich die Bewegung des Körpers ändert, und nehmen die Erdanziehungskraft wahr – so weißt du, wo unten ist. Die Eustachische Röhre verbindet das Mittelohr mit dem Nasenrachenraum – dadurch wird der Druck aufs Trommelfell ausgeglichen, etwa wenn du mit einer Seilbahn vom Gipfel ins Tal fährst.

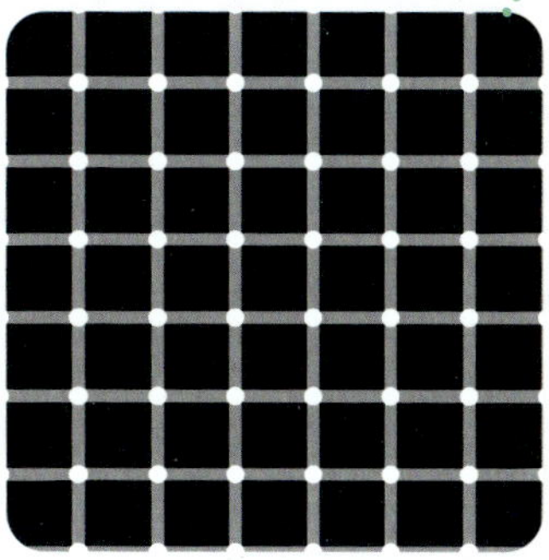

Unser Sehsinn ist nicht unfehlbar, sondern liefert auch falsche Informationen über Gesehenes an das Gehirn. Schau dir die Bilder an: Sie scheinen sich zu bewegen, falsche Farben und geometrische Formen zu zeigen.

SCHWANGERSCHAFT UND GEBURT

Wie bei allen Säugetieren entwickelt sich auch jeder menschliche Embryo in der mütterlichen Gebärmutter, bis er geboren wird. In den ersten Lebensmonaten wird ein Baby durch Säugen mit Muttermilch ernährt. Das ist wichtig, denn die Muttermilch enthält alles, was ein Kind zum Wachsen und Gedeihen braucht.

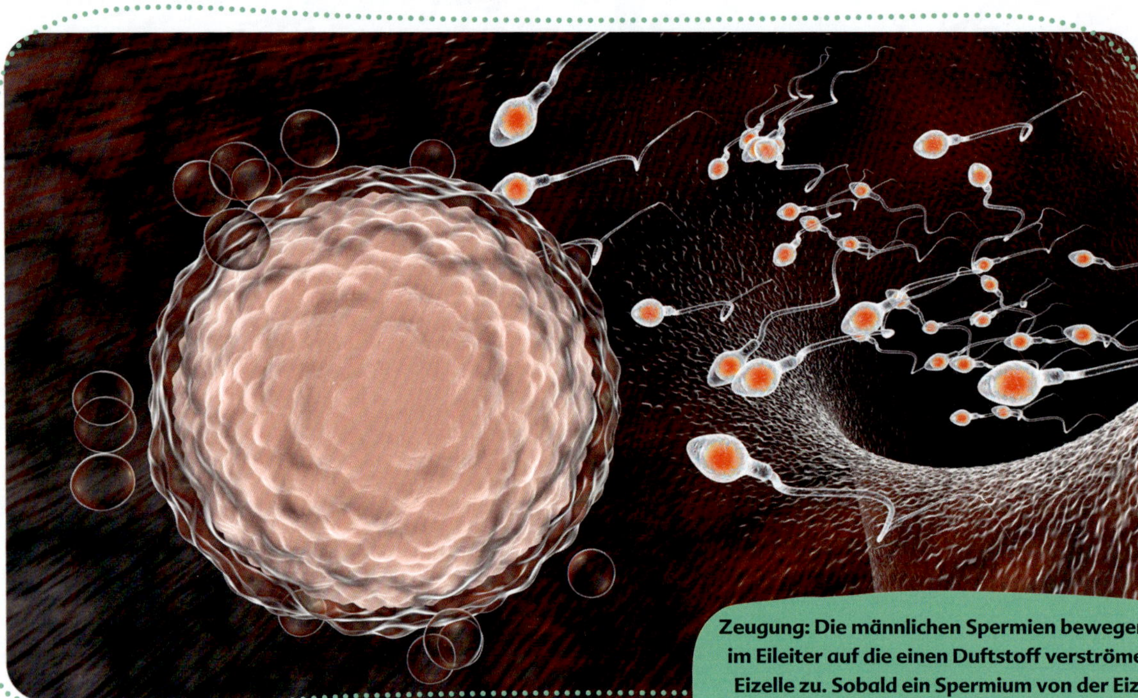

Zeugung: Die männlichen Spermien bewegen sich im Eileiter auf die einen Duftstoff verströmende Eizelle zu. Sobald ein Spermium von der Eizelle aufgenommen wurde, vereinigen beide ihr Erbgut. Dann ist das Ei befruchtet.

Schwangerschaft

Damit ein Kind entstehen kann, muss bei der Zeugung ein männliches Spermium mit der weiblichen Eizelle verschmelzen.

In der Gebärmutter im Körper der Mutter wächst im Lauf von 9 Monaten oder 40 Wochen aus einer befruchteten Eizelle ein neuer Mensch heran. Die Eizelle ist so klein, dass du sie gerade noch mit bloßem Auge sehen könntest.

In den ersten 8 Wochen entwickelt sich daraus eine Scheibe, aus der der Kopf, die Arme und Beine des Embryos wachsen. Im Innern der Scheibe flattert ein dünnes Gewebesegel – daraus wird das Herz. Mit 8 Wochen sind alle inneren Organe angelegt und der Embryo wird zum Fötus. Mit 3 Monaten ist der Fötus 6 cm lang, er bewegt seine Arme und Beine und das Gesicht formt sich mit. Der Fötus wächst und wird immer größer.

Mit 4 Monaten ist der Fötus 10 cm lang und wiegt bis zu 100 g, er kann Stimmen und den Herzschlag der Mutter hören. Einen Monat später ist der Fötus 16 cm lang und wiegt bis zu 300 g. Am Ende der 24. Schwangerschaftswoche ist er 26 cm lang und wiegt bis zu 500 g. In den letzten drei Schwangerschaftsmonaten wird der Fötus rasch groß – kurz vor der Geburt misst er 48–54 cm und wiegt 2,8–4 kg.

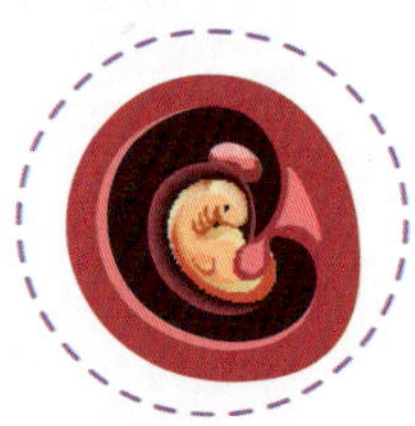

1. Monat

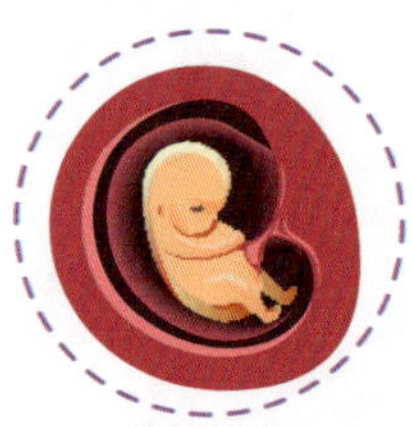

2. Monat

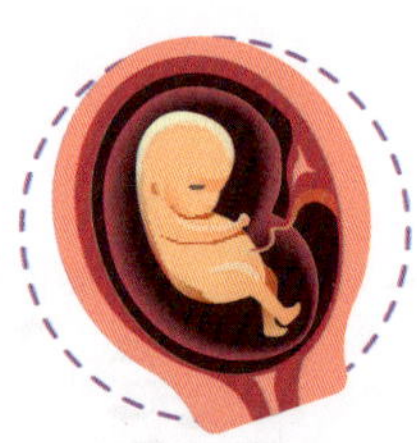

3. Monat

Geburt

Die meisten Kinder werden nicht genau noch 40 Schwangerschaftswochen geboren, sondern ein paar Tage früher oder später. Einige Stunden vor der Geburt setzen die Wehen ein – dabei ziehen sich die Muskeln der Gebärmutter zusammen und schieben das Kind mit dem Kopf voran zum Geburtskanal und aus der Scheide heraus.

Nach der Geburt

Neugeborene Kinder können noch nicht allein überleben – sie sind hilflos, können ihren Körper noch nicht selbst warm halten und sich nicht bewusst bewegen, sie können kaum sehen und müssen mit Nahrung versorgt werden. In den ersten Lebenswochen brauchen sie vor allem Eiweiße und Fette, damit sich das Gehirn entwickeln kann. Frühestens ab dem Alter von 6 Jahren können Kinder ohne Eltern überleben.

Nicht nur der Kopf, sondern auch der Körper verändert sich von der Geburt bis zum erwachsenen Menschen. Bei der Geburt macht der Kopf ein Viertel der gesamten Körperlänge aus, die Arme und Beine sind sehr kurz. Im Alter von 2 Jahren macht der Kopf nur noch ein Sechstel der Körperlänge aus, die Beine sind länger geworden und die immer noch kurzen Arme reichen kaum über den Kopf.

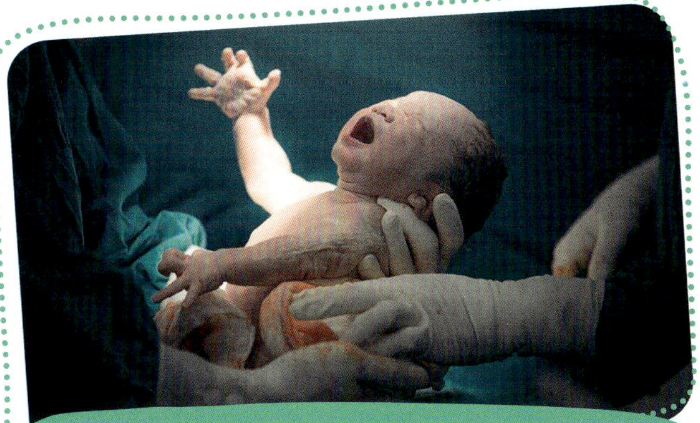

Ist das Baby geboren, stellt sich seine Atmung um: Nun atmet es selbst mit seinen Lungen und wird nicht mehr über die Nabelschnur vom mütterlichen Blut mit Sauerstoff versorgt.

Wusstest du …

… dass Menschenbabys zu einem sehr viel früheren Zeitpunkt geboren werden als etwa Schimpansenbabys? Das liegt daran, dass wir Menschen ein so großes Gehirn mit einem großen Kopf besitzen. Nur durch einen recht frühen Geburtszeitpunkt passt der Kopf bei der Geburt noch durch das mütterliche Becken. Darum sind menschliche Neugeborene viel hilfloser als neugeborene Schimpansenbabys. Weil das Gehirn zudem so viel lernen muss, haben Menschen auch eine viel längere Kindheit und Jugendzeit als andere Tiere.

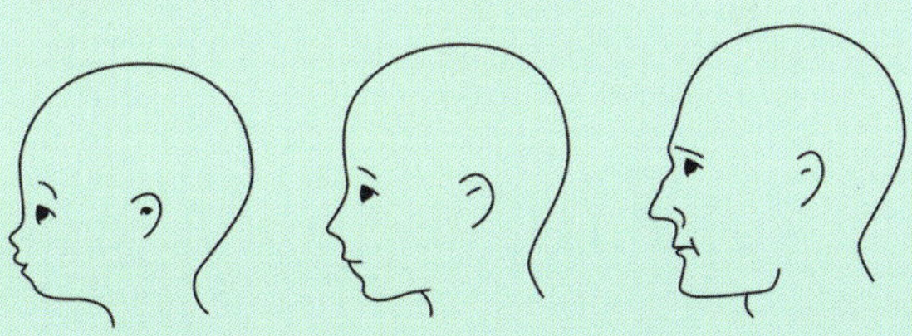

MINT – Für dich!

Der Körper von Babys entspricht dem sogenannten „Kindchenschema": großer Kopf mit großen Augen und runden, dicken Wangen. Dieses Aussehen ist ein Schlüsselreiz, denn Erwachsene finden es niedlich – und darum sorgen sie für das Baby.

Während der durchschnittlich 268 Tage dauernden Schwangerschaft entwickelt sich die befruchtete Eizelle zum Kind.

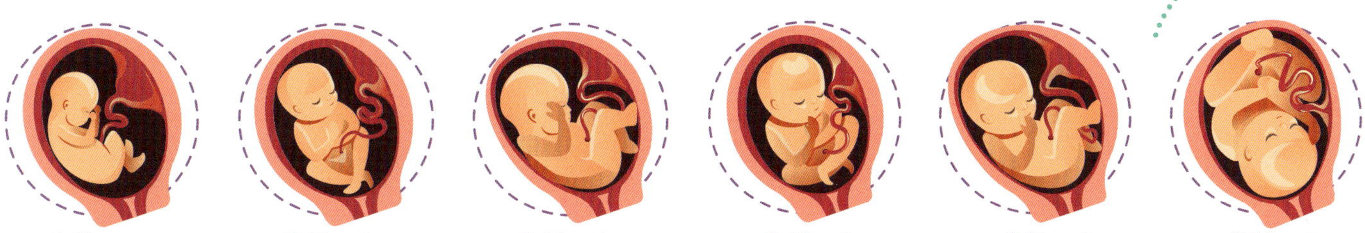

4. Monat | 5. Monat | 6. Monat | 7. Monat | 8. Monat | 9. Monat

VÖLKER DER ERDE

Heute leben auf der Erde rund 7,8 Milliarden Menschen, in Zahlen ausgeschrieben sind das ungefähr 7.800.000.000 Menschen. Damit machen die Menschen ein Drittel der gesamten Körpermasse aller auf den Festländern lebenden Wirbeltiere (Säugetiere, Vögel, Reptilien, Amphibien und Fische) aus. Die restlichen zwei Drittel dieser Körpermasse bilden vor allem Rinder, Schweine, Hühner und all die anderen Nutztiere, die uns Menschen Nahrung liefern.

Obwohl Menschen so verschieden aussehen, haben wir alle eines gemeinsam: Wir sind Menschen, Homo sapiens.

Stammbaum der Menschen

Genetische Untersuchungen des Erbguts der Menschen haben gezeigt, dass die Vorfahren aller Menschen vor 200.000 Jahren in Afrika gelebt haben. Vor rund 100.000 Jahren haben sich die Menschen Afrikas genetisch von denen in der restlichen Welt getrennt. In Afrika haben sich daraus viele verschiedene Völker mit dunkler Hautfarbe entwickelt, wie etwa die Äthiopier, die Westafrikaner, die Massai oder die Pygmäen. Ebenfalls vor 100.000 Jahren erreichte Homo sapiens Vorderasien. Im Zug der weiteren Ausbreitung entstanden dann in den verschiedenen Regionen der Erde die anderen Völker Asiens, Amerikas, Europas und Australiens. Da Menschen schon seit jeher ausgewandert sind und sich in anderen Regionen niedergelassen haben, haben sich die Völker schon immer auch untereinander vermischt.

Völker

Menschen, die eine gemeinsame Sprache, gemeinsame Bräuche wie Weihnachten, Ramadan, auch Volkstänze und Sportarten oder eine gemeinsame Geschichte haben, bilden ein Volk. Dabei müssen die Menschen eines Volks nicht unbedingt im selben Gebiet wohnen – sie können auch in verschiedenen Ländern leben: Chinesen beispielsweise leben nicht nur in China, sondern auch in den Chinatowns Amerikas und Afrikas. Manche Völker bestehen nur aus wenigen Menschen, wie etwa das nur 4.500 Menschen umfassende Volk der Tukano am südamerikanischen Orinoko-Fluss, andere bestehen aus vielen Millionen oder gar einer Milliarde Menschen – wie das Volk der Inder. Auf der Erde gibt es rund 6.800 verschiedene Völker.

Jahr 0 Christi Geburt | 100 | 200 | 300 | 400 | 5

Die Massai sind eine Volksgruppe im Osten Afrikas.

Nenzen-Nomaden aus Westsibirien haben mandelförmige Augen.

Wusstest du ...

... dass Mandelaugen nicht nur Menschen vieler asiatischer Völker besitzen? Auch zahlreiche indigene Völker Amerikas, Grönlands und im Süden Afrikas haben mandelförmige Augen mit sichelförmiger Hautfalte.

Sprechen ...

Eine der wichtigsten Errungenschaften des Menschen ist die Sprache. Durch die Fähigkeit, präzise miteinander zu kommunizieren, können sich Menschen viel besser verständigen. Schon Homo erectus (*siehe Seite 144*) vor über 500.000 Jahren konnte viele Töne und Laute erzeugen, vielleicht hat er sogar schon eine Sprache entwickelt. Forscher fanden an seinem Schädel heraus, dass der Kehlkopf im Rachenraum tiefer nach unten verlagert wurde. Dadurch bekam die Zunge mehr Raum und wurde beweglicher.

... und Sprache

Auf der Erde gibt es etwa 6.500 verschiedene Sprachen. Chinesisch, Indisch und Englisch gehören zu den Sprachen, die von den meisten Menschen gesprochen werden. Viele Sprachen werden nur mündlich übertragen – von ihnen gibt es keine schriftlichen Dokumente. Heutzutage sterben auch sehr viele Sprachen aus, weil niemand sie mehr spricht. In Australien etwa sind über 150 verschiedene Sprachen von einheimischen Völkern akut vom Aussterben bedroht, in Südamerika sind es über 110 und in Nordamerika über 50. Diese Sprachen werden nur von kleinen Volksgruppen gesprochen, die in der Minderheit sind und die oft gezwungen werden, die Landessprache – also Englisch, Spanisch oder Portugiesisch – zu sprechen.

Die Kurve zeigt, wie die Bevölkerung der Menschen während der letzten 2.000 Jahre gewachsen ist: Bei Christi Geburt lebten schätzungsweise nur 300 Millionen Menschen auf der ganzen Erde.

So viele Menschen leben auf 1 Quadratkilometer Landfläche, das ist eine Fläche von 1 x 1 km.

- Bis zu 21
- 21–52
- 52–93
- 93–200
- 200–8.100

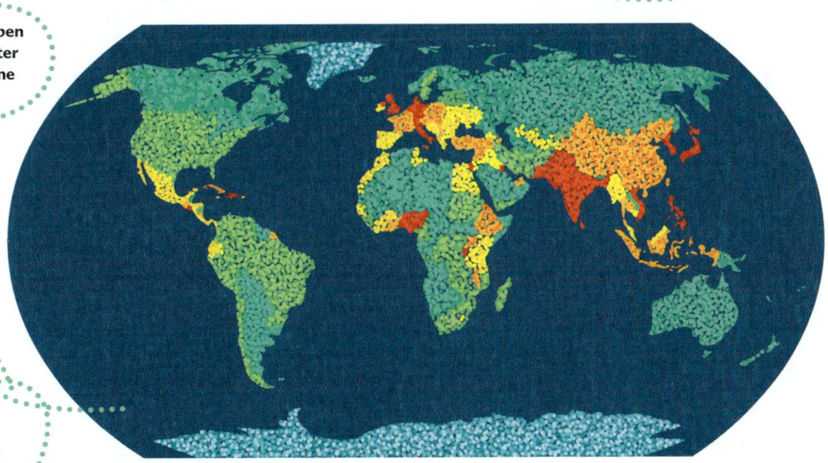

Die Weltkarte zeigt, wie dicht die einzelnen Gebiete der Erde von Menschen besiedelt sind.

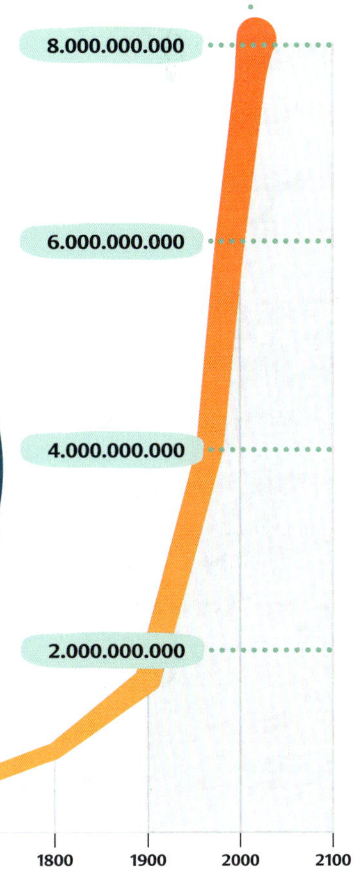

DIE VOM MENSCHEN GESTALTETE WELT

HIER ERFÄHRST DU ALLES ÜBER:

NATURWISSENSCHAFT UND TECHNIK

Seite 156

Die Naturwissenschaften haben unsere Kenntnisse von der Natur unglaublich erweitert und viele technische Möglichkeiten eröffnet.

INFORMATIK

Seite 182

Computer und Internet bestimmen heute unser Leben und unsere Arbeit. Doch wie funktionieren sie eigentlich?

KAPITEL 9:

DIE VOM MENSCHEN GESTALTETE WELT

NATURWISSENSCHAFT UND TECHNIK

HIER ERFÄHRST DU ALLES ÜBER:

- MASCHINEN UND WERKZEUGE
- ATOME UND MOLEKÜLE
- MATERIALIEN
- DIE BAUSTEINE UNSERES KÖRPERS
- STROM UND MAGNETISMUS

Dass wir heute gut und lange leben, verdanken wir zum größten Teil Wissenschaftlern und Technikern. Sie entschlüsseln die Geheimnisse der Natur und machen sie für uns nutzbar. Jedes Lebewesen nutzt die Natur, anders könnte es gar nicht leben. Der Mensch macht da keine Ausnahme. Aber um die Natur gut und dennoch schonend zu nutzen, muss man viel wissen.

Der beste Weg, zuverlässiges Wissen über die Natur zu erlangen, ist die Wissenschaft. Jede Idee, jede Vermutung muss durch Experimente oder genaue Beobachtungen überprüft werden. So entwickelt sich der Wissensschatz immer weiter und wird dabei ständig auf Richtigkeit hin kontrolliert.

MASCHINEN UND WERKZEUGE

Schon in der Steinzeit gelangen wertvolle Erfindungen und Entdeckungen. Eine der wichtigsten war vor rund einer Million Jahren die Zähmung des Feuers. Dazu musste man immerhin herausfinden, welche Stoffe brennen, wie man die unkontrollierte Ausbreitung verhindert und wie man sich vor den Flammen schützt. Und natürlich auch, wie man damit braten und kochen kann.

Frühe Erfindungen

Auch das Weben von Stoffen, Töpfern, Schmuckherstellen, den Bergbau, Wasserfahrzeuge, Klebstoff sowie Pfeil und Bogen für die Jagd gibt es schon seit Jahrtausenden.

Mit Birkenpech klebten schon Neandertaler Steinspitzen an Speere.

Rad

Eine ganz wichtige Erfindung vor etwa 5.000 Jahren war das Rad. Schau dich mal um: Es gibt zahllose Gegenstände mit Rädern. Vom Fahrrad über Autos und Windräder bis zu den Maschinen in den Fabriken.

Uhren waren jahrhundertelang die kompliziertesten aller bekannten Geräte..

Maschinen

Maschinen verstärken unsere Kraft, übernehmen schwierige Aufgaben und arbeiten viel schneller als Menschen. Sie helfen uns, angenehmer zu leben.

Alle Maschinen arbeiten nach Naturgesetzen, die von Physikern erforscht werden. Manche davon haben die Menschen durch Ausprobieren schon entdeckt, bevor es das Fach Physik gab. Zum Beispiel, wie man die Kraft von fließendem Wasser zum Antrieb von Wasserrädern nutzen kann. Mit dieser Kraft wurden Mühlen, Säge- oder Hammerwerke betrieben. Windmühlen nutzen die Kraft strömender Luft, also des Winds, um Räder in Bewegung zu setzen.

Wasserkraft diente lange Zeit zum Mahlen von Getreide, Sägen von Holz und für viele andere Aufgaben.

Hebel

Eine bedeutende frühe Entdeckung ist das Hebelgesetz. Es zeigt, dass man seine Kraft verstärken kann, wenn man dafür einen längeren Weg in Kauf nimmt. Will man einen schweren Gegenstand nach oben transportieren, kann man ihn mühevoll senkrecht hochwuchten. Ihn stattdessen auf einer Rampe hinaufzuziehen, dauert zwar etwas länger, erfordert aber weniger Mühe. Dieses Hebelgesetz nutzen zum Beispiel auch Nussknacker, Kneifzangen und Schraubendreher.

Auch heute noch sind Dampflokomotiven beeindruckende Maschinen, wenn sie auch nur noch Museumsbahnen ziehen.

Dampfkraft

Erhitzt man Wasser zum Sieden, verdampft es. Aus 1 Liter Wasser entstehen rund 1.000 Liter Dampf. Kann dieser Dampf nicht entweichen, baut er einen sehr hohen Druck auf. So ist es möglich, mit Dampfkraft Lokomotiven, Schiffe und Maschinen anzutreiben. Vor 250 Jahren stellte man daher in Fabriken große Dampfmaschinen auf. Sie waren billig und immer verfügbar. Alltagsgegenstände ließen sich nun preisgünstig in großer Zahl herstellen, sodass sie sich auch ärmere Menschen leisten konnten. Die Zeit vor über 200 Jahren, als man begann, in Fabriken Gegenstände in großer Menge herzustellen, nennt man die „industrielle Revolution“. Sie veränderte die Welt. Noch heute werden Turbinen und Generatoren in Kraftwerken durch Heißdampf angetrieben und dadurch elektrischer Strom erzeugt.

Werkzeugmaschinen

Heutzutage werden meist Werkzeugmaschinen zur Materialbearbeitung in Fabriken eingesetzt. Sie übernehmen im Großen die Arbeiten, die man sonst mit kleinen Werkzeugen verrichtet. Dazu zählen Bohren, Schneiden, Sägen, Hobeln oder Stanzen. Mithilfe von elektrischem Antrieb können die Maschinen viel Kraft ausüben, arbeiten sehr schnell und zuverlässig. Meist werden solche Maschinen heute von Computern gesteuert und arbeiten dann vollautomatisch. Man nennt das CNC-Steuerung.

Produktentwicklung

Wissenschaftler vieler Fachrichtungen helfen mit ihrem Wissen, nützliche neue Produkte zu entwickeln. Zum Beispiel wirksamere Arzneimittel, bessere Kunst- und Metallwerkstoffe oder schnellere Computer. Und nicht zuletzt naturschonende Produkte und Herstellungsverfahren. Darum, dass diese Neuentwicklungen dann auch tatsächlich genutzt werden, kümmern sich häufig Ingenieure. Einige Beispiele:

- Maschinenbauingenieure arbeiten im Auto-, Schiff- und Flugzeugbau. Sie entwickeln Roboter, Werkzeugmaschinen und Produktionsanlagen in Fabriken.
- Bauingenieure planen und bauen Häuser, Türme, Brücken, Tunnel, Straßen, Bahnlinien, Staudämme oder Flughäfen.
- Elektroingenieure arbeiten an neuen elektrischen und elektronischen Geräten – von Hochspannungsanlagen bis zu Handys und Unterhaltungselektronik.
- Luft- und Raumfahrtingenieure konstruieren Flugzeuge, Hubschrauber, Drohnen, Raketen, Raumsonden und Satelliten.
- Umweltingenieure entwickeln neue Herstellungsverfahren, die Energie und Rohstoffe sparen und die Umwelt möglichst wenig belasten.

Eine computergesteuerte Fräsmaschine zur exakten Bearbeitung von Metall

PHYSIK

Physiker untersuchen die Eigenschaften von Materie, Licht, Elektrizität, Wärme, Kraft und Energie sowie den Aufbau unserer Welt im Kleinen.

Wie läuft ein Lichtstrahl durch eine nach außen gewölbte Glaslinse? Warum breitet sich Wärme immer von heißeren zu kühleren Umgebungen aus? Welche Kraft presst uns in den Sitz, wenn das Auto stark beschleunigt? Wie sind Atome aufgebaut? Wieso können Atomkerne radioaktiv zerfallen? Solche Fragen haben sich Physiker gestellt. Durch unzählige Beobachtungen und Messungen haben sie Antworten gefunden. Meist konnten sie ihre Erkenntnisse dann als Formeln aufschreiben. So können die Ergebnisse genau berechnet werden.

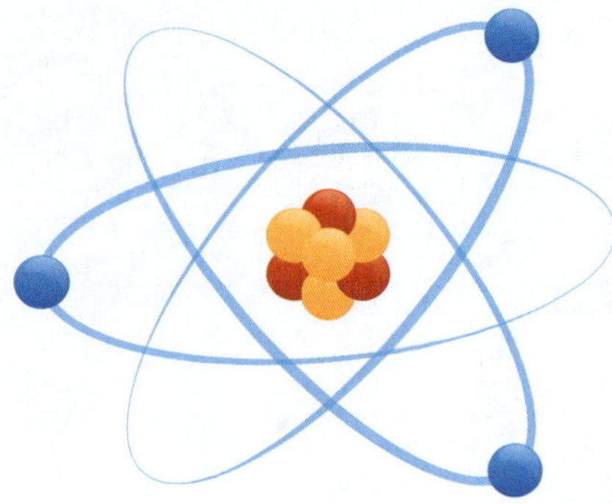

Einfaches Atommodell mit Elektronen und Kern aus Protonen und Neutronen

Der Bau der Welt

Heute arbeiten Physiker an ganz grundlegenden Fragen. Etwa: Aus welchen Bausteinen ist eigentlich unsere Welt aufgebaut? Sie erforschen das mit Teilchenbeschleunigern. CERN in Genf und DESY in Hamburg sind zum Beispiel solche Forschungsstätten. In luftleer gepumpten Röhren werden dort kleinste Materieteilchen auf riesige Geschwindigkeiten gebracht. Dann lässt man sie auf Atome prallen und untersucht die entstehenden Bruchstücke.

Blick ins Winzigkleine

Eine der wichtigsten Erkenntnisse der Physik ist, dass unsere Welt aus kleinsten Bausteinen aufgebaut ist, die man Atome nennt. Sie können sich mit anderen Atomen verbinden. All die Stoffe, denen du begegnest, bestehen aus solchen Verbindungen. So auch Wasser, Luft, Gesteine, Metalle, Holz, Kunststoffe, Tiere und Pflanzen.
Atome sind winzig, aber es gibt unglaublich viele davon. Könntest du alle Eisenatome in einem kleinen Nagel nebeneinander aufreihen, würde diese Kette etwa 50.000-mal um den Erdäquator reichen!

Und ins noch Winzigkleinere ...

Früher dachte man, dass Atome die allerkleinsten Bausteine unserer Welt sind. Aber heute wissen wir, dass sie wiederum aus noch kleineren Teilchen bestehen. Jedes Atom hat einen Kern. Dieser Atomkern ist extrem klein. Man müsste 10.000 Atomkerne nebeneinanderlegen, um den Durchmesser eines einzigen Atoms zu erreichen.

Blick in den Tunnel des Kernforschungszentrums CERN: In den Röhren werden die Teilchen beschleunigt.

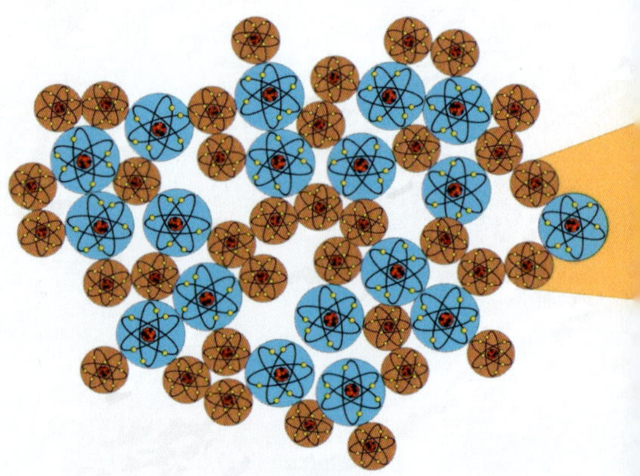

Stoffprobe

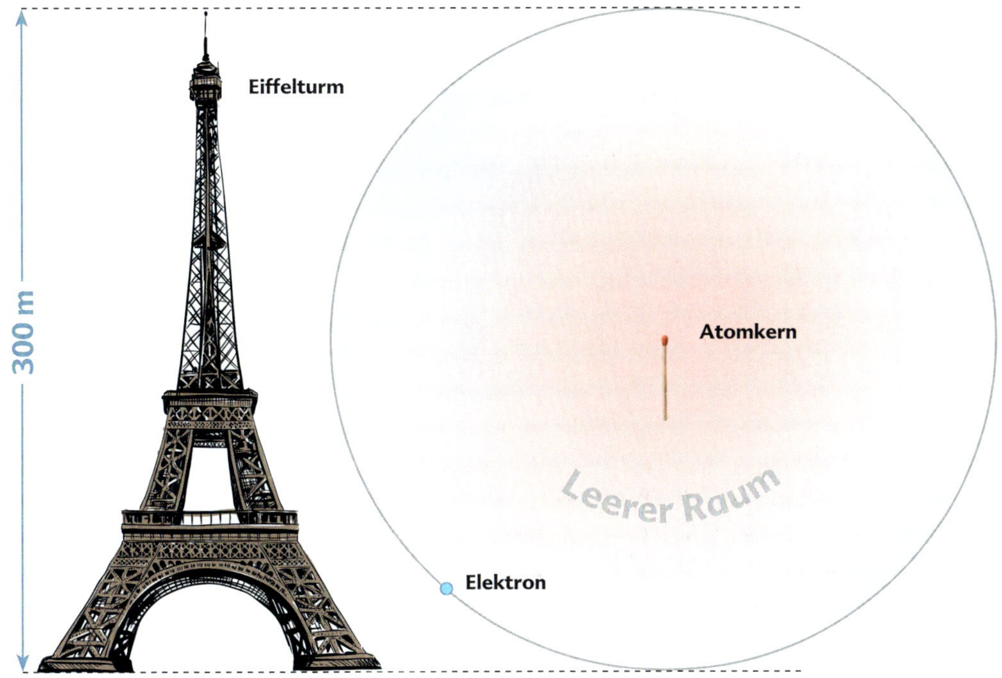

Ein Atom maßstabsgerecht dargestellt: Es besteht vor allem aus leerem Raum, in dem die winzigen Elektronen flitzen.

Protonen und Neutronen

Selbst der winzige Kern eines Atoms besteht aus noch winzigeren Teilchen. Der Physiker nennt sie Protonen und Neutronen. Die Anzahl der Protonen im Kern bestimmt, von welcher Art das Atom ist. Wasserstoffatome etwa enthalten nur ein Proton, Sauerstoffatome 6, Eisenatome 26 und Uranatome sogar 92. Die Neutronen stabilisieren den Atomkern. Aber auch Protonen und Neutronen sind nicht das Allerkleinste. Sie enthalten noch viel winzigere Teilchen, die man Quarks nennt. Und es ist wahrscheinlich, dass diese Quarks aus noch kleineren Bausteinen bestehen.

Leichte Hülle

Um den Atomkern bewegen sich einige superwinzige und leichte Teilchen, die Elektronen. Je nach Atomart sind es zwischen 1 und ungefähr 100 Elektronen.
Der weitaus größte Teil eines Atoms aber ist leerer Raum. Würdest du den Atomkern auf die Größe eines Streichholzkopfs aufblasen, hätte das ganze Atom etwa 300 m Durchmesser – das ist 3-mal so lang wie ein Fußballfeld oder so hoch wie der Eiffelturm in Paris. Die Elektronen wären dennoch nur so groß wie Staubkörnchen.

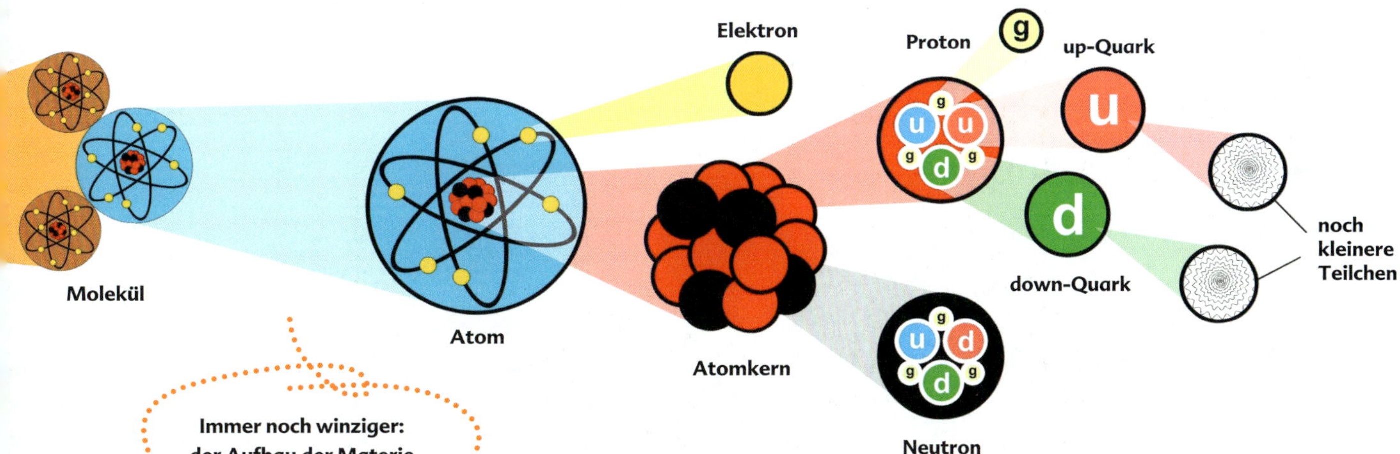

Immer noch winziger: der Aufbau der Materie

KEIN LEBEN OHNE CHEMIE

Die Chemie ist die Wissenschaft von den Stoffen, ihren Veränderungen und den Methoden, neue Stoffe herzustellen. Eine Menge solcher Stoffe und Materialien umgeben uns.

Shampoo: ein wichtiges chemisches Produkt

Den Produkten, die Chemiker herstellen, bist du schon begegnet: farbige Kleidung, Folien, Gegenstände aus Kunststoff, Seife, Arzneimittel, Duftstoffe, Zement und Beton. Ein Smartphone zum Beispiel enthält mindestens 60 unterschiedliche chemische Stoffe, darunter allein 30 Metalle. Einige davon sind nur in winzigen Mengen enthalten, aber unverzichtbar.

Spiel mit Atomen

Dass sich Stoffe verändern, kennen Menschen seit Jahrmillionen. Aber erst in den letzten 250 Jahren hat man erkannt, was dabei genau abläuft.
Es zeigte sich, dass die Chemie einem Lego-Spiel ähnelt. Es gibt nur wenige Arten von Bausteinen, nämlich die Atome. Aber man kann die verschiedenen Atomarten auf vielfältige Art miteinander verbinden. Was dabei entsteht, nennt der Chemiker Moleküle.

Bunte Welt der Moleküle

Fast jeder Stoff besteht aus Molekülen. Im Wassermolekül zum Beispiel haben sich zwei Wasserstoffatome mit einem Sauerstoffatom verbunden.
Ein besonders wichtiges Element ist Kohlenstoff. Er verbindet sich gerne mit anderen Elementen. Kohlenstoffatome bilden gemeinsam Ringe und lange Ketten. An die freien Stellen hängen sich häufig Atome von Wasserstoff, Sauerstoff, Stickstoff, Phosphor und einigen anderen Elementen.

Im Chemiewerk werden Stoffe zur Reaktion gebracht und die neu entstandenen Produkte gereinigt.

Eisenerz-Bergbau in Westaustralien: Eisenerz dient zur Herstellung von Stahl, dem meistverwendeten Werkstoff.

Molekülmodell von Glucose (Traubenzucker): Rote Kugeln stellen Sauerstoffatome dar, schwarze Kohlenstoffatome und blaue Wasserstoffatome.

Fast alle Stoffe in Lebewesen sind Kohlenstoff-Verbindungen: Eiweißstoffe, Fette oder Kohlenhydrate (etwa Zucker und Stärke).
Dazu enthält der Körper eine Fülle weiterer Kohlenstoff-Verbindungen, vor allem Proteine (Eiweiße) unterschiedlicher Art, die die komplizierte Chemie des Lebens steuern.

Eine Fülle neuer Stoffe

Die Chemiker haben Methoden entwickelt, Elemente und andere chemische Stoffe so zu verändern oder zusammenzufügen, dass neue Stoffe entstehen. Diese haben ganz neuartige Eigenschaften. In der chemischen Industrie werden nützliche Stoffe in großen Mengen hergestellt.

Wusstest du …

… dass immer neue Werkstoffe mit zum Teil verblüffenden Eigenschaften entdeckt werden? Manche leiten elektrischen Strom ohne Widerstand, andere ermöglichen immer schnellere und kleinere Datenspeicher, leichte und dennoch stabile Bauwerke, Batterien für Elektroautos mit hoher Reichweite oder besonders leistungsfähige und sparsame Kraftwerke zur Energiegewinnung.

Beton ist heute ein viel verwendeter Baustoff, etwa für Gebäude, Türme und Brücken.

Zement und Beton

Zum Bau von großen Häusern nutzt man Zement. Dieses graue Pulver wird mit Wasser und Sand oder Kies zu Betonbrei angerührt. Den Brei kann man beliebig formen und nach einiger Zeit erstarrt er zu festem Stein.
Hergestellt wird Zement aus Mergel, einem Ton-Sand-Gemisch. Er wird dazu in einem riesigen, sich drehenden Rohr, dem Drehrohrofen, auf etwa 1.450 Grad Celsius erhitzt. Viele moderne Gebäude sind aus Fertigteilen zusammengesetzt. Sie wurden zuvor in einer Fabrik hergestellt. Dort wurde der Beton in geeignete Formen gegossen, in denen er erstarrte.

Der Hochofen wird mit Eisenerz, Kalk und Koks (Kohlenstoff) beschickt, die man oben immer wieder nachfüllt. Zudem bläst man von den Verbrennungsgasen vorerhitzte Luft („Wind“) ein. Durch chemische Reaktion entsteht metallisches Eisen. Die Verbrennungsgase (Gichtgase) werden oben abgezogen, die weiß glühende Eisenschmelze regelmäßig unten „abgestochen“, die Schlacke entfernt.

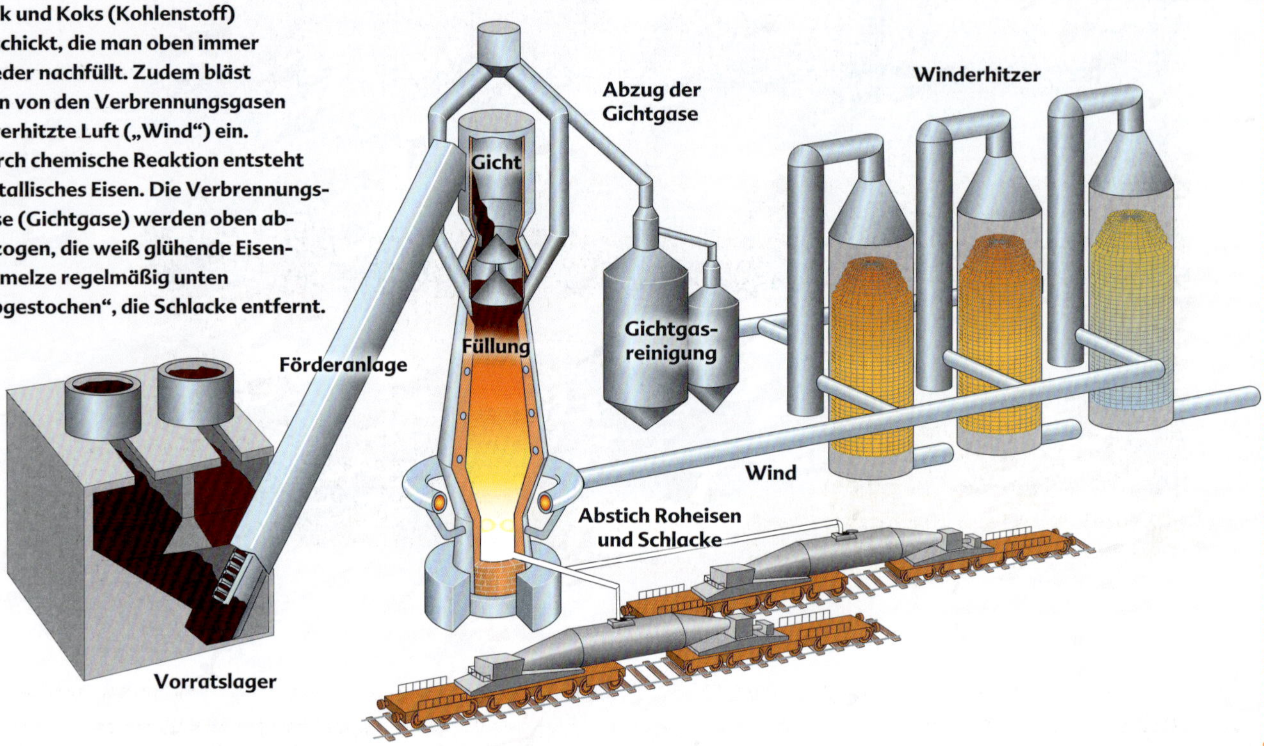

Im Hochofen

Du hast bestimmt schon Gegenstände aus Eisen oder Stahl benutzt: Pfannen, Werkzeuge, Scheren, Nadeln, Fahrräder, Autos, Eisenbahnen oder Brücken. Eisen ist der Werkstoff, der weltweit in größter Menge produziert wird. Gibt man Kohlenstoff und weitere Metalle dazu, entsteht aus Eisen der besonders nützliche Stahl. Es gibt tausende Sorten Stahl für alle Zwecke. Manche sind zum Beispiel besonders zäh, hitzebeständig oder rosten nicht.

Im Hochofen entsteht durch chemische Reaktion von Eisenerz und Kohle bei 800 bis über 1.000 Grad Celsius metallisches Eisen. Man lässt es von Zeit zu Zeit als weiß glühende Schmelze aus dem Ofen laufen.

Stahl

Die Eisenschmelze füllt man in ein großes feuerfestes Gefäß, einen Konverter. Meist gibt man andere Metalle hinzu, die die Eigenschaften des Stahls verbessern. Außerdem setzt man Eisenschrott zu, um das Eisen wiederzuverwerten. Dann senkt sich ein Rohr hinunter, das Lanze genannt wird, und bläst reinen Sauerstoff auf das Eisen. Der Sauerstoff verbrennt alle störenden Verunreinigungen. Nach etwa 20 Minuten wird der Inhalt des Konverters in Formen gegossen. Der entstandene Stahl kühlt nun ab und wird meist gleich weiterverarbeitet.

Im Konverter wird reiner Sauerstoff auf die Eisenschmelze geblasen und verbrennt die Verunreinigungen.

In der Raffinerie wird das Rohöl durch Destillation in die einzelnen Bestandteile aufgetrennt und diese werden in Tanks gespeichert.

Erdöl

Jeden Tag werden rund 15 Milliarden Liter Rohöl weltweit aus dem Boden gepumpt. Riesentanker oder hunderte von Kilometern lange Röhren (Pipelines) bringen es an den gewünschten Ort.
Rohöl (*siehe Seite 64*) ist ein Gemisch aus zahlreichen Stoffen. Deshalb wird es in einer Raffinerie gereinigt und in seine verschiedenen Bestandteile aufgetrennt. Zu den so hergestellten Produkten gehören Benzin, Dieselkraftstoff, Heizöl, Kerosin für Düsenflugzeuge, Schmieröle (Motoröl) sowie Bitumen. Mit Kies zu Asphalt vermischt, ergibt dieses einen guten Straßenbelag.

Kunststoffe

Es gibt tausende Arten künstlich hergestellter Kunststoffe. Der Grundstoff ist meist Erdöl. Manche Kunststoffe werden beim Erwärmen weich und lassen sich formen, andere bleiben hart. Eine dritte Sorte ist elastisch wie Gummi und wird für Gummibänder und Autoreifen genutzt.

Kunststoffe lassen sich für ganz unterschiedliche Anwendungen nutzen und eignen sich meist besser als andere Werkstoffe.

Aus Kunststoffen werden zahlreiche Alltagsgegenstände hergestellt, zum Beispiel Fasern und Folien. Schaumstoffe enthalten zahlreiche Gasblasen. Sie sind deshalb verformbar und wärmeisolierend und werden für energiesparende Hausverkleidungen genutzt.

Stahlbeton ist ein typischer und viel verwendeter Verbundwerkstoff.

Verbundwerkstoffe

Diese Werkstoffe sind besonders stabil. Sie bestehen nämlich aus unterschiedlichen Stoffen mit besonderen Aufgaben. Mischt man zum Beispiel Kunststoff mit Glasfasern, wird er fester. Stahlbeton kann wegen der eingelegten Stahlmatten erheblich größere Kräfte aufnehmen als einfacher Beton und eignet sich daher besonders gut für Brücken, hohe Türme und große Gebäude. Die Natur hat es uns vorgemacht: Holz und das Material unserer Knochen sind natürliche Verbundwerkstoffe.

BIOWISSENSCHAFTEN

Die Biowissenschaften erforschen das wohl Interessanteste auf unserem Planeten: Lebewesen.

Schon früh haben sich die Menschen Fragen gestellt wie: Wie sind die Körper von Lebewesen aufgebaut? Welche Organe gibt es im Körper? Wie funktionieren Verdauung, Muskelbewegung, Atmung, Wundheilung? Wie nehmen Körper ihre Umgebung wahr? Wie funktionieren Augen, Ohren, Nase oder weitere Sinne? Warum werden Lebewesen manchmal krank? Warum altern sie?
Heute haben wir zu solchen Fragen Antworten gefunden. Dieses Wissen ist nützlich: Es gibt Ärzten die Möglichkeit, Krankheiten gezielt zu bekämpfen. Das macht unser Leben gesünder und länger.

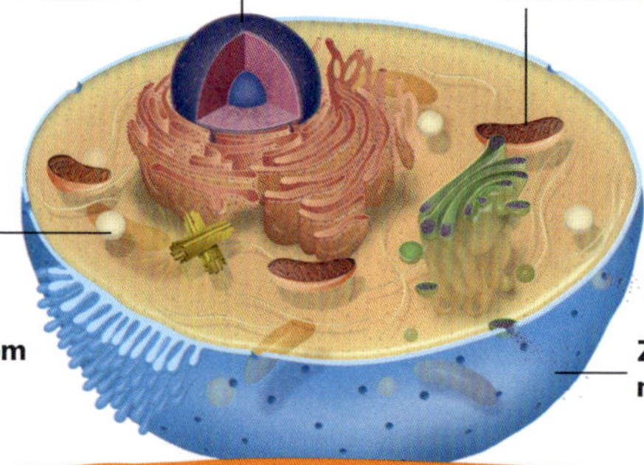

Organellen einer Tierzelle: Der Zellkern speichert das Erbgut, die Mitochondrien liefern Energie, die Ribosomen sind „Fabriken" für Eiweißstoffe, die Lysosomen kümmern sich um den Abfall.

Die Bausteine des Körpers

Mit einem Mikroskop kann man erkennen, dass der Körper aus unzähligen kleinen Bestandteilen besteht. Man nennt sie Zellen. Sie sind zwar winzig klein, aber sie haben viele Fähigkeiten. Zum Beispiel kann jede Zelle Nährstoffe aufnehmen und verwenden. Sie kann sich vermehren und Baustoffe erzeugen. In deinem Körper arbeiten hunderte von unterschiedlichen Zellarten – etwa Nervenzellen, Muskelzellen, Knochenbauzellen, Zellen zum Bekämpfen von Krankheitserregern und viele weitere. Weil sie zuverlässig zusammenarbeiten, lebst du.

Im Zellkern sind der gesamte Bauplan und die Bauanweisung für die Zelle selbst gespeichert. Und zwar in einem Molekül, das man DNA nennt. Die Atome darin bilden eine doppelte Schraube, die berühmte „Doppelhelix". Würdest du die DNA einer einzelnen Zelle aufrollen, wäre sie 2 m lang! Die Bauanweisungen sind in der Zelle verschlüsselt, sozusagen in einem Geheimcode. Man nennt ihn den „genetischen Code". Er ist in allen irdischen Lebewesen gleich.

So heilt eine Wunde

Sofort nach einer Verletzung setzen Vorgänge zur Reparatur der Wunde und zur Bekämpfung von Krankheitskeimen ein.

Von unten her schließen neue Zellen die Wunde, geronnenes Blut schützt vor Keimen von außen.

Nach einigen Tagen oder Wochen ist die Verletzung repariert, der Blutschorf abgefallen und die Haut wieder intakt.

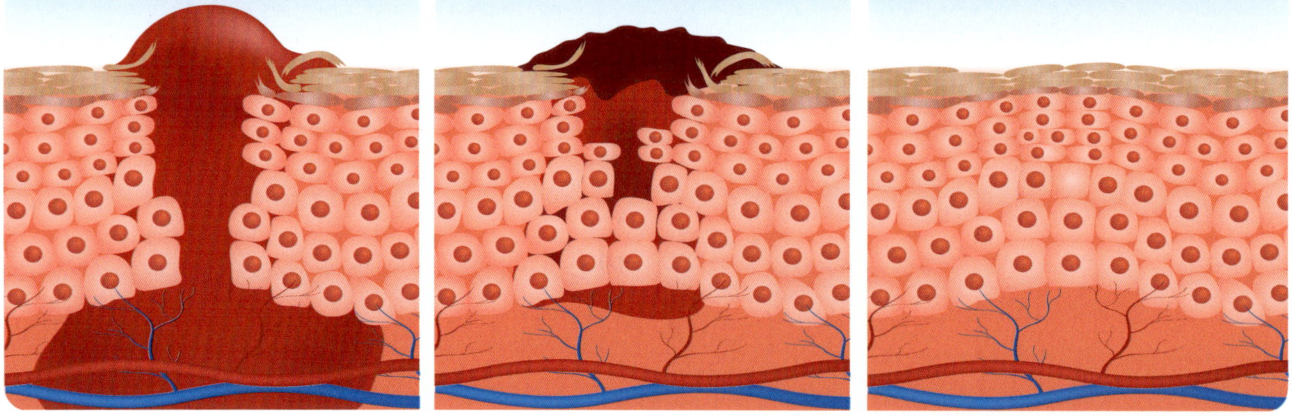

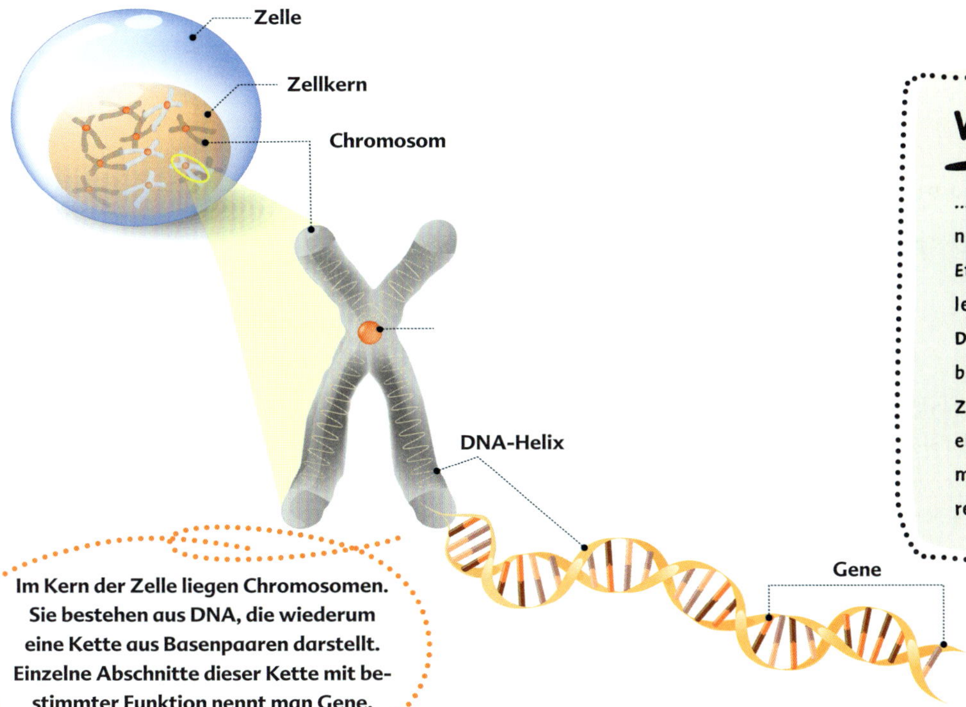

Im Kern der Zelle liegen Chromosomen. Sie bestehen aus DNA, die wiederum eine Kette aus Basenpaaren darstellt. Einzelne Abschnitte dieser Kette mit bestimmter Funktion nennt man Gene.

Wusstest du …

… dass es Lebewesen gibt, die aus nur einer einzigen Zelle bestehen? Etwa Bakterien oder die Kleinstlebewesen im Teichwasser.
Dein Körper enthält eine unvorstellbar große Zahl von verschiedenen Zellen. Würde man sie alle hintereinanderlegen, würde die Kette mindestens 60-mal um den Äquator reichen!

Aus chemischen Stoffen gebaut

Jede Zelle besteht aus zahlreichen chemischen Stoffen. Die wichtigsten sind Eiweißstoffe, Fette und Kohlenhydrate (etwa Traubenzucker) und natürlich Wasser. Im Körper jedes Lebewesens laufen chemische Vorgänge ab. So etwa die Atmung, die Verdauung, die Bewegung der Muskeln und des Herzens sowie die Tätigkeit des Gehirns. Ohne diese Vorgänge gäbe es kein Leben.

Medikamente

Du hast sicher schon mal Hustensaft geschluckt. Viele Beschwerden können durch Arzneimittel gelindert werden und manchmal retten sie sogar Leben. Dass es Medikamente für unterschiedliche Krankheiten gibt, verdanken wir der Arbeit zahlreicher Wissenschaftler und Ärzte.

Manche Pflanzen, wie etwa diese Nachtkerze, enthalten heilkräftige Stoffe.

Medikamente wie dieser Hustensaft lindern Leiden, andere können schwere Krankheiten heilen.

Eine Fülle heilender Mittel

Heute wissen wir schon sehr viel über den menschlichen Körper. Deshalb können wir Blinddarmentzündungen heilen, indem wir erkrankte Teile wegschneiden. Durch rechtzeitiges Impfen kann man verhindern, dass man an lebensgefährlichen Leiden wie etwa Kinderlähmung oder Masern erkrankt. Früher sind unzählige Menschen an diesen Krankheiten gestorben.
Beim Forschen wurden in Pflanzen und Tieren Stoffe gefunden, die in die chemischen Vorgänge im Körper eingreifen. Mit ihrer Hilfe lassen sich Krankheiten bekämpfen. Künstlich hergestellte Heilstoffe haben sogar eine noch bessere Wirkung. Leider haben Medikamente auch immer Nebenwirkungen. Das heißt, dass derjenige, der sie nimmt, an anderen Stellen im Körper Beschwerden bekommen kann.

ELEKTRIZITÄT

Elektrischer Strom und die damit verbundenen Möglichkeiten haben unsere Welt verändert und das Leben vielfach besser und leichter gemacht.

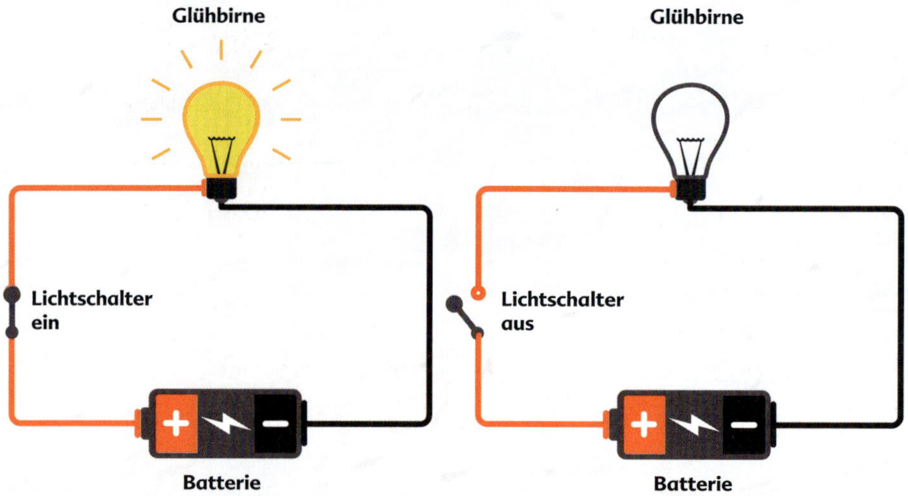

Nur in einem geschlossenen Stromkreis fließt Strom. Der geöffnete Schalter stoppt den Stromfluss sofort.

Im Grunde ist es wie ein Wunder: Du betätigst einen Schalter oder steckst einen Stecker in eine Steckdose und schon verfügst du über helles Licht, kannst Musik hören oder den Computer nutzen. Und es geht sogar ohne Steckdose, zumindest zeitweise: mit Batterien und wiederaufladbaren Akkus, die zu jeder Zeit elektrische Energie abgeben und damit beispielsweise dein Smartphone versorgen.

Unsichtbarer Fluss

Doch was ist elektrischer Strom eigentlich? Er ist ein Fluss von Elektronen, kleinsten geladenen Teilchen. Sie können in einem Metalldraht fließen, nicht aber durch Kunststoff, Glas oder Porzellan. In Bewegung gesetzt werden die Elektronen von einer Batterie oder von einem Stromerzeuger im Kraftwerk. Dazu wird Energie gebraucht. Sie kommt zum Beispiel aus strömendem Wasser, aus Kohle, Öl, Kernkraft, Sonnenlicht oder Wind. In einer Batterie entsteht sie aus chemischen Reaktionen. Diese Energie überträgt der Strom dann an einen Verbraucher, also die Maschine, die du gerade angeschaltet hast. Das mag ein Elektromotor sein, eine Leuchte, eine Waschmaschine, ein Fernseher oder ein Computer.

Spannung und Stromstärke

Die Kraft, mit der ein Stromerzeuger Strom in einen Draht drückt, nennt man elektrische Spannung. Die Menge an fließendem elektrischem Strom nennt man Stromstärke. Du kannst elektrischen Strom mit einem Wasserfall vergleichen. Die elektrische Spannung entspricht etwa der Fallhöhe eines Wasserfalls. Je weiter das Wasser nach unten stürzt, desto mehr „Kraft“ hat es. Die Stromstärke entspricht der fallenden Wassermenge.

Hochspannungsleitungen übertragen elektrische Energie von den Kraftwerken zu den Verbrauchern.

Wusstest du …

… dass Strom nur in einem geschlossenen Kreislauf fließt, in einem „Stromkreis"? So strömen etwa bei einer Batterie die Elektronen aus einem Anschluss („Pol") heraus und zum anderen wieder hinein. Deshalb haben alle elektrischen Geräte immer mindestens 2 Anschlüsse. Unterbricht man den Stromkreis, etwa mit einem eingebauten Schalter, hört der Stromfluss sofort auf.

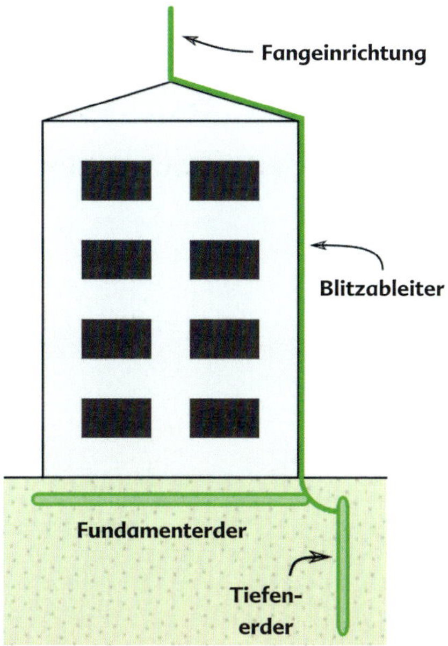

Ein Blitzableiter soll verhindern, dass der Blitzstrom durchs Haus fließt und Zerstörungen anrichtet.

Volt und Ampere

Die elektrische Spannung misst man in Volt (V). Eine Batterie liefert zum Beispiel 1,5 Volt, 9 Volt oder als Autobatterie 12 Volt. Haushaltsstrom in der Steckdose hat 230 Volt. Die Stromstärke misst man in Ampere (A). Ein Handy etwa braucht nur einige Milliampere (1.000 Milliampere = 1 Ampere), während eine elektrische Herdplatte bis zu 10 Ampere zieht.

Blitzableiter

Der amerikanische Naturforscher Benjamin Franklin erkannte 1752, dass Blitze elektrische Funken sind, dass also elektrischer Strom in ihnen fließt. Aufgrund dieser Entdeckung erfand Franklin den Blitzableiter: einen dicken Draht, der in den Boden führt. Er leitet den elektrischen Strom des Blitzes am Haus vorbei direkt in die Erde.

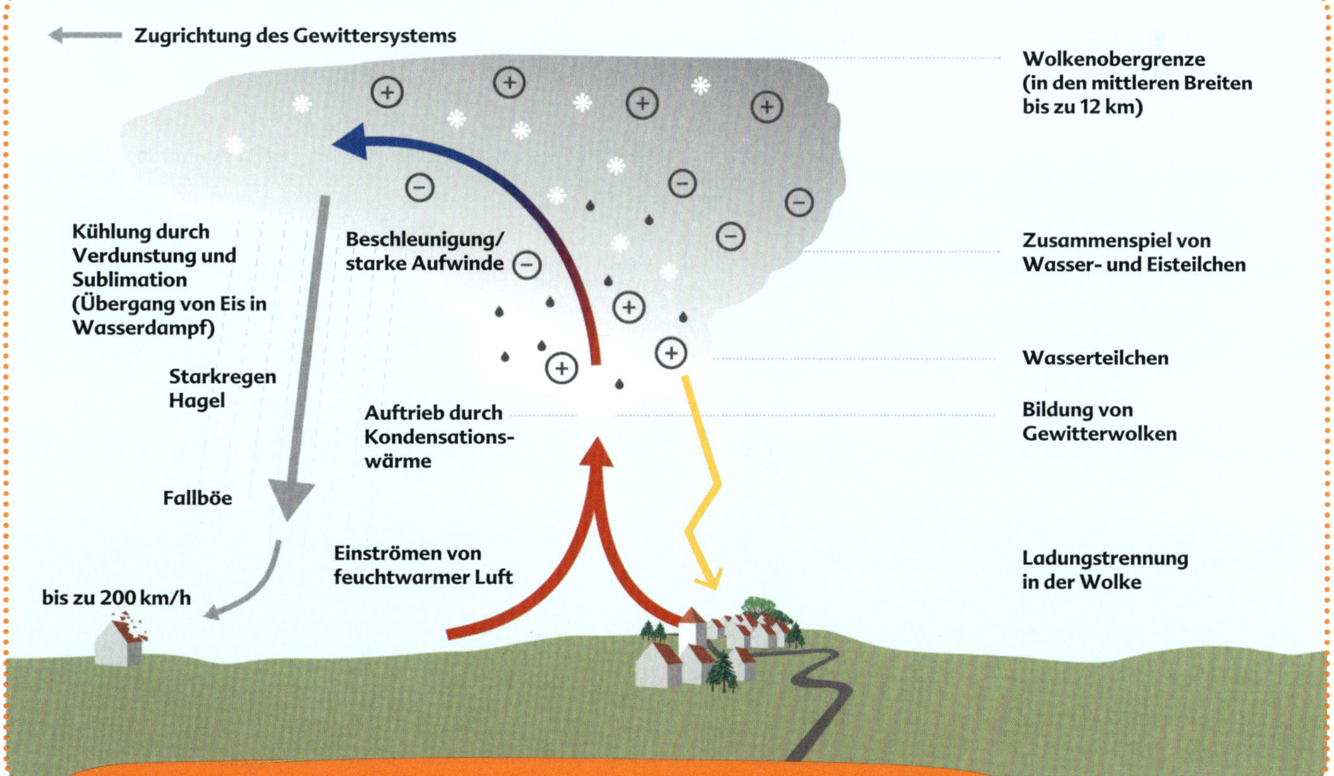

So entsteht ein Gewitter: In Gewitterwolken bauen sich elektrische Ladungen auf, die sich als Blitz ausgleichen. Die plötzliche Erhitzung und Ausdehnung der Luft erzeugt den Donner.

STROM UND MAGNETISMUS

Elektrizität und Magnetismus sind verwandte Erscheinungen, miteinander kombiniert erlauben sie eine Fülle nützlicher Anwendungen wie etwa Elektromotoren und Generatoren zur Stromerzeugung.

Wusstest du ...

...dass du mit 1 Kilowattstunde Strom ein Mittagessen für 4 Personen oder 70 Tassen Kaffee kochen, 7 Stunden fernsehen, 7 Stunden am PC arbeiten, 20–30-mal dein Handy aufladen oder 15 Hemden bügeln kannst?

Nützlicher Strom

Die Menge Strom, die man verbraucht und bezahlen muss, wird in Kilowattstunden (kWh) gemessen. Deshalb gibt es in jeder Wohnung einen Stromzähler.

Geheimnisvolle Magnetkräfte

Bis vor etwa 200 Jahren dachte man, Elektrizität und Magnetismus wären ganz unterschiedliche Naturerscheinungen. Aber 1820 untersuchte der dänische Physiker Hans Christian Oersted eine Drahtspule. Zu seiner Überraschung entdeckte er, dass sie bei Stromfluss zum Magneten wird und eine Kompassnadel ablenkt. Ohne Strom ist auch die Magnetkraft weg. Enthält die stromdurchflossene Spule einen Eisenkern, ist ihre Magnetkraft noch viel stärker. Seit Oersteds Entdeckung dieser Zusammenhänge spricht man von Elektromagnetismus.

Magnetkraft durch Stromfluss

Ein Elektromagnet hat Nord- und Südpol wie ein Dauermagnet. Aber die Polung ist davon abhängig, in welche Richtung der Strom fließt. Ändert man die Richtung, sind die Pole vertauscht.

Es funktioniert auch andersherum: Wenn man Magnete und Drahtspulen gegeneinander bewegt, lässt sich Strom erzeugen. Das Prinzip nutzen Fahrraddynamos und vor allem riesige Generatoren in den Kraftwerken. Es gibt kaum eine physikalische Entdeckung, die größeren Einfluss auf unser alltägliches Leben hatte, denn eine zuverlässige Stromversorgung ist heutzutage lebenswichtig.

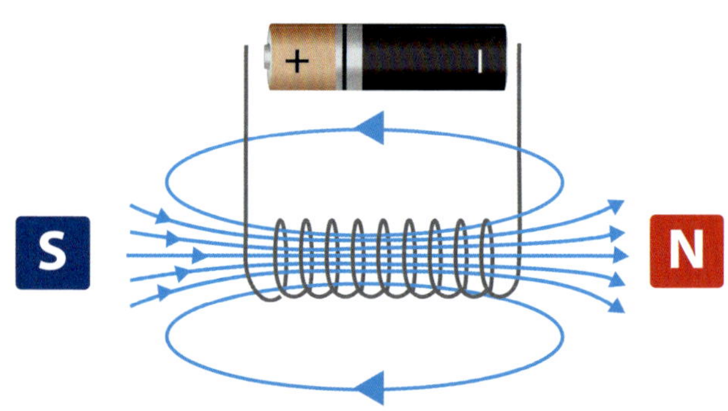

Strom, der durch eine Drahtspule fließt, macht sie zu einem Elektromagneten mit Nord- und Südpol.

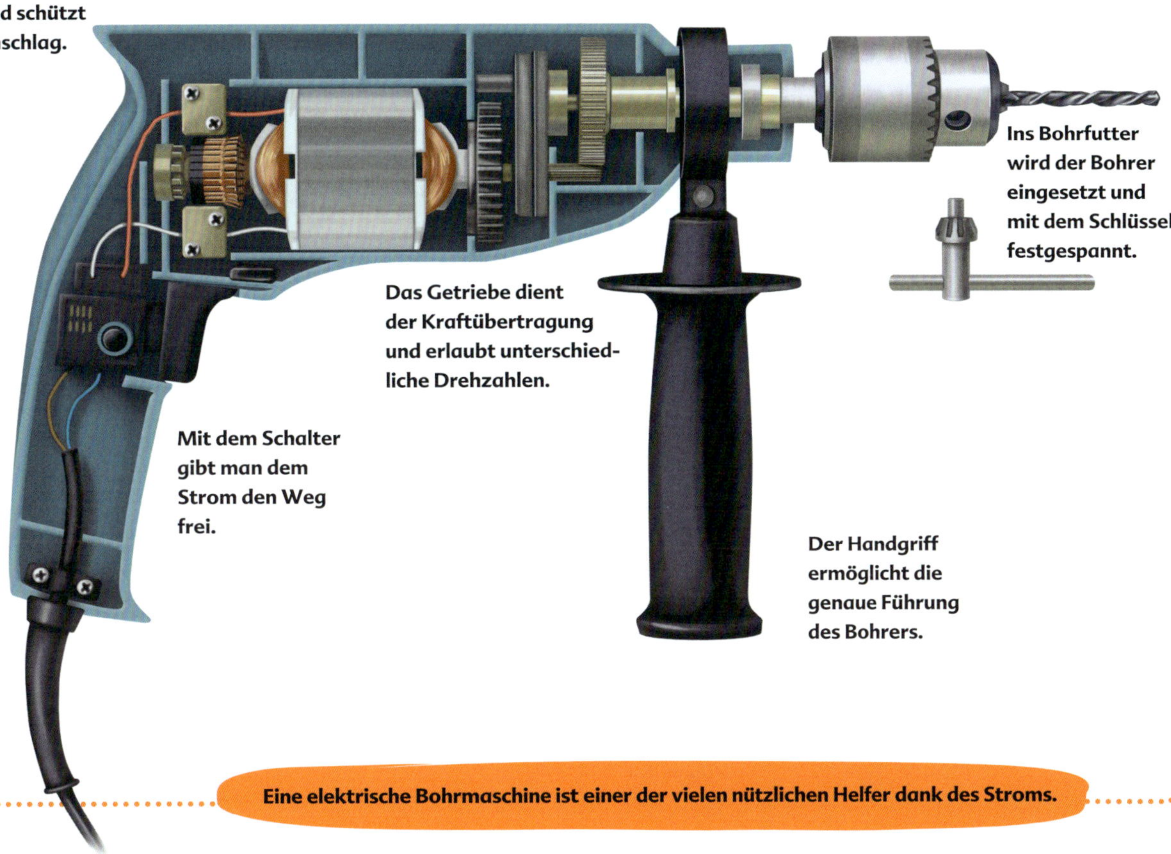

Eine elektrische Bohrmaschine ist einer der vielen nützlichen Helfer dank des Stroms.

Praktische Stromnutzung

Elektromagnetismus ist die Grundlage zahlreicher elektrischer Geräte. Wird zum Beispiel eine Drehbewegung gebraucht, enthält das Gerät einen Elektromotor. Er wird durch elektrischen Strom angetrieben. Elektromotoren arbeiten in Küchenmaschinen und Mixern, in Staubsaugern und Waschmaschinen, im Ventilator und in der Bohrmaschine, im Elektroauto und in der E-Lok.

Vielfältig verwendet

Eine Fülle weiterer Geräte nutzt ebenfalls den Elektromagnetismus. Dazu zählen etwa manche Typen von Lautsprechern und Mikrofonen. Relais erlauben, starke Ströme mit schwachen zu schalten. Elektromagnete zählen zu den stärksten Magneten überhaupt. Im Schrotthandel werden sie genutzt, um Eisenteile mit Kränen aufzunehmen, beim Transport festzuhalten und über dem Ziel auf Schalterdruck wieder abzuladen. Wichtige medizinische Untersuchungsgeräte wie Kernspintomografen enthalten sehr starke Magnete. Sie liefern genaue Bilder vom Körperinnern und helfen so dem Arzt beim Erkennen von Krankheiten.

In Teilchenbeschleunigungsanlagen wie CERN und DESY halten Elektromagnete die Teilchen auf ihrer Kreisbahn. Das Magnetfeld der Erde wird elektromagnetisch durch starke, im Erdkern kreisende elektrische Ströme erzeugt. Und schließlich sind Radiowellen, Mikrowellen, Wärmestrahlen, sichtbares Licht und Röntgenstrahlen elektromagnetische Erscheinungen (➔ *siehe Seite 174).*

MACH MIT!

Du kannst selbst völlig gefahrlos elektrische Funken von einigen Millimetern Länge erzeugen. Dazu musst du – bei möglichst trockener Luft – mit Stoff über ein Kunststofflineal reiben und es dann im Dunkeln an einen Türgriff halten. Nun siehst du einen kleinen Funken überspringen. Die Spannung beträgt dabei einige tausend Volt, aber weil die Stromstärke extrem klein ist, sind diese Funken ungefährlich.

ENERGIEVERSORGUNG

Ohne Energie geht gar nichts. Wir hätten weder Wärme noch Licht. Auch viele andere Vorteile unseres Lebens würden fehlen.

Energie ist vielfältig

Es gibt zahlreiche Formen von Energie. Die allererste Energiequelle, die der Mensch genutzt hat, ist die chemische Energie in Holz: das Feuer! Später nutzte man tierische und menschliche Muskelkraft sowie die Energie des fließenden Wassers und des Winds dazu, Dinge zu transportieren und Maschinen anzutreiben.

Viele Energiequellen

Zurzeit leben wir zu großen Teilen von der Energie, die wir der Sonne verdanken. Kohle, Erdöl und Erdgas sind in früheren Erdzeitaltern gesammelte Sonnenenergie, denn sie sind aus Pflanzen entstanden, die vor vielen Millionen Jahren auf der Erde gewachsen sind (➔ *siehe Seite 64*). Auch Wind- und Wasserkraftwerke sowie Holzheizungen und Biogasanlagen nutzen die Energie der Sonne, Solaranlagen natürlich sowieso. Nur Kernenergie und Erdwärme stammen aus anderen Quellen.

Mit solchen Turbinen erzeugt ein Wasserkraftwerk aus dem Wasserstrom die Drehbewegung zum Antrieb eines Generators.

Die meisten modernen Kraftwerke erhitzen Wasser mit Kohle, Öl, Gas oder Kernkraft und erzeugen daraus Heißdampf, der unter hohem Druck steht. Denn er hat die Energie aus den Brennstoffen aufgenommen. Der Dampf treibt die Schaufelräder gewaltiger Turbinen an.

Windmühlen gewinnen Energie aus dem Wind und nutzen sie etwa zum Mahlen von Getreide oder zum Pumpen von Wasser.

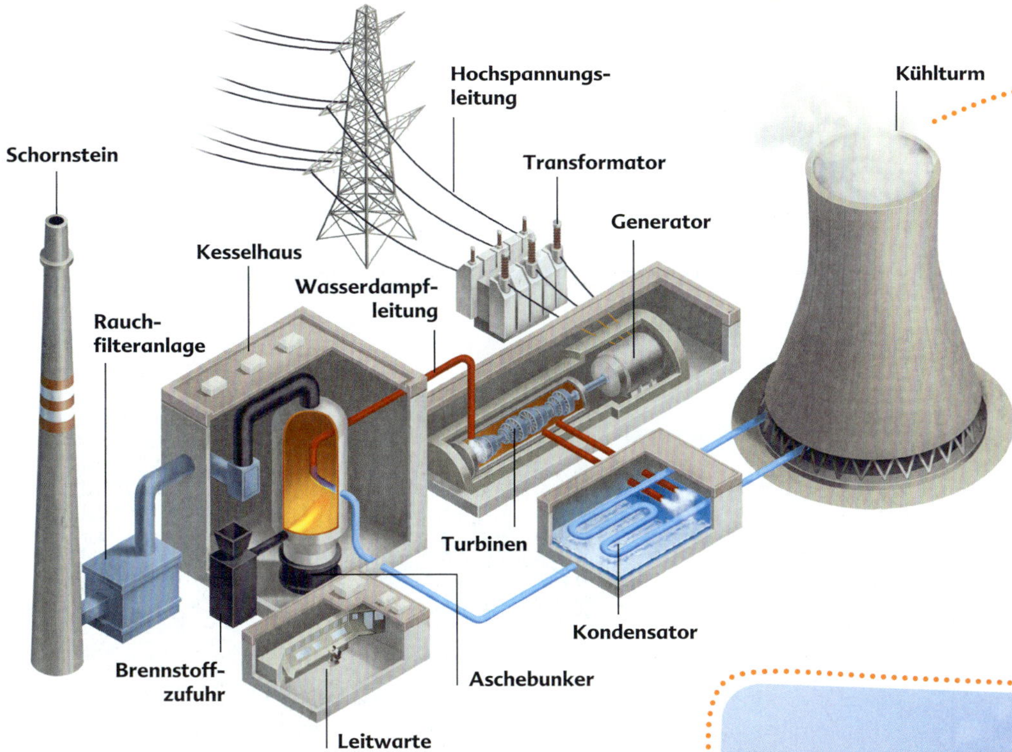

Unter dem Kessel eines Kohlekraftwerks werden pro Minute viele Tonnen Kohle verbrannt und damit Wasser in heißen Hochdruckdampf verwandelt. Er treibt Turbinen und Generatoren an und wird mittels Kühltürmen wieder zu flüssigem Wasser kondensiert. Oft dient ein Teil der Abwärme als Fernwärme zum Heizen von Häusern. Die Verbrennungsgase werden aufwendig gereinigt und entstaubt.

Sie sind mit elektrischen Generatoren verbunden, die die Energie der Drehbewegung in Strom umwandeln. Elektrischen Strom aus Wasserkraft sowie aus Sonnenlicht und Wind nennt man „erneuerbare Energie“. Allerdings sind Wind und Sonne unzuverlässig; sie fallen oft stunden- oder tagelang aus. In vielen Ländern dienen daher Kernkraftwerke als zuverlässigere Energiequellen. Sie gewinnen Energie aus der Spaltung von Atomkernen. Zurzeit sind weltweit mehrere hundert Kernkraftwerke im Bau oder in Planung. Die modernsten Typen solcher Kernkraftwerke verbrauchen den Brennstoff sehr sparsam, sodass er noch für Jahrzehntausende reicht. Sie können sogar Energie aus altem Atommüll gewinnen.

Fotovoltaikzellen erzeugen aus Sonnenlicht direkt elektrische Spannung, allerdings nur bei guter Helligkeit.

Verbundnetz

Der erzeugte Strom wird in ein europaweites Verbundnetz eingespeist, an das alle Kraftwerke und Stromverbraucher angeschlossen sind.

Der Strom in den Hochspannungsleitungen hat sehr hohe Spannungen von meist 230.000 oder 380.000 Volt. Man kann nämlich die gleiche elektrische Energiemenge auf 2 Arten übertragen:

- mit niedriger Spannung, aber hoher Stromstärke
- mit hoher Spannung, aber niedriger Stromstärke.

Die zweite Möglichkeit ist viel praktischer: Man braucht nur dünne Kabel, und die Stromverluste unterwegs sind geringer. Die Umwandlung der Spannung mithilfe von Transformatoren ist einfach und geschieht ohne viel Verlust.

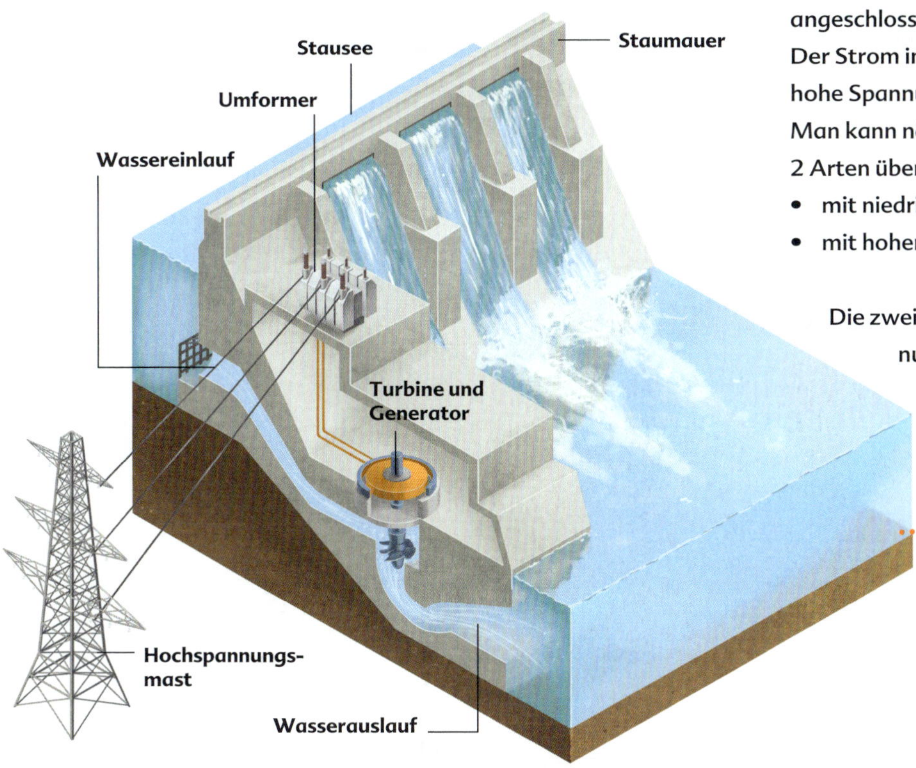

Das hinter dem Staudamm gesammelte Wasser treibt Turbinenschaufeln und Generatoren an. Überschüssiges Wasser wird kontrolliert abgelassen.

LICHT

Du erlebst die Welt zum größten Teil mit deinen Augen. Sie empfangen Licht, das von Lichterzeugern wie der Sonne oder einer elektrischen Lichtquelle ausgestrahlt wird. Und natürlich auch Licht, das Gegenstände aussenden, die angeleuchtet werden. Doch sichtbares Licht und andere Strahlenarten sind auch aus anderen Gründen nützlich.

Elektromagnetische Wellen

Das für uns sichtbare Licht ist nur ein winziger Ausschnitt aus einem ganzen Spektrum von Wellen. Man nennt sie „elektromagnetische Wellen". Sie unterscheiden sich in ihrer Frequenz, also der Zahl der Schwingungen pro Sekunde, und haben dann jeweils andere Bezeichnungen. Je höher die Frequenz, desto energiereicher – und damit auch gefährlicher – ist die Strahlung. Im Bild sind diese Wellen dargestellt, von links nach rechts mit abnehmender Frequenz.

Spektrum der elektromagnetischen Wellen

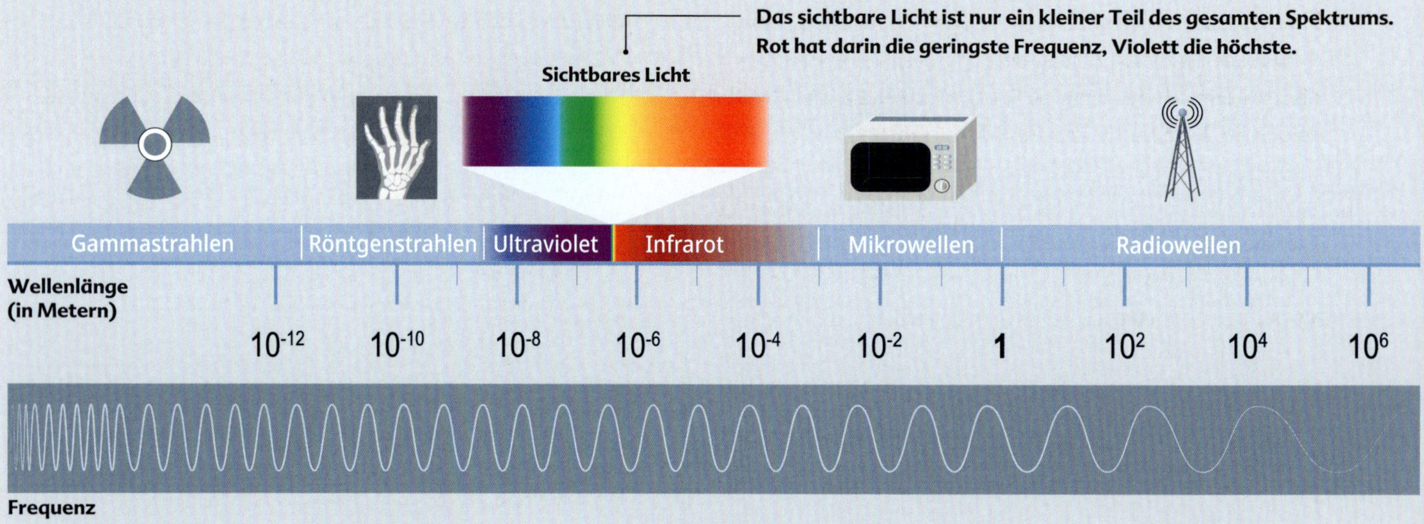

Gammastrahlen senden manche radioaktiven Stoffe aus. Man nutzt sie etwa zum Entkeimen von Nahrungsmitteln, zum Durchleuchten von Gegenständen und in der Medizin zum Abtöten von Krebszellen.

Röntgenstrahlen durchleuchten den Körper und zeigen Krankheitsherde oder gebrochene Knochen an.

Ultraviolettes Licht bräunt die Haut, wird zum Prüfen von Geldscheinen und zum Aushärten bestimmter Kunststoffe genutzt.

Infrarotes Licht nehmen wir als Wärmestrahlung wahr. Außerdem übertragen TV-Fernbedienungen damit Befehle.

Das Smartphone nutzt **Mikrowellen** zum Übertragen von Gesprächen. Der Mikrowellenherd erhitzt damit Speisen. Schiffe und Flughäfen nutzen sie als Radar zum Überwachen der Umgebung.

Radiowellen werden von Funksendern ausgestrahlt und etwa mit Radios oder Fernsehern empfangen.

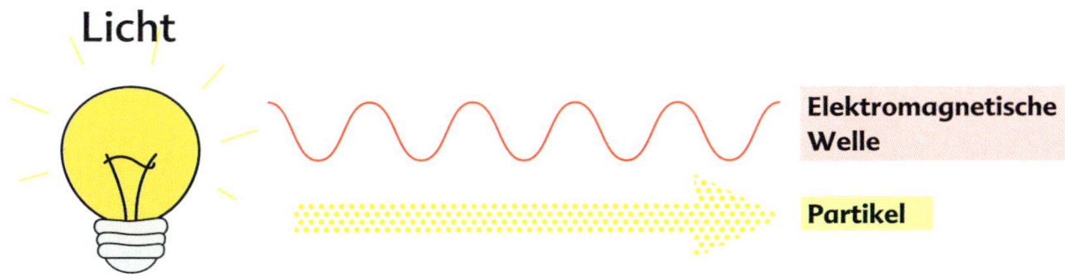

Welle oder Teilchenstrom? Beides ist richtig.

Welle oder Teilchenstrom?

Licht ist eine höchst komplexe Sache. Du kannst dir einen Lichtstrahl als Welle vorstellen. Ebenso kannst du ihn aber auch als Strom von „Energiepaketen“ auffassen, den „Photonen“ oder „Quanten“. Physiker können Licht sehr gut berechnen und in Formeln fassen.

Weißes und farbiges Licht

Unser Auge nimmt die verschiedenen Frequenzen des sichtbaren Lichts als unterschiedliche Farben wahr. Es gibt auch Mischfarben. Betrachte einen Fernsehbildschirm einmal mit einer Lupe. Er zeigt nur rote, grüne und blauviolette Lichtpunkte. Daraus entstehen alle Farben. Leuchten zum Beispiel grüne und rote Lichtpunkte gleich hell, sieht unser Auge das als Gelb. Und wenn alle drei Farben leuchten, meldet das Auge Weiß.
Tatsächlich ist weißes Licht, etwa von der Sonne, eine Mischung aus Lichtfarben. Das kannst du schön am Regenbogen sehen: Wassertropfen in Regenwolken haben das Sonnenlicht in seine Farben aufgespalten. Man nennt dieses vielfarbige Lichtband Spektrum. Auch Kristallgläser zeigen im Sonnenlicht mitunter bunte Farben.

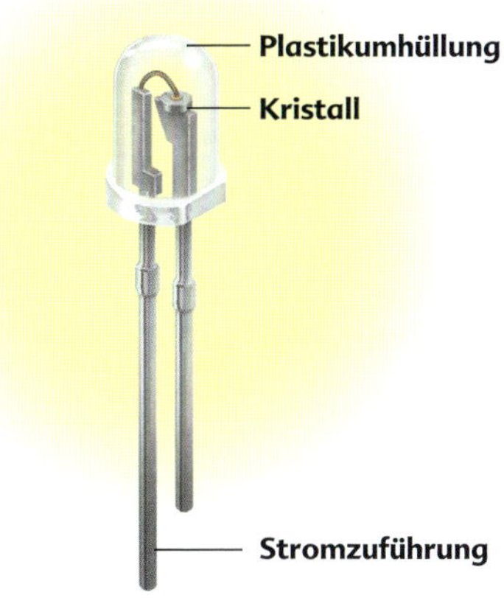

LEDs enthalten einen speziell bearbeiteten Halbleiterkristall, der bei Stromfluss Licht aussendet. Chemische Beimischungen erzeugen die jeweils gewünschte Lichtfarbe.

Lichterzeugung

Zu den frühen elektrischen Lichtquellen zählen Glühbirnen. Sie enthalten einen Draht, der sich bei Stromfluss so stark erhitzt, dass er helles Licht aussendet. Allerdings wird dabei der größte Teil der elektrischen Energie in Wärme statt in Licht umgewandelt. Daher nutzt man heute vielfach Leuchtdioden (LEDs). Sie erzeugen nur sehr wenig Wärme und sind sehr sparsam.

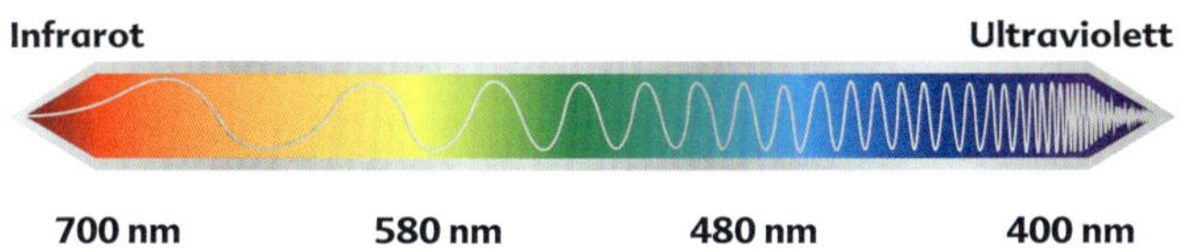

Die Wellenlängen des sichtbaren Lichts werden von Rot nach Violett kleiner. 1 Nanometer (nm) ist 1 Millionstel Millimeter.

MACH MIT!

Stell dich bei Sonnenschein im Garten mit dem Rücken zur Sonne und sprüh mit dem Gartenschlauch einen Wasserschleier. Ein bunter Regenbogen erscheint. Die Farben kommen natürlich nicht aus dem klaren Wasser, sondern stecken im weißen Sonnenlicht. Die Tröpfchen trennen sie nur voneinander.

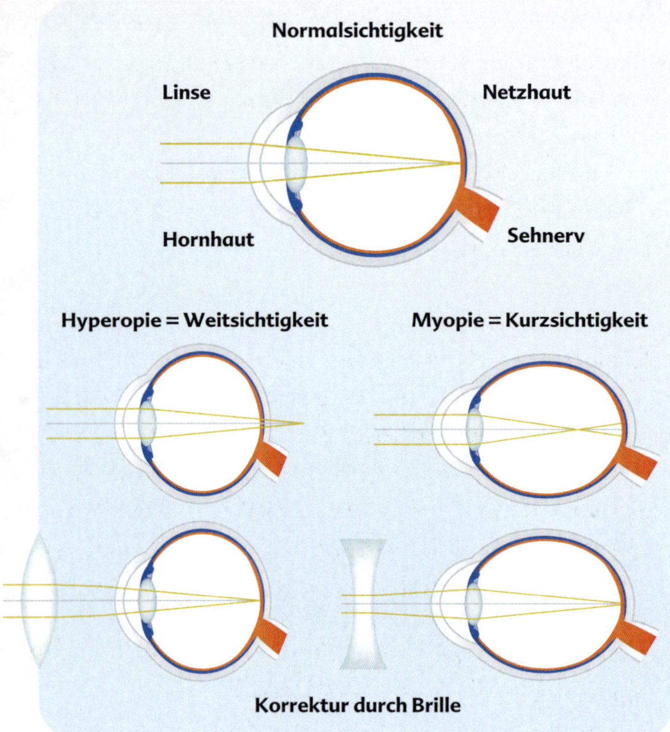

Was macht eine Brille?

Nach außen gewölbte Linsen aus Glas oder durchsichtigem Kunststoff nennt man Sammellinsen. Mit ihnen kann man Gegenstände vergrößert sehen. Oder sie als Brennglas nutzen und die Sonnenstrahlen zu einem gleißend hellen und heißen Punkt bündeln.
Hält man hinter solch eine Linse in einem bestimmten Abstand ein Blatt Papier, zeichnet sie darauf ein scharfes Bild der Umgebung vor der Linse. Der richtige Abstand hängt von der Linsenform ab. Auch im Auge steckt eine Sammellinse aus durchsichtigem Material. Sie wirft ein Bild der Umgebung auf die Netzhaut im Augenhintergrund. Über den Sehnerv gelangen die Bildeinzelheiten ans Gehirn. Manchmal aber ist die Linse zu stark oder zu schwach oder das Auge etwas zu lang oder zu kurz. Dann kann eine zusätzliche Linse, also eine Brille, die Augenlinse korrigieren. Solche Brillen machen das Leben leichter.

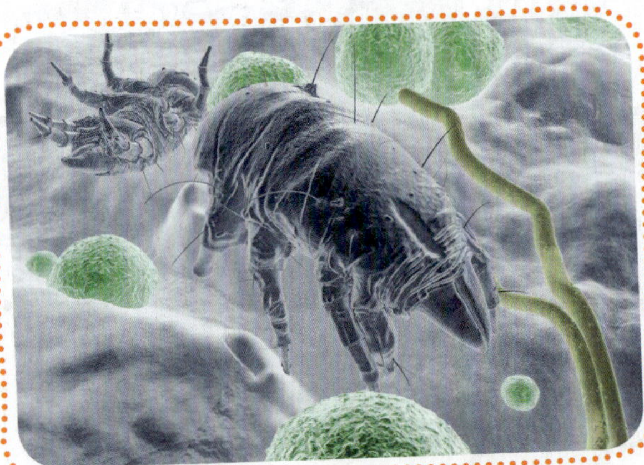

Hausstaubmilbe 1.000-fach vergrößert, aufgenommen mit einem Raster-Elektronenmikroskop

Mikroskop

In diesem Gerät erzeugt eine Kombination von Linsen ein vergrößertes Bild eines kleinen Gegenstands. Das Linsensystem, das dem Beobachtungsobjekt zugewandt ist, nennt man Objektiv. Durch ein zweites Linsensystem, das Okular, schaut man ins Mikroskop hinein. Es vergrößert das vom Objektiv gelieferte Bild noch vielfach. Bessere Mikroskope haben sogar 2 Okularsysteme. Außerdem hat das Mikroskop eine gute Beleuchtungseinrichtung. Mit solchen Mikroskopen kann man bis etwa 2.000-fache Vergrößerungen erzielen. Kleinste Dinge zeigt es also bis zu 2.000-mal größer. Dadurch kann man viel mehr Einzelheiten erkennen.

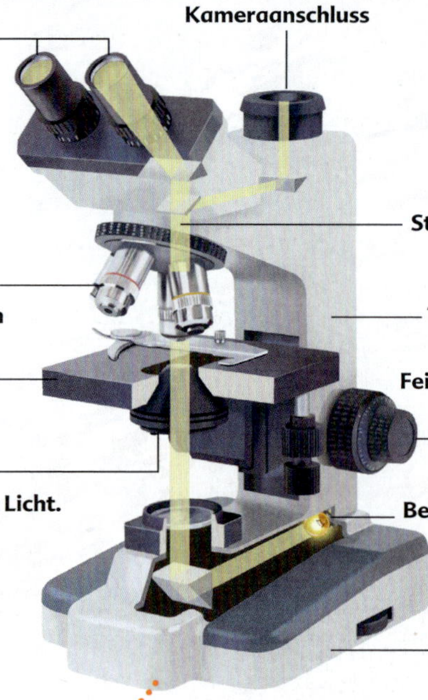

Im Lichtmikroskop vergrößern Linsensysteme das Bild des Präparats, das auf einem Glasplättchen auf dem Objekttisch liegt. Der Objektivrevolver gestattet durch Drehen einen raschen Wechsel der Vergrößerung. In Gelb ist der Strahlengang des Lichts von der Quelle zum beobachtenden Auge dargestellt.

Elektronenmikroskop

Mehr als 2000-fache Vergrößerungen kann man nicht mehr mit Licht erzeugen. Dafür braucht man Geräte, die mit einem Strahl von Elektronen arbeiten. Solche Geräte sind natürlich viel aufwendiger und teurer, aber ermöglichen millionenfache Vergrößerungen. Besonders eine spezielle Bauform, das Raster-Elektronenmikroskop (REM), liefert faszinierende Bilder.

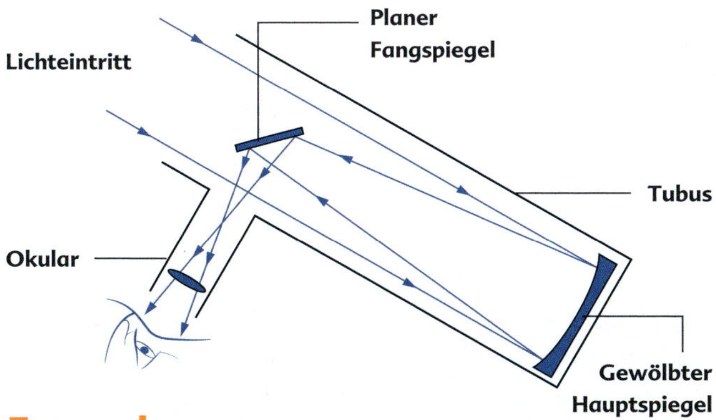

Fernrohr

Eine geeignete Linsenkombination kann als Fernrohr oder Fernglas benutzt werden. Denn sie zeigt weit entfernte Gegenstände größer. Großteleskope für Astronomen arbeiten allerdings nicht mit Linsen, sondern mit gekrümmten Spiegeln („Hohlspiegeln"), die mehrere Meter groß sind. Sie sammeln und konzentrieren das Licht ferner Sterne und Galaxien, sodass man sie beobachten und fotografieren kann.

Ähnliche Hohlspiegel, aber aus Metall, fangen in Radioteleskopen die schwachen Radiowellen ein, die aus dem All zu uns dringen.

Moderne digitale Kameras besitzen lichtempfindliche Chips (CCD) und zeigen das Bild auf einem kleinen Bildschirm. Eine Elektronik dient zur Speicherung und Bearbeitung der Aufnahmen.

Kamera

Um 1830 gelang es erstmals, Bilder auf chemischem Weg festzuhalten. Denn man hatte chemische Stoffe entdeckt, die sich bei Beleuchtung verändern.

Viele Jahrzehnte lang enthielten Fotofilme solche chemischen Verbindungen. Aber um 1970 wurde der CCD-Chip entwickelt. Er kann Bilder auf elektronischem Weg aufnehmen. So lassen sie sich in einem in der Kamera eingebauten Mini-Computer speichern und bearbeiten. Solche Digitalkameras stecken heute auch in jedem Smartphone.

Film

Filmkameras zeichnen pro Sekunde mindestens 24 Bilder auf. Bei der Wiedergabe werden diese 24 Einzelbilder ebenfalls in einer Sekunde gezeigt. Das Auge kann diese Einzelbilder nicht auseinanderhalten. Bewegt sich ein Schauspieler vor der Kamera, entsteht beim Betrachten des Films daher der Eindruck einer gleichmäßigen Bewegung.

Glasfasern

Telefongespräche, Fernsehprogramme und Computerdaten kann man heute mit sehr hoher Geschwindigkeit übertragen. Dazu dienen oft spezielle Glasfasern. Das weltweite Internet besteht zu einem großen Teil aus Glasfaserkabeln, die Computerzentren verbinden. Auch Privathäuser und Firmen nutzen Glasfaserkabel als Verbindung zum Internet. Zum Senden werden die Signale in Lichtsignale umgewandelt und an einem Ende in die Glasfaser geschickt. Am anderen Ende, oft tausende Kilometer entfernt, verwandelt ein Empfängerchip die Lichtsignale wieder in elektrische Signale für den Computer oder Fernseher.

Fasern eines Glasfaserkabels: Moderne Übertragungskabel können tausende feinster Glasfasern enthalten.

Laser

Mit speziellen Kristallen oder Gasmischungen kann man ein starkes farbiges Licht herstellen, das sich zu einem extrem feinen Strahl bündeln lässt. Solche Laserstrahlen haben vielfache Anwendung gefunden. Schwache Laserstrahlen nutzt man etwa in Entfernungsmessgeräten, zum Schreiben und Auslesen der Daten von CDs, DVDs und Blu-Ray-Discs sowie als Laserpointer bei Vorträgen. Mit sehr intensiven Laserstrahlen kann man sogar Metalle schneiden.

Laserstrahlen werden auch gern für künstlerische Zwecke genutzt.

TRANSPORT MIT FAHRZEUGEN

Wir verreisen gerne und wir tauschen mit Ländern der ganzen Welt Waren und Rohstoffe aus. So haben wir zahlreiche Transportmöglichkeiten erfunden.

Containerschiffe können riesige Mengen Güter relativ billig transportieren.

Auf dem Wasser

Eine Vielzahl von Produkten reist heute in Containern. Das sind Blechkisten von etwa 6 oder 12 m Länge. Man kann sie auf Eisenbahnwaggons oder Lastwagen laden und vor allem auf spezielle Containerschiffe. Diese zählen zu den größten je gebauten Schiffen. Manche sind rund 400 m lang (das entspricht 4 Fußballplätzen hintereinander) und können über 20.000 Container laden.
Ähnlich lang sind moderne Supertanker für Erdöl. Die größten können über 330.000 Tonnen Öl fassen. Damit könnten 10.000 Häuser für je etwa 20 Jahre geheizt werden.

MACH MIT!

Was Schiffe schwimmen lässt

Form aus Knetmasse eine Kugel und leg sie ins Wasser. Sie wird untergehen. Form nun aus der Kugel ein dünnwandiges Schiffchen und setz es aufs Wasser: Es schwimmt. Denn dank seiner Form verdrängt es viel mehr Wasser als die Kugel. Dieses verdrängte Wasser wiegt mehr als das Schiffchen. Bei großen Schiffen ist es genauso. Verdrängt ihr Rumpf mehr Wasser, als Schiff plus Ladung wiegen, schwimmt es.

Personenzüge sausen dank dieses Tunnels in knapp 20 Minuten unter dem Gotthard-Massiv hindurch.

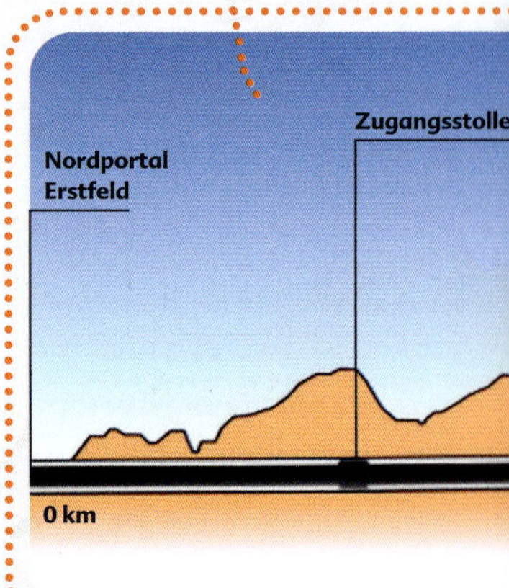

Die unter hohem Druck ausgestoßenen Verbrennungsgase treiben die Rakete empor.

Magnetschwebebahnen fahren mit elektrischem Strom, sind recht leise und erreichen ein viel höheres Tempo als Rad-Schiene-Züge.

In der Luft

Ein Luftballon, den man aufbläst und dann fliegen lässt, saust davon. Angetrieben wird er durch die hinten ausströmende Luft: Sie treibt den Ballon vorwärts. Dieser Rückstoß-Effekt treibt auch Passagierflugzeuge voran: Die Düsen saugen vorne Luft an und nutzen sie zum Verbrennen von Treibstoff. Hinten stoßen sie Abgase und zusätzlich angesaugte Luft mit hoher Geschwindigkeit aus. Den gleichen Effekt nutzen Raketen: Sie jagen riesige Mengen heißer Verbrennungsgase mit hoher Geschwindigkeit aus den Düsen am Heck. Sie können auch im All fliegen, wo es keine Luft gibt. Denn sie nehmen Verbrennungsluft mit, meist in Form von verflüssigtem Sauerstoff.

Auf der Schiene

Sicher bist du schon einmal mit einem ICE gefahren. Diesen Eisenbahnzug treiben leistungsstarke Elektromotoren vorwärts. So erreicht er über 300 Stundenkilometer.
Noch schneller sind Magnetschwebebahnen. Sie brauchen keine Räder und Schienen, sondern schweben über dem Fahrweg. Angetrieben werden sie durch elektromagnetische Kräfte, die elektrische Spulen im Fahrweg erzeugen.
Sie erreichen Geschwindigkeiten von deutlich mehr als 500 Stundenkilometer.
Gebirge stellen für Eisenbahnen ein Hindernis dar. Früher musste man etwa in den Alpen Steigungen bauen, auf denen die Züge mühsam und zeitraubend in die Höhe fuhren. Für Hochgeschwindigkeitszüge hat man daher Tunnel gebaut, die das Gebirge in geringer Höhe unterqueren. Man nennt sie Basistunnel. Der zurzeit längste Tunnel mit 57 km ist der Gotthard-Basistunnel in der Schweiz.

Solche bis zu 200 m langen Tunnelbohrmaschinen fräsen vorne den Fels ab und kleiden den entstehenden Tunnel weiter hinten mit Beton aus.

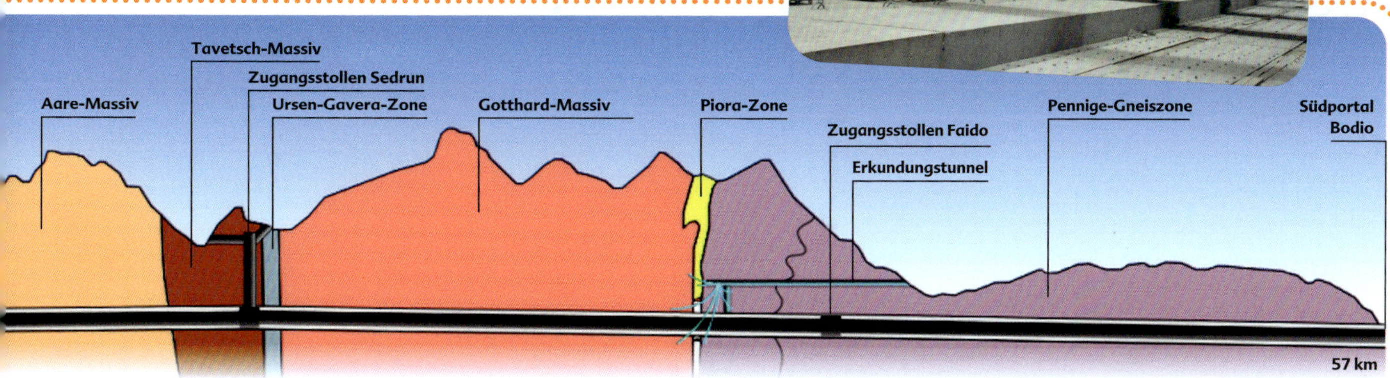

BIONIK

Die Natur arbeitet seit vielen Jahrmillionen an der Weiterentwicklung der Lebewesen. Wir können uns von ihr daher so manchen Trick für unsere Technik abschauen.

Bionik ist ein Kunstwort, zusammengesetzt aus den Worten Biologie und Technik. Biologen, Ingenieure, Architekten, Materialforscher, Physiker oder Chemiker haben schon oft in der Natur überraschende Problemlösungen entdeckt, auf die selbst schlaue Köpfe nicht gekommen wären. Die Natur selbst aber hat diese Lösungen schon vor langer Zeit in irgendeiner Art von Lebewesen verwirklicht.

Dank des Lotus-Effekts reinigen sich diese Lotus-Blätter von selbst.

Lotus-Effekt

Manche Pflanzenblätter und Insektenteile lassen sich nicht benetzen: Wassertropfen perlen ab und nehmen Schmutz gleich mit. Diesen Selbstreinigungseffekt hat man den Blättern abgeschaut und nutzt ihn heute etwa für Hausfassaden und Schmutz abweisende Textilien wie Markisen und Tischdecken.

Bruchfestigkeit

Zweige und Wurzeln von Bäumen brechen nicht so leicht, weil der Baum die rissgefährdeten Stellen besonders verstärkt. Dieses Prinzip nutzt heute auch die Bautechnik.

Leichtbaustrukturen

Haltbare Strukturen mit möglichst wenig Material erzeugen – das kann die Natur seit Langem. Solche Strukturen findet man etwa in unseren Knochen und in der Rippenstruktur an den Blattunterseiten der Riesenseerose. Sie waren das Vorbild zum Beispiel für Fachwerkkonstruktionen großer Gebäude oder von Flugzeugteilen, die stabil und gleichzeitig leicht sein müssen.

Die Unterseite eines großen Seerosenblatts diente als Vorbild für Leichtbau-Konstruktionen.

Der Flugpionier Otto Lilienthal erforschte 1894 mit solchen Flügeln die Gesetze der Flugtechnik.

Riblet-Folien

Haie haben keine glatte Haut. Sie ist vielmehr mit unzähligen winzigen Schuppen („riblets“) besetzt. Diese Schuppen verringern störende Wasserwirbel. So kann der Hai schneller und mit weniger Energieverbrauch schwimmen. Dieses Prinzip nutzt man auch bei Schiffen und Flugzeugen, deren Oberflächen mit haihautähnlichen Riblet-Folien überzogen sind.

Modell der Haihaut: Die Schuppenstruktur erlaubt schnelleres Schwimmen.

Flügel

Die ersten Flugpioniere wie etwa Otto Lilienthal studierten den Aufbau der Vogel- und Fledermausflügel und die Mechanik des Fluges und setzten dieses Wissen bei der Konstruktion ihrer Fluggeräte ein.

Der Anhafttrick der Kletten diente als Vorbild für zuverlässige, aber leicht zu lösende Bindungen.

Klettverschluss

Diesen einfach zu öffnenden Verschluss nutzen die Kletten seit Langem zur Verbreitung ihrer Art. Sie statten ihre Früchte mit Widerhäkchen aus, sodass sie zeitweise am Fell von Tieren haften bleiben.

Spinnenseide

Die Seide, aus der manche Spinnen ihre Netze weben, ist ein Hochleistungsprodukt der Natur. Ein nur daumendickes Geflecht aus Spinnenseide würde das Gewicht eines Flugzeugs tragen. Manche Netze tropischer Spinnen sind über 25 m groß und so stabil, dass sich sogar Vögel oder Fledermäuse darin verfangen. Die Seide ist zudem widerstandsfähig gegen Bakterien, Pilze, Wasser, dabei aber biologisch abbaubar. Chemiker bemühen sich seit Langem, Materialien mit ähnlichen Eigenschaften zu erzeugen.

Spinnenseide dient als Vorbild für hochleistungsfähige Fäden – aber sie nachzuahmen bedurfte jahrzehntelanger Forschung.

KAPITEL 10:

DIE VOM MENSCHEN GESTALTETE WELT

INFORMATIK

HIER ERFÄHRST DU ALLES ÜBER:

- COMPUTER
- 3-D-DRUCK
- KÜNSTLICHE INTELLIGENZ
- ROBOTER
- SELBSTFAHRENDE AUTOS

Wir leben im „digitalen Zeitalter“: Digitalgeräte wie Heimcomputer, Tablets, Smartwatches, Smartphones, Fernseher, Navigationshilfen sowie das Internet sind aus dem heutigen Alltag nicht mehr wegzudenken. Sie finden sich nicht nur zu Hause: Fabriken, Banken, Ämter, Fluggesellschaften und unzählige andere Einrichtungen kommen ohne Computer und weltweiten Datenaustausch nicht mehr aus. Auch Computerspiele sind ein großer Markt und werden bald durch noch wirklichkeitsnähere Geräte mit „Virtueller Realität“ ergänzt werden.

Und die Entwicklung bleibt nicht stehen: Die Zukunft wird „Künstliche Intelligenz“ sowie Quantencomputer mit der zigtausendfachen Leistung heutiger Geräte bringen – und Anwendungen dafür, die wir uns noch nicht einmal vorstellen können. Manche neuen Errungenschaften stehen sozusagen schon vor der Tür, etwa selbstfahrende Autos, hoch entwickelte Roboter und Forschungsstationen auf Mond und Mars. Wir werden es erleben.

COMPUTER

Computer arbeiten in Fabriken und Firmen, sie überwachen den Eisenbahn- und Straßenverkehr. Über das Internet stellen sie die Verbindung zwischen verschiedenen Computernutzern und zahlreichen Informationsquellen her.

Ein Computer verarbeitet Daten. Das können Zahlen, Texte, Fotos, Videos, Töne und vieles anderes sein. Der Computer kann sie aufnehmen und speichern. Du kannst mit ihm Daten bearbeiten und sie an andere Rechner senden. Die Teile am Computer, die man anfassen kann, nennt man „Hardware“. Die Programme, die ihn zum Laufen bringen, heißen „Software“.

Programme

Ein wichtiger Teil der Software sind die Anwendungsprogramme. Mit ihnen kannst du am Computer die unterschiedlichsten Dinge machen: Texte erstellen, Bilder speichern und verändern, Filme schneiden, große Mengen von Daten und Zahlen verarbeiten, im Internet surfen, Illustrationen oder Internetseiten erstellen. Zudem gibt es Unmengen an Computerspielen.

Wusstest du ...

... dass es viele 10.000 Anwendungsprogramme für Computer gibt? Sie erledigen die unterschiedlichsten Aufgaben, etwa Textverarbeitung, Speichern und Bearbeiten von Bildern, Schneiden von Filmen, Verarbeiten großer Mengen von Daten und Zahlen, Surfen im Internet, Erstellen von Illustrationen oder Internetseiten. Zudem gibt es Unmengen von Computerspielen. Oft werden solche Programme auch als „Apps“ bezeichnet, das ist eine Abkürzung des englischen Worts „application“ (auf Deutsch: Anwendung).

Computernetze

In Firmen und in vielen Haushalten sind mehrere Computer über Kabel oder Funk (WLAN, Bluetooth) verbunden. So lassen sich unkompliziert Daten wie Musik oder Filme übertragen. Man kann aber auch gemeinsam auf einen Drucker oder einen zentralen Datenspeicher zugreifen.

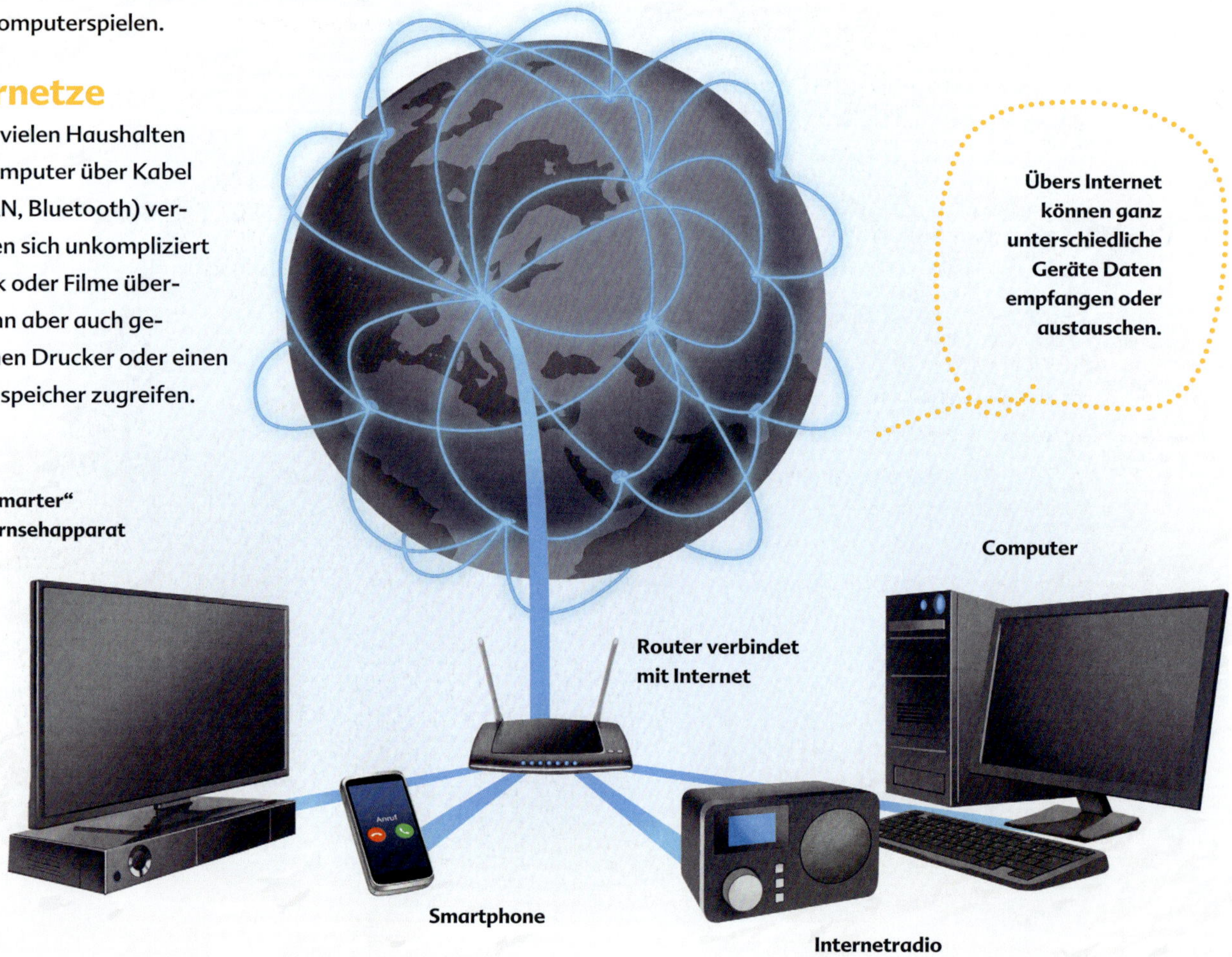

3-D-Drucker

Mit 3-D-Druckern lassen sich Gegenstände aus Kunststoff, Metall oder anderen Materialien herstellen. Dabei kommt eine Paste aus einer Düse am Druckkopf. Dieser fährt hin und her und formt Schicht für Schicht den Gegenstand. Gesteuert wird der Drucker von einem Computer. Damit im Rechner alles richtig funktioniert, wird er von einem Betriebssystem (zum Beispiel Windows, MacOS, Linux) verwaltet. Das Betriebssystem sorgt außerdem dafür, dass der Rechner Daten austauschen kann, zum Beispiel mit der Tastatur, der Maus, dem Monitor, dem Drucker, aber auch mit dem Internet.

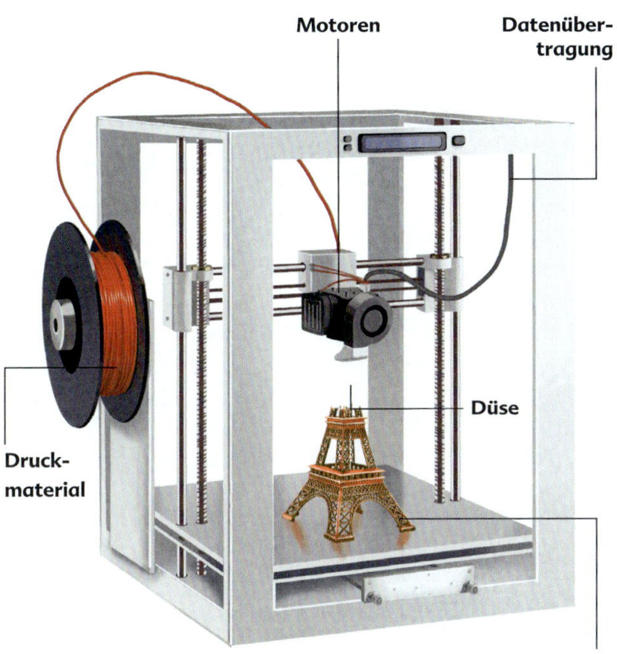

Der 3-D-Drucker druckt einen dreidimensionalen Eiffelturm.

Künstliche Intelligenz: Schach spielende Computer haben schon mehrfach menschliche Schachgroßmeister besiegt.

Künstliche Intelligenz (KI)

Computerprogramme, die selbstständig lernen können, nennt man Künstliche Intelligenz. Legt man ihnen zum Beispiel ein paar tausend Röntgenbilder von einer gesunden Lunge vor und dann von einer mit Lungenkrebs, können sie selbstständig Krebs erkennen. Meist viel schneller als ein Mensch. Mithilfe von Künstlicher Intelligenz können auch Sprachen übersetzt, Bilder und wissenschaftliche Daten blitzschnell durchsucht und andere Aufgaben erledigt werden.

Virtuelle Realität (VR)

VR-Geräte sehen aus wie große Brillen. Sie haben Sensoren, die Bewegungen erfassen und an den angeschlossenen Computer melden. Bei guten VR-Programmen sieht das dann richtig echt aus. Man kann zum Beispiel durch längst versunkene Städte laufen, einen Ameisenhaufen erforschen oder auf dem Mars spazieren gehen.

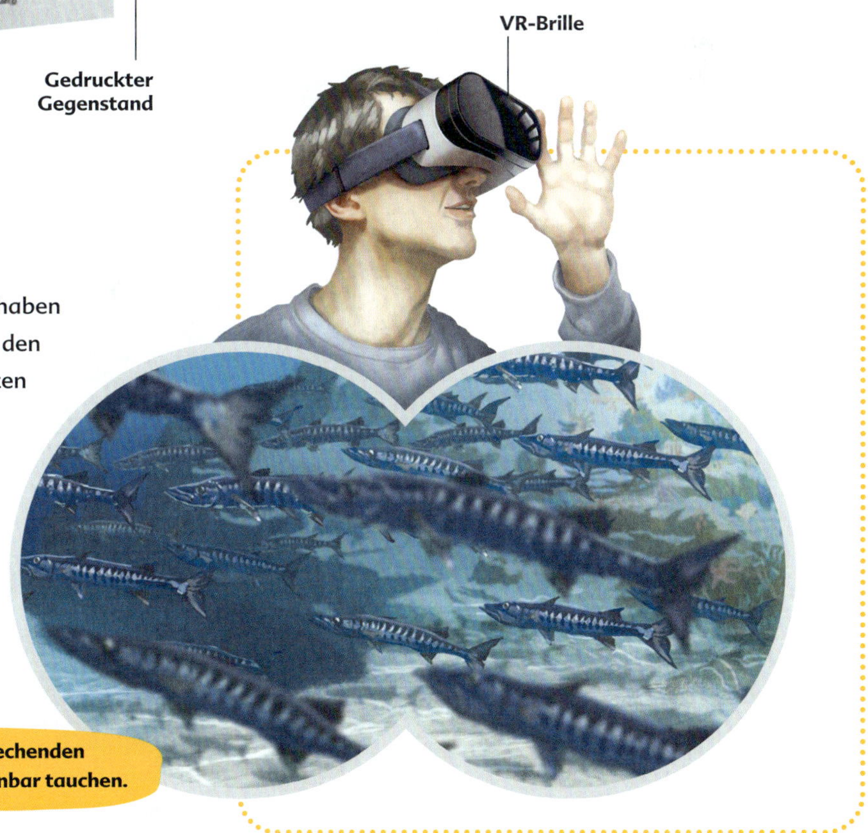

Mit einer VR-Brille und dem entsprechenden Programm kannst du zum Beispiel scheinbar tauchen.

MIT DER WELT VERBUNDEN

Noch vor wenigen Jahrzehnten konnte man davon nur träumen: Wer will, kann heute an jedem Ort der Erde und zu jeder Zeit erreichbar sein, Nachrichten empfangen oder senden und im Internet surfen. Durch Computer, Smartphones, Funktechnik und Internet ist das möglich.

Internet-Verbindungen, meist in Form von Glasfaserkabeln, verbinden weltweit Städte und Länder.

Internet

Das Internet verbindet Millionen von Computern auf der ganzen Welt miteinander. Hier kannst du dich mit deiner eigenen Webseite vorstellen, E-Mails versenden und empfangen, dich in sozialen Netzwerken austauschen, per Videotelefonie unterhalten, Filme ansehen, Waren bestellen und du hast Zugang zu einer Unmenge an Informationen.

Fernunterricht per Videokonferenz ist eine gute Lösung in Zeiten von Virus-Pandemien.

Schule in der Zukunft

Die zeitweise Schließung der Schulen wegen der Corona-Pandemie führte dazu, dass man verstärkt digitalen Unterricht testet. Lehrer und alle Schüler sitzen dabei zu Hause am Computer oder Tablet, aber sehen und hören sich gegenseitig über das Internet. Jederzeit kann der Lehrer Fotos oder Filme einblenden oder direkt am Bildschirm etwa die Lösungsschritte einer Rechenaufgabe zeigen. Hausaufgaben und Klassenarbeiten erledigen die Schüler ebenfalls am Bildschirm und senden sie dann an den Lehrer.

Wusstest du ...

... dass mehr als die Hälfte des weltweiten E-Mail-Verkehrs unerwünschte Werbung (Spam) ist? Man kann sich dagegen teilweise durch Spam-Filter im Mail-Programm schützen, aber die Firmen versuchen mit immer neuen Tricks, diese Filter zu umgehen. Noch gefährlicher sind E-Mails, die geheime Daten wie etwa Passwörter ausspähen oder gar den Computer lahmlegen.

Browser

Wenn du das Internet nutzen möchtest, brauchst du ein spezielles Anwendungsprogramm, den sogenannten Browser. Hier trägst du die Adresse (URL) der Seite ein, die du besuchen möchtest (etwa www.kosmos.de). Der Browser lädt nun die gewünschten Daten auf deinen Computer, sodass du die aufgerufene Seite dort ansehen kannst. Man nennt das „im Internet surfen". Meist kann der Browser mehrere Adressen als „Favoriten" speichern. Die kann er dann blitzschnell aufrufen.

Suchmaschinen

Über die richtige Adresse kannst du jede Seite im Internet erreichen. Wenn du aber wissen willst, was es zu einem bestimmten Thema zu finden gibt, nutzt du eine Suchmaschine. Du gibst dein Suchwort ein, zum Beispiel Einstein, Afrika, Ameisen, Julius Cäsar usw. In kürzester Zeit zeigt dir die Suchmaschine zahlreiche Fundstellen im Internet an. Diese kannst du per Mausklick auswählen. Ihre Informationen bekommen Suchmaschinen, indem sie ständig automatisch alle erreichbaren Internetseiten nach Informationen durchsuchen und diese in riesigen Datensammlungen speichern.

Elektronische Post

Statt Briefe aus Papier versendet man im Internet elektronische Post in Form von E-Mails. Die dafür nötigen Hilfsprogramme sind auf jedem Computer installiert. Wenn der Empfänger am Computer sitzt, erhält er die Nachricht innerhalb von Sekunden. Sie wird so lange gespeichert, bis man sie abruft.

Eine Cloud speichert Daten und macht sie allen korrekt angemeldeten Geräten zugänglich.

Cloudcomputing

Manchmal möchte man nicht alle Daten auf dem eigenen Computer speichern. Vielleicht, weil es dort zu voll wird oder weil man Angst hat, dass die Daten bei Schäden, Einbrüchen oder Bränden verloren gehen. Dann kann man Speicherplätze, sogenannte „Clouds" (Wolken), auf Computern in großen Datenzentren mieten. Hier sind die Daten vor fremden Zugriffen geschützt und man hat eine Sicherungskopie. Außerdem kann man von überall auf der Welt auf die Daten zugreifen, also auch im Urlaub oder auf Geschäftsreise. Wenn mehrere Personen in einer Arbeitsgruppe an einem Projekt beteiligt sind, können alle mit denselben Daten arbeiten, selbst wenn sie auf verschiedenen Kontinenten wohnen.

Elektronische Post: Blitzschnell laufen Botschaften, Texte, Bilder, Videos und andere Daten von Computer zu Computer.

BLICK IN DIE ZUKUNFT

Wissenschaft und Technik entwickeln sich immer weiter. Auch in Zukunft werden neue, faszinierende Dinge möglich werden. Eine wichtige Rolle spielen dabei Digitaltechniken.

Dank Löschroboter müssen Feuerwehrleute an gefährlichen Brandherden nicht ihr Leben riskieren.

Roboter

Industrieroboter schweißen Autos zusammen oder übernehmen gefährliche oder für den Menschen ermüdende Arbeiten. Heimroboter versorgen Alte und Kranke. Besonders wichtig sind Roboter, die Menschenleben retten. Deshalb wird an solchen Geräten intensiv geforscht. Sie sollen zum Beispiel nach Erdbeben Menschen aus einsturzgefährdeten Häusern herausholen oder Verschüttete finden und ausgraben. Dazu müssen sie über sehr unebenes Gelände krabbeln, Gefahren erkennen, selbstständig Entscheidungen fällen, Werkzeuge benutzen und Opfer erkennen können.

In einigen Jahren soll auf unserem Nachbarplaneten Mars ein Stützpunkt stehen.

Selbstfahrende Autos sollen in einigen Jahren in unseren Städten Taxidienste leisten.

Selbstfahrende Autos

Schon in wenigen Jahren wird man Autos kaufen können, die ihren Weg ganz allein finden. Man gibt ein, wohin man fahren möchte, und das Auto findet das Ziel mithilfe von Kameras, Entfernungsmessfühlern und eines leistungsfähigen Computers. Außerdem stehen die Autos mit anderen Fahrzeugen in Funkkontakt, sodass sie Warnungen vor Staus oder anderen Gefahren empfangen. Vermutlich werden in Zukunft viele Leute gar kein eigenes Auto mehr besitzen: Sie rufen per Smartphone ein autonomes Auto an ihre Haustür, ähnlich wie man heute Taxis bestellt, und lassen sich am Ziel absetzen.

Marsbasis

Im Lauf der nächsten Jahre sollen Raketen Geräte und Menschen zu unserem Nachbarplaneten Mars bringen. Dort soll eine Basisstation aufgebaut werden. Sie soll eine stabile Hülle haben, unter der man normal atmen kann. Die Atmosphäre des Mars ist nämlich sehr dünn. Im Innern der Station soll es Wohnräume, Labore und Fabrikanlagen für benötigte Teile geben, aber auch Bereiche mit Pflanzen, die die Bewohner mit Sauerstoff und Nahrung versorgen. Solarzellen oder Kernkraftwerke sorgen dann für genügend Energie. Durch Funkantennen und Landeplätze für Raumschiffe wird der Kontakt zur Erde gehalten.

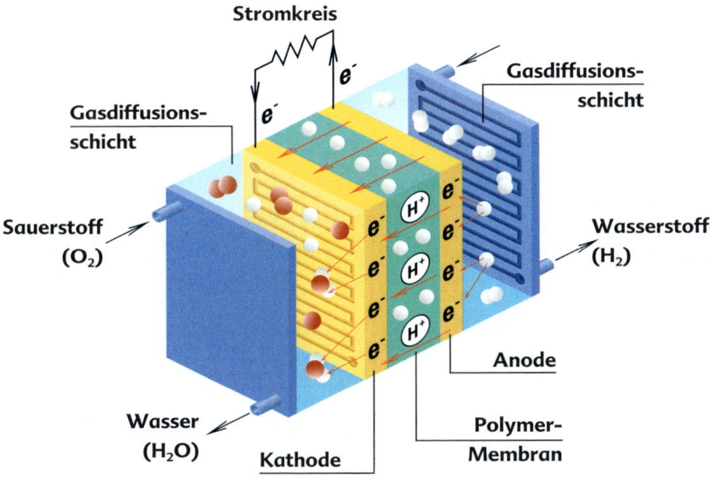

Solch eine Brennstoffzelle erzeugt aus Wasserstoff- und Sauerstoff-Gas elektrischen Strom.

Brennstoffzellen

Mit Brennstoffzellen wird Strom erzeugt. Ein Brennstoff reagiert in der Zelle mit Luft zu Strom. Gleichzeitig entstehen etwas Wärme und Abgase. Ist der Brennstoff Wasserstoffgas, reagieren Wasserstoff und Sauerstoff chemisch miteinander. Es entsteht Wasser und Energie, die an den Elektroden eine elektrische Spannung erzeugt. Als Abgas entsteht in diesem Fall nur Wasserdampf.

Fusionsreaktor

Mit einem Fusionsreaktor möchten Forscher Energie gewinnen. Dabei sollen ähnliche Prozesse ablaufen wie im Kern der Sonne. Das wäre eine fast unerschöpfliche Energiequelle. Allerdings braucht man dafür ungeheure Drücke und extrem hohe Temperaturen. Noch arbeitet kein Fusionsreaktor zufriedenstellend. Es muss noch viel geforscht werden.

So könnte ein Fusionsreaktor aussehen: Bei hohen Temperaturen laufen darin Energie liefernde Kernreaktionen ab.

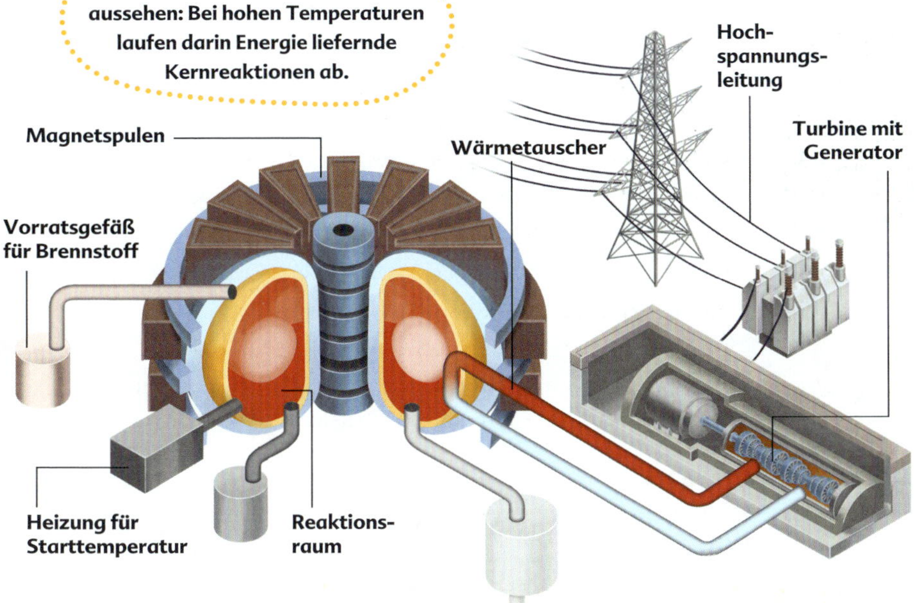

Nanosatelliten

Künstliche Satelliten werden vom Menschen in den Himmel geschossen und umkreisen unsere Erde. Viele sind so groß wie ein Auto und deshalb schwer und teuer. Dank moderner Mikroelektronik kann man aber auch Miniatur-Satelliten bauen, die nur etwa 1 kg schwer sind. Sie sind deutlich billiger und schneller zu bauen als große Satelliten, sodass sich auch kleinere Firmen oder Universitäten solch ein Gerät leisten können. Nanosatelliten sind mit Messgeräten, Kameras, einer Stromversorgung, einem Steuerungscomputer sowie Sender, Empfänger und Antenne für den Kontakt zur Erde ausgestattet. Sie übernehmen unterschiedlichste Aufgaben. Eine Rakete kann gleich mehrere Nanosatelliten ins All bringen.

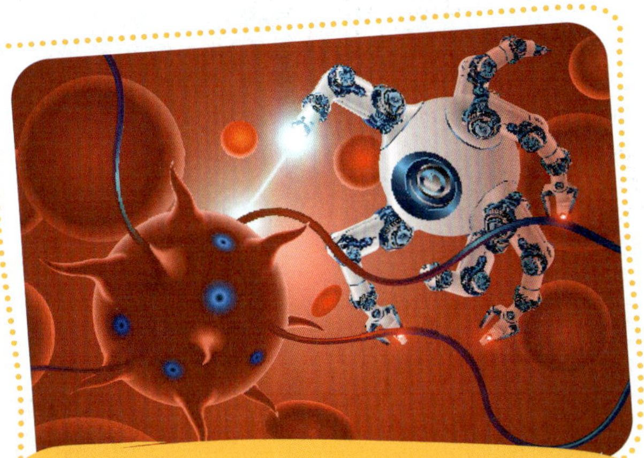

Noch Zukunftsmusik: Ein hoch entwickelter Nanoroboter kämpft im Körperinneren gegen Krankheitserreger.

Nanotechnologie

Die Nanotechnologie beschäftigt sich mit winzig kleinen Einheiten: Ein Nanometer ist ein Milliardstel Meter. Zurzeit werden Methoden entwickelt, um winzige Geräte und sogar Maschinen im Nanometer-Bereich zu bauen. Für den Computer und das Smartphone werden immer kleinere und leistungsstärkere Bauteile gebraucht.

Ganz besonders interessant sind die zukünftigen Möglichkeiten der Nanomedizin. So könnten Nanomotoren winzige Nanoroboter antreiben, die im Körper etwa Adern reinigen, schwer zugängliche Blutpfropfen beseitigen, Wirkstoffe gezielt zu bestimmten Orten im Körper transportieren oder Krebszellen bekämpfen. Zuckerkranken könnte ein Miniaturgerät unter die Haut gesetzt werden, das selbsttätig den Blutzuckerspiegel misst und den Patienten schnell mit Medikamenten versorgt. Ähnliche Geräte könnten bei Herzkranken den Herzschlag steuern und das Herz zum Beispiel bei Anstrengung schneller schlagen lassen.

REGISTER

IMPRESSUM & BILDNACHWEIS

ISBN 978-3-440-16697-0
Projektleitung: Ruth Prenting
Konzeption, Bildauswahl und Redaktion: Bärbel Oftring
Umschlag und Gestaltungskonzept (innen): Maria Seidel, atelier-seidel.de
Produktion: Verena Schmynec
Satz und Layout: Buch-Werkstatt GmbH, Bad Aibling
Druck und Bindung: Print Consult GmbH, München
Printed in Slovakia / Imprimé en Slovaquie

FSC www.fsc.org MIX Papier aus verantwortungsvollen Quellen FSC® C084279

Gedruckt auf chlorfrei gebleichtem Papier

Cover von (alle istock.com): U1: PhonlamaiPhoto, Roboter; angkhan, Baum; leksele, Pinguin; MediaProduction, „N“ (Erde); photovideostock, „A“, polesnoy, „T“ (Fell); photovideostock „U“; sankai, „R“; SonnyTunny, „T“ (Metall); diuno, „E“; polesnoy, „C“; TimArbaev, „H“; Дмитрий Ларичев, „N“ (Leiterplatte); koya79, „I“; Parinyax, „K“. U4: Nerthuz, Astronaut; FrankRamspott, Erdkugel; Antagain, Pilz; Vitalina, Zitronen; vladru, Auto.

Fotos und Illustrationen (innen) von: Nicolas Primola/shutterstock.com, S. 4 o; MarcelClemens/shutterstock.com, S. 4 u; Teo Tarras/shutterstock.com, S. 5 l; Steffen Walentowitz, S. 5 r; NASA, S. 9 o/l; NASA/Goddard/Lunar Reconnaissance Orbiter, S. 9 o/r; Martin Gertz, S. 9 u; NASA, S. 10 o; Gerhard Weiland, S. 10 u/l; NASA/ Ernie Wright, S. 10 u/r; NASA, S. 11 o/l und S. 11 m; NASA/Goddard/Lunar Reconnaissance Orbiter, S. 11 u; Naeblys, S. 12 o; SOHO (ESA & NASA), S. 12 u; NASA, S. 13 o; Gerhard Weiland, S. 13 u; NASA/ H. Ford (JHU)/ G. Illingworth (UCSC/LO)/ M.Clampin (STScI)/ G. Hartig (STScI)/ The ACS Science Team and ESA, S. 14 o; VectorMine/shutterstock.com, S. 14 u; RAoline/shutterstock.com, S. 15 o; udaix/shutterstock.com, S. 15 m; NASA, S. 15 u; NASA Ames/SETI Institute/JPL-Caltech, S. 16 m; Meletios Verras/shutterstock.com, S. 16 u; 19 STUDIO/shutterstock.com, S. 17; DLR, S. 18 o; Gerhard Weiland, S. 18 u; Ara Hovhannisyan/shutterstock.com, S. 19 m; NASA/W. Liller, S. 19 u; Mara Fribus/shutterstock.com, S. 20 u/r; Gunther Schulz/shutterstock.com, S. 20 l; ESO/A. Santerne, S. 21 o; NASA images, S. 21 r/u; Aliona Ursu/shutterstock.com, S. 22; abriendomundo/shutterstock.com, S. 23 o/l; NASA/ ESA/ J. Hester/ A. Loll (ASU)/ Davide De Martin (Skyfactory), S. 23 o/r; NASA/ JPL-Caltech, S. 23 u; B. Fugate (FASORtronics)/ESO, S. 24 o/l; NASA/JPL, S. 24 u/l; NASA/ ESA/ H. Teplitz/ M. Rafelski (IPAC/Caltech)/ A. Koekemoer (STScI)/ R. Windhorst (Arizona State University) und Z. Levay (STScI), S. 24 u/r; NASA/JPL-Caltech/ESO/R. Hurt, S. 24 o/r; NASA / WMAP Science Teamsimple retouch by Yikrazuul, S. 25 o/l; Martin Gertz, S. 25 o/r; Tess Cholson/ESO, S. 25 u/r; max dallocco/shutterstock.com, S. 27 o/l; Viktoriia Vyshnevetska/shutterstock.com, S. 27 o/r; Michele Vacchiano/shutterstock.com, S. 27 u; Siberian Art/shutterstock.com, S. 28 o/r und S. 28 u; max dallocco/shutterstock.com, S. 28 o/l; Grindstone Media Group/shutterstock.com, S. 29 u; Norwegian Centre for Space Weather (NOSWE) /shutterstock.com, S. 29 o; MarcelClemens/shutterstock.com, S. 30 o/l; Tttrung/ Wikipedia, S. 30 u/r; Inna Bigun/shutterstock.com, S. 30 u/l; best works/shutterstock.com, S. 31 u/l; Norbert Noreiks/ Max-Planck-Institut für Meteorologie/ nach Broecker W.S. (1991): The great ocean conveyor, Oceanography 4: 79-91, S. 31 o/l; I. Kmusser/ CC BY 2.5/Wikipedia, S. 31 u/r; NoPainNoGain/shutterstock.com, S. 32 m; URRaL/shutterstock.com, S. 32 u/l; vvvita/shutterstock.com, S. 33 u/l; Lander/Wikipedia, S. 33 u/r; juan alonzo/shutterstock.com, S. 33 o; Migel/shutterstock.com, S. 34 l; zombiu26/shutterstock.com, S. 34 u/r; Michele Vacchiano/shutterstock.com, S. 35 o/l; Romolo Tavani/shutterstock.com, S. 35 o/r; Bernhard Staehli/ shutterstock.com, S. 35 u; ugljesa/shutterstock.com, S. 36 l; Peter Hermes Furian/shutterstock.com, S. 36 r; Petri jauhiainen/shutterstock.com, S. 37 o; grayjay/ shutterstock.com, S. 37 u; slavapolo/shutterstock.com, S. 38 o/r; Greentellect Studio/shutterstock.com, S. 38 u/l; Sara Winter/shutterstock.com, S. 38 u/r; Viktoriia Vyshnevetska/shutterstock.com, S. 38 o/l; Manamana/shutterstock.com, S. 39 o/l; Natalia Golovina/shutterstock.com, S. 39 o/r; zombiu26/shutterstock.com, S. 39 m/r; Torsten Pursche/shutterstock.com, S. 39 u; S. Bonaime/shutterstock.com, S. 40 u; Johan Swanepoel/shutterstock.com, S. 40 o; Another77/shutterstock.com, S. 41 u; Dr. Klaus Stedingk/ Landesamt für Geologie und Bergwesen Sachsen, S. 41 o; Peter Hermes Furian/shutterstock.com, S. 42 o/l; Shane Myers Photography/ shutterstock.com, S. 42 o/r; Christoph Burgstedt/shutterstock.com, S. 42 u; Dr Ajay Kumar Singh/shutterstock.com, S. 43 o; Sémhur/Wikipedia, S. 43 m/r; Woudloper/Wikipedia, S. 43 u; Fotos593/shutterstock.com, S. 44 o; Lapis/stock.adobe.com, S. 44 u; Naeblys/shutterstock.com, S. 45 o/l; corbac40/shutterstock.com, S. 45 m/r; Fly_and_Dive/shutterstock.com, S. 45 u/r; Puslatronik/shutterstock.com, S. 46 l; miinfactory/shutterstock.com, S. 46 o/r; Deni_Sugandi/shutterstock.com, S. 46 u/r; Kitnha/shutterstock.com, S. 47 o; Alexey Kamenskiy/shutterstock.com, S. 47 m/l; Von Kappest/Vulkanpark GmbH/Wikipedia, S. 47 m/r; Peter Schüle/ Wikipedia, S. 47 u; Darryl Brooks/shutterstock.com, S. 48 o; LukaKikina/shutterstock.com, S. 48 u; Najihah/shutterstock.com, S. 49 m/r; Kilom691/Wikipedia, S. 49 u; solomonjee/shutterstock.com, S. 49 o/r; Najihah/shutterstock.com, S. 49 m/r; Diego Barucco/shutterstock.com, S. 50 o/l; Peter Leahy/shutterstock.com, S. 50 o/r; Faviel_Raven/shutterstock.com, S. 50 u; Nicolas Primola/shutterstock.com, S. 51; solarseven/shutterstock.com, S. 52 l/u; Harvepino/shutterstock.com, S. 52 r/u; Danny Ye/shutterstock.com, S. 52 o; miha de/shutterstock.com, S. 53; J. Palys/shutterstock.com, S. 55 o/l; stihii/shutterstock.com, S. 55 o/r; Yevhenii Chulovskyi/ shutterstock.com, S. 55 u; Benoit Daoust/shutterstock.com, S. 56 u/l; Oswald Kunstmann/shutterstock.com, S. 56 u/r; Dafinchi/shutterstock.com, S. 57 m/l; Dana Aguilar/shutterstock.com, S. 57 r; J. Palys/shutterstock.com, S. 57 o/l; StudioDin/shutterstock.com, S. 58 u/l; Jeff Holcombe/shutterstock.com, S. 58 o/l; Sofia Voronkova/shutterstock.com, S. 58 o/r; Walter Bilotta/shutterstock.com, S. 59 r; Olha Trotsenko/shutterstock.com, S. 59 o/l; Yevhenii Chulovskyi/shutterstock.com, S. 59 u/l; Rainer Köthe, S. 59 m; Klaus Jung/shutterstock.com, S. 60 o/l; Kuzmalo/shutterstock.com, S. 60 o/r; Edith Czech/shutterstock.com, S. 60 u; RickDeacon/ shutterstock.com, S. 61 o; pxl.store/shutterstock.com, S. 61 u; Poliorketes/shutterstock.com, S. 62 o/r; Frank Gaertner/shutterstock.com, S. 62 u; stihii/shutterstock.com, S. 62 o/l; Stepo Dinaricus/shutterstock.com, S. 63 o; weniliou/shutterstock.com, S. 63 u; Designua/shutterstock.com, S. 64 o/l; rootstock/shutterstock.com, S. 64 o/r; Designua/shutterstock.com, S. 64 u/r; VanderWolf Images/shutterstock.com, S. 64 u/l; Anan Kaewkhammul/shutterstock.com, S. 65 o/l; Calin Stan/ shutterstock.com, S. 65 m/r; onyx124/stock.adobe.com, S. 65 unten links; Kaentian Street/shutterstock.com, S. 65 unten rechts; Frank Fiedler/shutterstock.com, S. 67 u; Jeff Gammons StormVisuals/shutterstock.com, S. 67 o/l; Duncan Kelly/shutterstock.com, S. 67 o/r; Vadim Sadovski/shutterstock.com, S. 68 o/l; Designua/ shutterstock.com, S. 68 r; imagedb.com/shutterstock.com, S. 69 o/l; Maren Winter/shutterstock.com, S. 69 o/r; Petrychenko Anton/shutterstock.com, S. 69 u/r; Designua/shutterstock.com, S. 70 o; Bundesministerium für Nachhaltigkeit und Tourismus/ Wildbach- und Lawinenverbauung Wien, S. 70 u; Frank Fiedler/

shutterstock.com, S. 71 o/l; m.mphoto/shutterstock.com, S. 71 u; Minerva Studio/shutterstock.com, S. 71 o/r; zombiu26/shutterstock.com, S. 72; Duncan Kelly/shutterstock.com, S. 73 o/l; Jeff Gammons StormVisuals/shutterstock.com, S. 73 o/r; Antonio Ciccolella/Wikipedia, S. 73 u; Sundraw Photography/shutterstock.com, S. 74 o/l; cdstocks/shutterstock.com, S. 74 o/r; Janne Tuominen/shutterstock.com, S. 74 u; Maximillian cabinet/shutterstock.com, S. 75 o; Membeth/Wikipedia, S. 75 u/r; Ulamm/Wikipedia, S. 75 u/l; Sidhe/shutterstock.com, S. 76 o/l; Mrmw/Wikipedia, S. 76 u; VectorMine/shutterstock.com, S. 77 u/r; Hendrick Avercamp/Wikipedia, S. 77 o; Zoom Team/shutterstock.com, S. 81 o/l; nednapa/shutterstock.com, S. 81 o/r; rsooll/shutterstock.com, S. 81 u; K. Narloch-Liberra/shutterstock.com, S. 82 l; Sergey Merkulov/shutterstock.com, S. 82 r; Kristian Peters/Fabelfroh/Wikipedia, S. 82 o/r; Wolfgang Lang/shutterstock.com, S. 83 o; Africa Studio/stock.adobe.com, S. 83 u/r; Magnus Binnerstam/shutterstock.com, S. 84 o/l; Aldona Griskeviciene/shutterstock.com, S. 84 m/l; Dajra/shutterstock.com, S. 84 u/l; Seqoya/shutterstock.com, S. 84 u/r; Aldona Griskeviciene/shutterstock.com, S. 85 o/l und u; Bogdan Wankowicz/shutterstock.com, S. 85 o/r; Rattiya Thongdumhyu/shutterstock.com, S. 86 l; Ethan Daniels/shutterstock.com, S. 86 r; Christian Fischer/Wikipedia, S. 86 u/r; Kontos/Wikipedia, S. 87 u/l; Stemonitis/Wikipedia, S. 87 u/r; Click and Photo/shutterstock.com, S. 87 o/r; Carmen Hauser/shutterstock.com, S. 88 u/l; Christian Fischer/Wikipedia, S. 88 o/r und S. 89 u/l und u/r; khlongwangchao/shutterstock.com, S. 89 o/r; Astrid Gast/shutterstock.com, S. 90 o; Romija/shutterstock.com, S. 90 u/r; Simon A. Eugster/Wikipedia, S. 90 u/l und u/m; Sonja Schadwinkel/shutterstock.com, S. 91 o/r; Matauw/shutterstock.com, S. 91 u; NoPainNoGain/shutterstock.com, S. 92 o/l; Aldona Griskeviciene/shutterstock.com, S. 92 o/r; rsooll/shutterstock.com, S. 92 u; FotoHelin/shutterstock.com, S. 93 o; Sonja Schadwinkel/shutterstock.com, S. 93 unten; imageBROKER.com/shutterstock.com, S. 94; Sonja Schadwinkel/shutterstock.com, S. 95; Wolfgang Lang/shutterstock.com, S. 96 o/r; Zoom Team/shutterstock.com, S. 96 o/l; Stefan Rotter/shutterstock.com, S. 96 u/l; ThoMueDet/shutterstock.com, S. 96 o/m/r; Leroy Ewing/shutterstock.com, S. 96 m/r; Charlie Tyack/shutterstock.com, S. 96 u/r; Lorna Roberts/shutterstock.com, S. 97 u/r; Kadie Schmidt-Hackenberg/ Marianne Golte-Bechtle/ Dr. Rita Lüder, S. 97; Rasbak/Wikipedia, S. 98 o/l; Mätes II/Wikipedia, S. 98 u/l; Simon A. Eugster/Wikipedia, S. 98 u/r; Kazakova Maryia/shutterstock.com, S. 99 o/l; Beata Becla/shutterstock.com, S. 99 u; Melinda Nagy/shutterstock.com, S. 100 r; nednapa/shutterstock.com, S. 100 l; Andrew Linscott/shutterstock.com, S. 101 o/l; grafnata/shutterstock.com, S. 101 o/r; John_Silver/shutterstock.com, S. 101 u/l; Daniel Prudek/shutterstock.com, S. 101 u/r; mspoli/shutterstock.com, S. 102 l; Elizabeth A.Cummings/shutterstock.com, S. 102 r; Aldona Griskeviciene/shutterstock.com, S. 103 o/r; Marco Maggesi/shutterstock.com, S. 103 u/l; Animaflora PicsStock/shutterstock.com, S. 103 u/r; Allan Kristensen/shutterstock.com, S. 104 o/l; Aleksander Bolbot/shutterstock.com, S. 104 o/r; Bärbel Oftring, S. 104 u/r; Teo Tarras/shutterstock.com, S. 105 o; igorstevanovic/shutterstock.com, S. 105 u/l; CHRiiZ/shutterstock.com, S. 105 u/r; Designua/shutterstock.com, S. 106 o; Gregory A. Pozhvanov/shutterstock.com, S. 106 u; Maciej Czekajewski/shutterstock.com, S. 107 o; Bernd Wolter/shutterstock.com, S. 107 u; Allen J.M. Smith/shutterstock.com, S. 109 o/l; Vitaly Korovin/shutterstock.com, S. 109 u; Bärbel Oftring, S. 109 o/r; Vitaly Korovin/shutterstock.com, S. 110 u; Dmytro Ostapenko/shutterstock.com, S. 110 o; ILYA AKINSHIN/shutterstock.com, S. 110 u/r; Sebastian_Photography/shutterstock.com, S. 111 o; Tanja Böhning/shutterstock.com, S. 111 m; Allen J.M. Smith/shutterstock.com, S. 111 u; Tanja Böhning/shutterstock.com, S. 112 und S. 113 o/l und o/r; HAOS/shutterstock.com, S. 113 u; Bärbel Oftring, S. 113 m; Magnus Binnerstam/shutterstock.com, S. 115 o/r; Piotr Velixar/shutterstock.com, S. 115 o/l; aon168, S. 115 u; Uheheu/shutterstock.com, S. 116 l; Lukas Walter/shutterstock.com, S. 116 r; VectorMine/shutterstock.com, S. 117 u; Alexander_P/shutterstock.com, S. 117 o/r; Rejdan/shutterstock.com, S. 117 m/r; TomCatX/Wikipedia, S. 117 o/l; Darkdiamond67/shutterstock.com, S. 118 o; jurra8/shutterstock.com, S. 118 u/l; Andrzej Kubik/shutterstock.com, S. 118 u/r; Warren Metcalf/shutterstock.com, S. 119 u/r; Leremy/shutterstock.com, S. 119 o/l; Steffen Walentowitz, S. 119 u/l; Rudmer Zwerver/shutterstock.com, S. 120 o/l; wim claes/shutterstock.com, S. 120 o/r; John Romanes: Darwin and after Darwin: An exposition of the Darwinian theory and a discussion of post-Darwinian questions - I The Darwinian theory. P. 56, Fig. 5. Chicago, 1892, S. 120 u/r; Jan Derk/Wikipedia, S. 121 o/l; Heiko Wagner/Wikipedia, S. 121 o/r; Aldona/stock.adobe.com, S. 121 u; NoPainNoGain/shutterstock.com, S. 122; Catmando/shutterstock.com, S. 123 m; Ton Bangkeaw/shutterstock.com, S. 123 m/u; Daniel Eskridge/shutterstock.com, S. 123 o/l; Orla/shutterstock.com, S. 123 o/r und u/r; Randy van Domselaar/shutterstock.com, S. 124 o/l; HQuality/shutterstock.com, S. 124 o/r; Erik Lam/shutterstock.com, S. 124 u; mato/shutterstock.com, S. 125 o; Piotr Velixar/shutterstock.com, S. 126 o; Anan Kaewkhammul/shutterstock.com, S. 126 u; Kjuuurs/shutterstock.com, S. 127 o; Johnny Giese/shutterstock.com, S. 127 u/l; Rudmer Zwerver/shutterstock.com, S. 127 u/r; serkan mutan/shutterstock.com, S. 128 o/l; Super Prin/shutterstock.com, S. 128 o/r; Senderistas/shutterstock.com, S. 128 u; Ian Duffield/shutterstock.com, S. 129 u; Paschalis Dougalis/shutterstock.com, S. 129 o; Iakov Filimonov/shutterstock.com, S. 130; Anna Filippenok/shutterstock.com, S. 131 o; Rostislav Stefanek/shutterstock.com, S. 131 u/l; aon168/shutterstock.com, S. 131 u/m; Rostislav Stefanek/shutterstock.com, S. 131 u/r; Xavier Vázquez/Wikipedia, S. 132 l; jps/shutterstock.com, S. 132 u/r; Steffen Walentowitz, S. 132 o/r; Marianne Golte-Bechtle/ Steffen Walentowitz/ Jürgen Willbarth/ Gerhard Schmid, S. 133; LittlePerfectStock/shutterstock.com, S. 134; Ton Bangkeaw/shutterstock.com, S. 135 o/l; Oyvind Jorgensen/shutterstock.com, S. 135 m/l; Jürgen Willbarth, S. 135 u/l; Michael Gäbler/Wikipedia, S. 135 u/r; Stefan Didam – Schmallenberg/Wikipedia, S. 136; Albert Kok/Wikipedia, S. 137 o/r; J. Baecker/Wikipedia, S. 137 m/r; Guillaume Brocker/Wikipedia, S. 137 u/r; Sakurra/shutterstock.com, S. 137 o/l; mexrix/shutterstock.com, S. 138 l; Nick Hobgood/Wikipedia, S. 138 r; Toby Hudson/Wikipedia, S. 139 o/m; Nick Hobgood/Wikipedia, S. 139 o/r; Albert Kok/Wikipedia, S. 139 u; Merlot Levert/shutterstock.com, S. 139 o/l; Rattiya Thongdumhyu/shutterstock.com, S. 140 u; Mike6271/Wikipedia, S. 140 o; wikipedia, S. 141 o; Majna/shutterstock.com, S. 141 u; kzww/shutterstock.com, S. 141 u/l; waldru/shutterstock.com, S. 143 o/l; Vladimir Zhoga/shutterstock.com, S. 143 o/r; Rawpixel.com/shutterstock.com, S. 143 u; Usagi-P/shutterstock.com, S. 144; Nicolas Primola/shutterstock.com, S. 145 u; Urutseg which based on Spreading homo sapiens.jpg by Altaileopard/Wikipedia, S. 145 o; Dagmar Hollmann/Wikipedia, S. 145 m/l; Vladimir Zhoga/shutterstock.com, S. 145 o/r; Marcin Balcerzak/shutterstock.com, S. 146 o/l; VectorMine/shutterstock.com, S. 146 u/l; first vector trend/shutterstock.com, S. 147 o; waldru/shutterstock.com, S. 147 u; Digital Storm/shutterstock.com, S. 148; BlueRingMedia/shutterstock.com, S. 149 o/l; Designua/shutterstock.com, S. 149 o/r; Andrey Korshenkov/shutterstock.com, S. 149 u/l; Perepadia Y/shutterstock.com, S. 149 u/m; ZASIMOV YURII/shutterstock.com, S. 149 u/r; Kateryna Kon/shutterstock.com, S. 150 o; SofiaV/shutterstock.com, S. 150 u; LittleDogKorat/shutterstock.com, S. 151 o; Mouagip/Wikipedia, S. 151 m; Rawpixel.com/shutterstock.com, S. 152; Piu_Piu/shutterstock.com, S. 153 o/l; evgenii mitroshin/shutterstock.com, S. 153 o/r; CHULKOVA NINA/shutterstock.com, S. 153 u; Pavlo Plakhotia/shutterstock.com, S. 153 u/r; Yuangeng Zhang/shutterstock.com, S. 157 u/r; S. Kuelcue/shutterstock.com, S. 157 o/l; Vera Larina/shutterstock.com, S. 157 o/r; Jim Vallee/shutterstock.com, S. 158 m/r; yuyangc/shutterstock.com, S. 158 u/l; Jorre/Wikipedia, S. 158 o/l; anyaivanova/shutterstock.com, S. 159 o; Andrey Armyagov/shutterstock.com, S. 159 u; VectorMine/shutterstock.com, S. 160 o; Belish/shutterstock.com, S. 160 u; udaix/shutterstock.com, S. 160-161; RomanYa/Noppanun K/shutterstock.com, S. 161 o; CK2 Connect Studio/shutterstock.com, S. 162 o; Special View/shutterstock.com, S. 162 u; ENVIROSENSE/shutterstock.com, S. 163 o; Sashkin/shutterstock.com, S. 163 m/l; XanderSt/shutterstock.com, S. 163 u/l; Yuangeng Zhang/shutterstock.com, S. 164 u; Arno Kolb, S. 64 o; Avigator Fortuner/shutterstock.com, S. 165 o; Aisyaqilumaranas/shutterstock.com, S. 165 m/r; hxdbzxy/shutterstock.com, S. 165 u/l; Aldona Griskeviciene/shutterstock.com, S. 166 o; gritsalak karalak/shutterstock.com, S. 166 u; Designua/shutterstock.com, S. 167 o; Madeleine Steinbach/shutterstock.com, S. 167 m/r; siam.pukkato/shutterstock.com, S. 167 u/l; BijanStock/shutterstock.com, S. 168 o; Fabian Loeffelmann/shutterstock.com, S. 168 u; Helmholtz-Wissensplattform/Wikipedia, S. 169 u; Wdchk/Wikipedia, S. 169 o; Anastasiia Andrushkene/shutterstock.com, S. 170 o; fridas/shutterstock.com, S. 170 u; Moritz Bludau, S. 171; Voith Siemens Hydro Power/Wikipedia, S. 172 o; ruzanna, S. 172 u; Kolossos/Wikipedia, S. 173 o; Blue Corner Studio/shutterstock.com, S. 173 m; Moritz Bludau, S. 173 u; Designua/shutterstock.com, S. 174; Nasky/shutterstock.com, S. 175 o; Moritz Bludau, S. 175 m/r; gritsalak karalak/shutterstock.com, S. 175 m/l; Ikebana Art-studio/shutterstock.com, S. 175 u; petrroudny43/shutterstock.com, S. 176 m/l; Moritz Bludau, S. 176 o/r; Jörg Vollmer/stock.adobe.com, S. 176 u/l; lisheng2121/shutterstock.com, S. 177 o/l; Moritz Bludau, S. 177 m/l; asharkyu/shutterstock.com, S. 177 m/r; S. Kuelcue/shutterstock.com, S. 177 u/r; Moritz Bludau, S. 178 o; Bärbel Oftring S. 178 u/l; Vera Larina/shutterstock.com, S. 179 o/l; Yosemite/Wikipedia, S. 179 o/r; W.Rebel/Wikipedia, S. 179 u; Ingbife/Wikipedia, S. 179 u/r; Amvi Jovas/shutterstock.com, S. 180 o; Veroja/shutterstock.com, S. 180 u; Ottomar Anschütz/Lilienthal Museum Anklam/Wikipedia, S. 181 o; Geri und Freki/Wikipedia, S. 181 m/l; Suriwan/shutterstock.com, S. 181 m/r; alexmak7/shutterstock.com, S. 181 u; Moritz Bludau, S. 183 o/l; Anton Balazh/shutterstock.com, S. 183 o/r; Marc Ward/shutterstock.com, S. 183 u/r; Moritz Bludau, S. 184 und S. 185 m und S. 185 u; ARKHIPOV ALEKSEY/shutterstock.com, S. 185 o; Anton Balazh/shutterstock.com, S. 186 l; Andrey_Popov/shutterstock.com, S. 186 r; Macrovector/shutterstock.com, S. 187 o; Billion Photos/shutterstock.com, S. 187 u; Frederic Legrand /COMEO/shutterstock.com, S. 188 o/l; metamorworks/shutterstock.com, S. 188 o/r; Marc Ward/shutterstock.com, S. 188 u; sivVector/shutterstock.com, S. 189 o/l; Andrey Suslov/shutterstock.com, S. 189 m/r; Moritz Bludau, S. 189 u.